Susanne Fischer, geboren 1960, lebt als freie Journalistin in Hamburg und studiert dort Germanistik, Politikwissenschaft und Geschichte. Vor einigen Jahren entdeckte sie bei einem Törn zu den nordspanischen Fjorden und in den Atlantik das Fahrtensegeln als Möglichkeit, andere Länder und Kulturen auf eine außergewöhnliche Art neu zu erleben.

Jochen Schoenicke, geboren 1952, ist seit seiner Jugend ein begeisterter Wassersportler. Seine Reisen führten ihn in das Chinesische Meer, zu den Malediven, mehrmals über den Atlantik und durch ganz Europa. Seit Abschluß des Politik- und Mathematikstudiums organisiert er Segeltörns und Abenteuerreisen in der ganzen Welt. Jochen Schoenicke lebt in Hamburg.

Originalausgabe

Umschlaggestaltung Wolfgang Lauter
Umschlagfoto M. u. H./Bavaria
Reproduktion Krammer, Linz
Satz Appl Wemding
Druck und Bindung Ebner Ulm
Printed in Germany 5 4 3 2 1
ISBN 3-426-04620-2

Susanne Fischer/
Jochen Schoenicke:

Riffe unterm Regenbogen

Tauch- und Segelabenteuer in der Südsee

Mit 100 Abbildungen, davon 17 in Farbe

Knaur®

ISBN 3-426-04620-2 1480

Inhalt

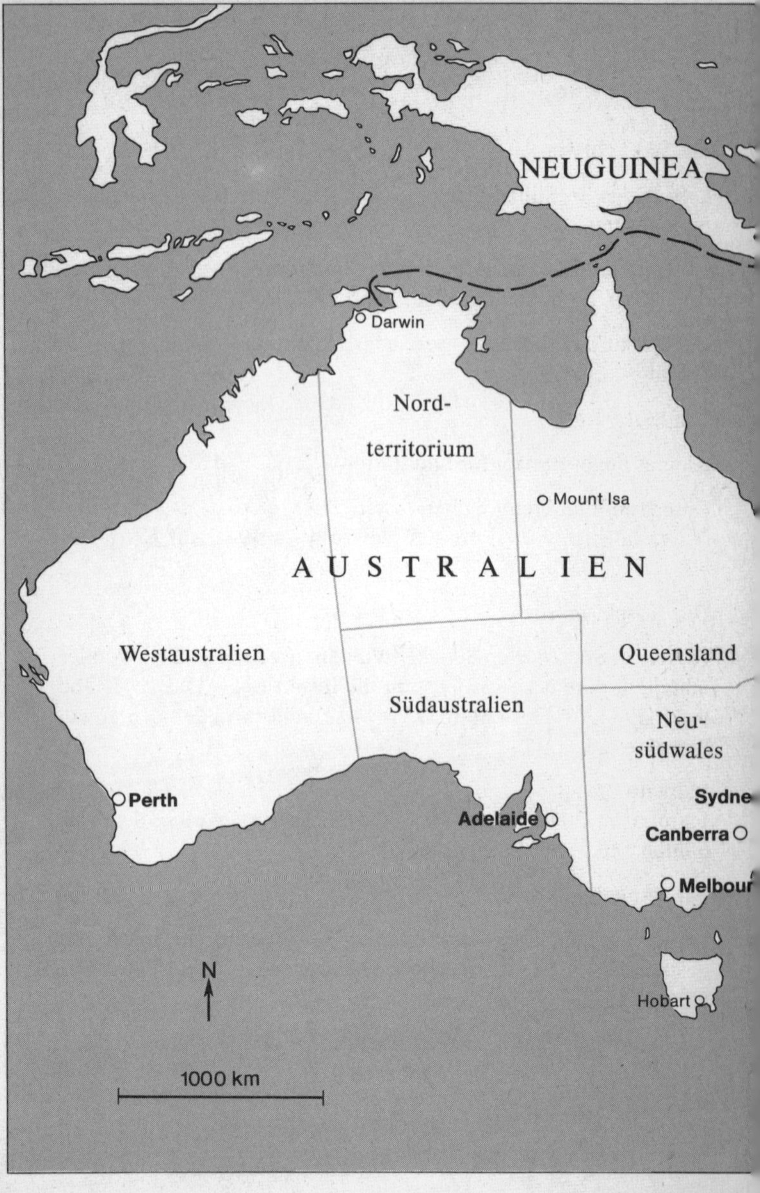
NEUGUINEA
Darwin
Nord-
territorium
Mount Isa
AUSTRALIEN
Westaustralien
Queensland
Südaustralien
Neu-
südwales
Perth
Sydne
Adelaide
Canberra
Melbour
Hobart
N
1000 km

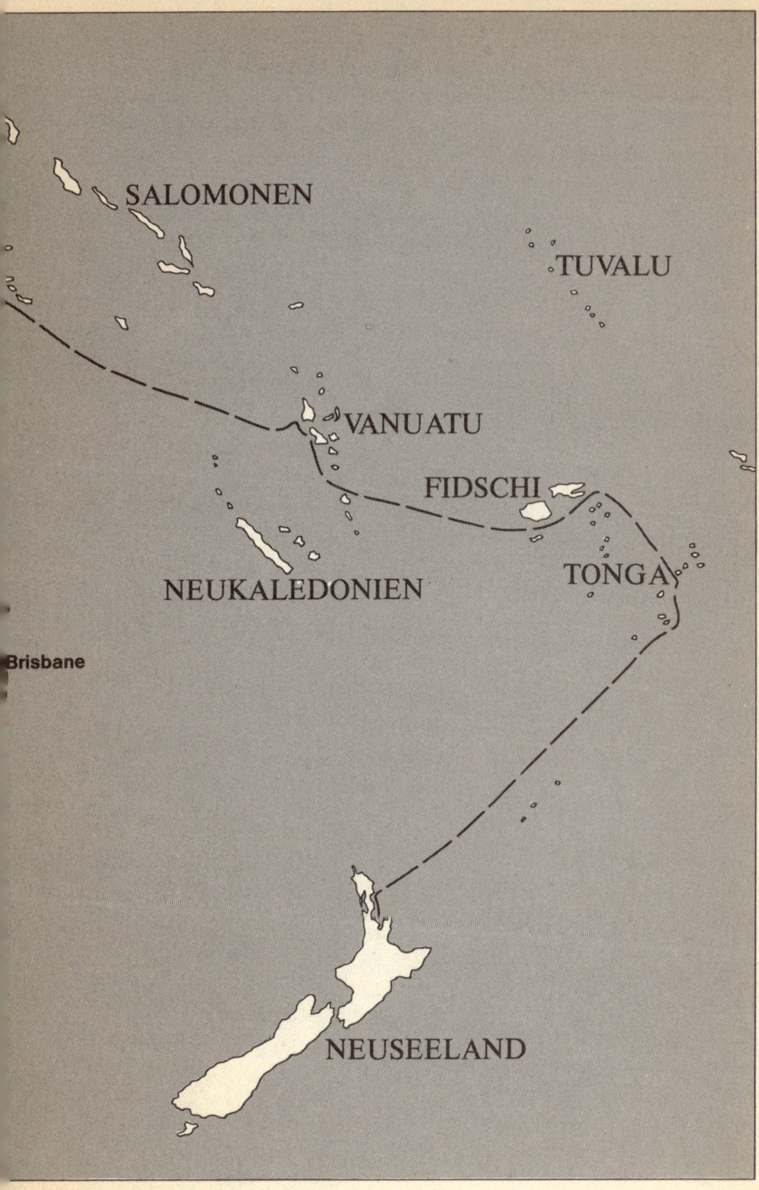
SALOMONEN
TUVALU
VANUATU
FIDSCHI
TONGA
NEUKALEDONIEN
Brisbane
NEUSEELAND

Ein Wort vorweg

»Der Furunkel an meinem Hintern tut so scheußlich weh, daß ich nicht mehr sitzen kann. Die Lichtmaschine ist kaputt, wir haben keinen Strom mehr, und das nach dem Ärger mit der Seewasserpumpe und dem Anlasser – dauernd sitzt man mit dem Werkzeugkasten im Motorraum, und die Ersatzteile müssen wir aus Deutschland kommen lassen. Der Regen geht mir allmählich auch auf die Nerven, obwohl verschimmelte Hemden und T-Shirts mit Stockflecken mir immerhin eine originelle Note verleihen. Wo, frage ich dich, wo ist hier das Paradies?«

Kurzkommentar eines leidgeprüften Skippers auf Traumreise. Segeltörn durch die Südsee – also Sonne, Palmen, einsame Inseln, Wilde im Grasrock: *Das Abenteuer?* Abenteuerlich war unsere Reise schon, obwohl alles sehr undramatisch begann. Es war ein wenig paradiesischer Herbsttag, als bei mir das Telefon klingelte: »Hier's Jochen.«

Jochen hat als Student in den Semesterferien Segelschiffe übergeführt. Inzwischen studiert er nicht mehr, nennt sich »Jachtagentur« und überführt immer noch Segelschiffe. Nach seiner Seemeilenzahl hat er die Erde schon mehrmals umrundet; ein Stückchen davon – von Bremen bis zu den Kanarischen Inseln – war ich mitgesegelt.

»Hör mal«, sagte er nun, »ich hab' da im Frühjahr ein Schiffchen in Neuseeland. Willst du nicht mitfahren?«

Kurze Pause. »Hä?«

Jochen verstand ganz richtig, daß nähere Erklärungen erwünscht waren, und legte los. Begriffen habe ich damals nicht alles, was ich aufnahm, war, daß Jochen den Auftrag hatte, das »Schiffchen« von Neuseeland bis nach Deutschland zu bringen und mir antrug, auf der Teilstrecke Neuseeland–Australien als Wachführer mitzufahren, so lange, wie ich wollte und konnte. Die Namen der Länder, die Jochen jetzt als mögliche Zwischenstorrs aufzählte, waren mir unbekannt, bis auf Tonga natürlich. Aber das kannte ich auch nur, weil dessen überdimensionierter, bismarckliebender König mehrmals über Hamburg hereingebrochen war.

Der sanfte Nebel vor dem inneren Auge gaukelte mir weder leise sich wiegende Palmen noch »glücklich tanzende Wilde« vor. Ich dachte nur, »raus hier«. Weg aus dem grauen Hamburg, dem kalten Norddeutschland, dem Alltag. Der Alltag, den ich dafür eintauschen würde – und es ist Alltag, wenn man monatelang auf einem Schiff lebt –, schreckte mich nicht. Ich kannte ja die langen Nachtwachen, die Stürme, die Seekrankheit und die innige Sehnsucht, nach tagelanger Reise mal wieder festen Boden unter den Füßen zu haben. Daß genau das »Weg-Gefühl« die Wurzel der Mythen von Palmeninseln, ewiger Sonne und glücklichen Wilden (= besseren Menschen) ist, war mir nicht klar.

Mir dämmerte etwas, als ich Unbeteiligten von meinen Reiseplänen erzählte. Alle bekamen sehnsüchtig glänzende Augen, obwohl die wenigsten zu sagen wußten, wo nun »die Südsee« eigentlich liegt. Das magische Wort genügte vollkommen.

Der fliegende Wechsel zwischen Alltag und Abenteuer funktionierte natürlich nicht. Monate dauerten die Organisationsarbeiten, von denen ich nur indirekt betroffen war – sie steigerten meine Verwirrung um einige Grade. Törnpläne wurden aufgestellt und wieder verworfen, Seekarten gewälzt, Bücher durchforstet und Segler (die schon »da« waren) befragt. Die Ergebnisse dieser Recherchen als widersprüchlich zu bezeichnen, wäre untertrieben.

Die eindeutigste und gleichzeitig entmutigendste Antwort war die eines Weltumseglers, der sagte, wenn er nur dreieinhalb Monate Zeit für dieses Gebiet hätte, würde er gar nicht erst losfahren.

Die »Tarzan« war bestimmt die einzige Segeljacht, die jemals »nach Fahrplan« durch den Pazifik fuhr. In der Phase der endlos umgestellten Törnpläne kristallisierte sich heraus, daß nur vier Segler die ganze Zeit auf der »Tarzan« fahren würden: Jochen als Kapitän, seine Frau Brigitte als Wachführer, unsere Tauchlehrerin Marion und ich. Da das »Schiffchen«, ein Colin-Archer-Nachbau, aber relativ groß war und Platz für vier zusätzliche Crewleute bot, nahmen wir jeweils vier weitere Segler für Teilstrecken an Bord. Wir versuchten, auszutüfteln, wo diese Crewwechsel problemlos möglich waren, wo die Flüge am billigsten waren und wie das alles in einem Törnplan unterzubringen war. Außerdem sollte uns die Reise natürlich auch an schönen Tauchplätzen, interessanten Ländern und netten Leuten vorbeiführen. Über die letzten drei Punkte differierten die Ansichten, die wir einholten, ganz erheblich. Wir waren noch keine zwei Wochen auf der »Tarzan«, als wir feststellten, daß es wohl kein anderes Gebiet auf der Welt gibt, über das in Europa soviel hanebüchener Unsinn verbreitet wird, wie über »die Südsee«.

Der Pazifik ist weit genug von uns entfernt, man kann über ihn alles behaupten, ohne daß etwas von hier aus überprüfbar wäre. »Die Südsee« ist in den meisten Köpfen nichts als ein Konglomerat europäischer Projektionen, die ihre Einwohner, je nach Ideologie, zu ehemaligen Kannibalen oder fröhlichen, unverdorbenen »guten Wilden« stempeln, die etwas tumb, aber lieb durch ihr Paradies tänzeln.

»Wer in die Unberührtheit eindringt, berührt sie und verändert ihren Charakter«, schreibt Hans Ritz in dem sehr empfehlenswerten Buch »Die Sehnsucht nach der Südsee«. Jeder Reisende mit Zivilisationskrankheit verändert seine »Trauminsel«, seine »guten Wilden« durch bloße Anwesenheit. Allen abenteuerlustigen Europäern muß klar sein, daß sich der gesamte pazifische Raum seit den Expeditionen eines James Cook erheblich verändert hat.

Das soll nicht heißen, daß sich eine Reise in die Südsee nicht lohnt. Natürlich gibt es Palmen, weiße Strände und es regnet auch nicht immerzu. Es gibt hier noch die »unversehrte« Natur. Ob das soziale Leben ebenso intakt ist, kann man als durchreisender Europäer wohl kaum beurteilen, oftmals erschien es während unserer Reise so.

Wer in die Südsee reist und kein Interesse an den Horden australischer und amerikanischer Touristen hat, muß sich seinen Reiseweg selbst suchen. Unsere Tips sind allgemein, zu sehen und zu erleben gibt es überall etwas. Wir reisten auf einer Segeljacht, dazu haben wahrscheinlich nur wenige die Möglichkeit. Trotzdem empfehlen wir es als das Verkehrsmittel, das einen sicher von den ausgetretenen Pfaden wegführt, mal abgesehen davon, daß man immer ein Dach über dem Kopf hat und problemlos von einer Insel zur anderen kommt. Der Wind als natürliches Antriebsmittel ist noch dazu umsonst. Von den Problemen, die man mit dem Hilfsmotor haben kann, war schon die Rede.

Wer auf einer Segeljacht anheuert, ist deshalb noch lange nicht der Zivilisation entflohen. Ein modernes Schiff mit teuren nautischen Instrumenten hat mit dem Einbaum der Einheimischen nur die Schwimmfähigkeit gemeinsam; trotzdem scheint es manchmal, daß der Kontakt auf dem Wasserweg einfacher zustande kommt.

Die Wahrheit über die Südsee sollte niemand in diesem Buch suchen – auch in der »Tarzan«-Crew war niemand frei von Robinson-Sehnsüchten und von der heimlichen Suche nach einer heilen, besseren Welt. Wir konnten nur durch die europäische (Sonnen-)Brille sehen. Manchmal rutschte sie allerdings ein Stückchen von der Nase.

Hamburg, im Oktober 1984 — Susanne Fischer

Unterwegs im Stillen Ozean – Tips von »Anreise« bis »Zigarettenwährung«

Wer sich aufmacht, im Pazifik das Abenteuer zu suchen, stellt spätestens beim Vergleich der Flugpreise fest, daß er nicht nur eine weite, sondern auch eine teure Reise plant. Er kann sich aussuchen, ob er den Weg halb um die Erdkugel lieber links oder rechts herum wagen will. Die billigsten Möglichkeiten, in den Südpazifik zu kommen, lagen 1984 alle über 3000 Mark (Hin- und Rückflug). Günstig ist der Flug über Kanada und Hawaii mit Canadian Pacific (CP Air) nach Nadi/Fidschi. In östlicher Richtung fliegt Singapore Airlines billig von Amsterdam bis Auckland/Neuseeland.

In allen Südseeländern, Australien und Neuseeland verlangt man von Ihnen neben einem Reisepaß (der mindestens noch ein Jahr gültig sein sollte) grundsätzlich ein Rück- oder Weiterflugticket sowie den Nachweis ausreichender Finanzen für den Aufenthalt. Tatsächlich hängt es von der Tagesform der Beamten ab, ob Sie das alles wirklich vorlegen müssen. Wer die Absicht hat, auf einer Jacht in ein anderes Land weiterzureisen und deshalb keinen Fahrschein vorlegen kann, bekommt mitunter erhebliche Schwierigkeiten schon beim Abflug in Europa, weil die Fluggesellschaft, die Sie in die Ferne bringt, von den Regierungen im Südpazifik auch für Sie verantwortlich gemacht wird. Haben Sie kein Rückflugticket und auch kein Geld dafür, muß die Airline Sie umsonst wieder mitnehmen, deshalb kontrollieren ihre Angestellten oft schärfer als die Behörden des Einreiselandes. Sich vom Kapitän oder Eigner der betreffenden Jacht einen Pro-Forma-Fahrschein ausstellen zu lassen, wäre keine gute Idee, weil die Vercharterung von Jachten oder Einzelplätzen Ausländern ohne Genehmigung verboten ist. Eine Bankburgschaft, in der die Bank versichert, notfalls für Ihre Rückreise aufzukommen, wurde uns von der neuseeländischen Botschaft empfohlen, ist aber auch keine verbindliche Eintrittskarte in die betreffenden Länder und verursacht noch dazu Kosten. Trotzdem ist sie neben einer gehörigen Portion freundlichem Stehvermögen gegenüber Behördenvertretern eine Hilfe, die sonst nur durch eine Kreditkarte oder eine ausreichende Menge Bargeld zu ersetzen ist. Nützlich ist es auch, die nötigen Visa schon zu Hause zu besorgen, das ist in Deutschland aber nur für Neuseeland (Neuseelän-

dische Botschaft), Australien und Papua-Neuguinea (Australische Botschaft) möglich. In Tonga, Fidschi und Vanuatu brauchen Sie kein Visum, wenn Sie als Tourist für weniger als 30 Tage bleiben. Für Verlängerungen der Aufenthaltserlaubnis müssen Sie sich jeweils an die Ausländerbehörde in der Hauptstadt wenden und ausreichende Finanzen nachweisen. Bei ausländischen Jachten bürgt der Kapitän oder der Eigner für die Crewmitglieder, wenn diese ohne Geld dastehen und ein Rückflug finanziert werden muß.
Amerikanische und australische Dollars werden überall getauscht, ebenso Dollar-Reiseschecks. Auf die gute alte Deutsche Mark sollte man sich in diesen Breiten nicht unbedingt verlassen. In den größeren Städten können Sie in vielen Geschäften, Hotels und Restaurants auch mit Kreditkarten bezahlen. American Express, Visa, Diner's Club und Master Card sind alle vertreten, allerdings wird in den einzelnen Geschäften oder Hotels oft nur eine der vier angenommen. Gestohlen wird leider auch in der Südsee, so daß Reiseschecks möglicherweise die sicherste Urlaubskasse sind.

Gesundheit

Über notwendige und sinnvolle Impfungen sollte man sich frühzeitig bei den örtlichen Gesundheitsämtern oder Tropeninstituten informie-

Kaurimuschel

ren, weil häufig eine Nachimpfung im Abstand von mehreren Wochen erforderlich ist. Wir stellten allerdings fest, daß die behördlichen Meinungen über notwendige Impfungen von Bundesland zu Bundesland erheblich voneinander abweichen. Falls Sie mehrere Länder besuchen wollen, wird ein verantwortungsbewußter Arzt Sie nach Ihrer Reiseroute befragen, die sie schon deshalb rechtzeitig festlegen sollten. Wenn sie beispielsweise vorher durch bestimmte Gebiete Südamerikas oder Afrikas reisen, sind unter Umständen andere Impfungen nötig.

Sinnvoll ist auf jeden Fall eine Tetanusimpfung (Wundstarrkrampf) und Schutz gegen die Kinderlähmung sowie eine Impfung gegen Cholera und gegen Typhus. Vorgeschrieben sind sie alle nicht. Gammaglobulin kann man sich zur allgemeinen Stärkung der Abwehrkräfte spritzen lassen, im besonderen gegen die infektiöse Gelbsucht. Die Infektionsgefahr mit Gelbsucht oder Typhus ist aber nicht übermäßig groß.

Wichtig ist in Vanuatu, den Salomonen und Papua-Neuguinea die Malaria-Prophylaxe. In einigen Teilen Neuguineas sollen die Malaria-Erreger gegen Chloroquin bereits resistent sein, so daß es sinnvoll ist, außer Chloroquin-Tabletten auch noch ein anderes Medikament mitzunehmen. Zu beachten ist, daß mit der Einnahme der Tabletten eine Woche vor der Einreise in ein verseuchtes Gebiet begonnen werden muß. Nach der Ausreise müssen die Tabletten mindestens vier Wochen lang weitergeschluckt werden. Ein zusätzlicher Schutz sind Moskitonetze über den Betten und langärmelige Hemden und lange Hosen am Abend.

Wurmkrankheiten sind ebenfalls eine Gefahr: Nicht barfuß laufen, nicht in stehenden Gewässern baden, Obst und Gemüse immer abwaschen, Wasser abkochen oder mit entsprechenden Desinfektionsmitteln entkeimen – mehr kann man nicht tun.

Im feucht-heißen Klima der Tropen bekommt man sehr leicht Hautinfektionen jeglicher Art. Desinfektionsmittel, Puder und Medikamente gegen Hautpilze müssen in jeder Reiseapotheke sein. Hitzepickel und kleine Wunden infizieren sich und schwellen dann zu großen, schmerzhaften Beulen an, denen nur noch mit Antibiotika beizukommen ist. Wenn man nicht über Antibiotika verfügt oder die infizierten Stellen sich nicht öffnen, so daß der Eiter nicht austreten kann, sofort den Arzt oder ein Krankenhaus aufsuchen! Die Krankenhäuser genügen nicht alle europäischen Ansprüchen in Sachen Hygiene, haben aber mit diesen Infektionen Erfahrung und nehmen die eventuell nö-

tige kleine Operation ambulant vor. Gegen diese bakteriellen Infektionen verordnen sie meist Penicillin; wer eine Penicillinallergie hat oder nicht weiß, ob er dieses Medikament verträgt, muß das dem Arzt rechtzeitig sagen. Mit so einer Wundinfektion sollte man auf das Schwimmen im Pazifik verzichten, bis sie ausgeheilt ist.
In eine Reiseapotheke gehören außerdem Schmerztabletten, Pflaster, keimfreie Wundauflagen, Binden, Elastikbinden, Tabletten gegen Reisekrankheit und Antihistamine. Empfehlenswert ist es, vor der Reise den Zahnarzt aufzusuchen.
Sonnenhut und -brille sowie ein Sonnenschutzmittel mit hohem Lichtschutzfaktor sollten Sie auf keinen Fall vergessen. Wer auf einem Segelschiff reist oder sonst in die Verlegenheit kommt, sich für eine Weile nur mit Salzwasser zu waschen, sollte statt Seife eine seifenfreie Waschlotion mitnehmen, die den pH-Wert der Haut hat, sowie entsprechendes Haar-Shampoo. Diese Mittel arbeiten mit Salzwasser besser als herkömmliche Seifen, es gibt aber auch spezielle Salzwasser-Waschlotionen, die allerdings nicht überall erhältlich sind.

Fischvergiftung (Ciguatera)

Die Rede ist hier von der tropischen Fischvergiftung, die auf toxische Mikroorganismen zurückgeführt wird. Diese Kleinstlebewesen sollen sich vor allem in der Nachbarschaft abgestorbener oder zerstörter Korallen stark vermehren. Ihr Gift nehmen die Fische entweder direkt oder über die Nahrungskette auf, denn es wird im Körper der Fische nicht abgebaut. Keine tropische Fischart kann mit Sicherheit als ungiftig bezeichnet werden, nach einer australischen Untersuchung aus den siebziger Jahren fand sich das Gift selbst in Fischkonserven und Fischstäbchen. Einen vollkommenen Schutz vor Vergiftung bietet nur der Verzicht auf sämtliche Meeresfrüchte, der gerade bei den vielen schmackhaften Fischen der Südsee schwerfällt.
Die Symptome der Vergiftung sind je nach Menge des aufgenommenen Gifts unterschiedlich stark. Neben Durchfall und Erbrechen verursacht Ciguatera Störungen der Nervenfunktionen. Der Erkrankte kann kalt und heiß nicht mehr unterscheiden, spürt Verbrennungsschmerz bei Berührung mit kalten Gegenständen, Muskelschmerzen und Krämpfe treten auf. In schweren Fällen setzen Lähmungen ein, der Kranke kann nicht mehr gehen. Der Kreislauf wird schwer belastet, Symptome sind Herzrasen oder extreme Verlangsamung des

Pulsschlages. Die Symptome setzen manchmal direkt nach der Mahlzeit ein, so daß ein großer Teil des Gifts erbrochen werden kann, oft aber erst über 20 Stunden später. Es ist ratsam, einen Arzt aufzusuchen.
Da schon von einem Ende eines Riffs zum anderen oder von Jahreszeit zu Jahreszeit die giftigen Fischarten variieren, ist es sinnvoll, vor oder nach dem Fang die Einheimischen zu befragen, welche Fische gefahrlos gegessen werden können. Generell ist bei großen Fischen die Gefahr einer Vergiftung höher als bei kleinen, weil sie entweder sehr weit hinten in der Nahrungskette stehen oder schon relativ lange leben. Das Gift widersteht jeglicher Zubereitungsart, gleich, ob Sie den Fisch kochen, backen, braten oder einlegen. Ein Teil des Gifts soll allerdings wasserlöslich sein, so daß sorgfältiges Waschen und Kochen (sofern der Sud abgegossen wird) die Giftmenge angeblich verringern. Besonders hohe Giftkonzentrationen können sich in den Innereien finden, die sorgfältig entfernt werden müssen.

Die Abenteuer im Wasser . . .

Haie: Die Chance, durch einen Haiunfall zu sterben, ist kleiner, als einen Haupttreffer im Lotto zu tippen. Nur wenige der über 200 bekannten Arten sind dem Menschen gefährlich. An den Riffen und auch in den Lagunen im Südpazifik werden Ihnen häufig Riffhaie begegnen, deren einzig unangenehme Eigenschaft grenzenlose Neugier ist – sie kommen oft sehr dicht an Taucher, Schnorchler oder Schwimmer heran. Unangenehm ist außerdem, daß ihr Verhalten und ihre Reaktionen nicht sehr genau erforscht sind. Ratschläge für Vorsichtsmaßnahmen können deshalb nur sehr allgemeiner Natur sein. Erwiesen scheint inzwischen, daß nicht der legendäre »Blutgeruch«, sondern die zappelnden Bewegungen eines verletzten Fisches hungrige Haie auf den Plan rufen. Deshalb sollen Schwimmer und Schnorchler, die an der Wasseroberfläche »herumzappeln«, stärker gefährdet sein als Taucher. Schnorchler und Taucher haben den Vorteil, daß sie durch ihre Maske den Hai genau sehen können. »Ruhe bewahren« mag zwar einige Selbstbeherrschung kosten, ist aber bei einer Haibegegnung oberstes Gebot. Taucher sollten nicht versuchen, aufzusteigen, solange ihr Preßluftvorrat noch groß genug ist. Der Schutz der Riffwand im Rücken ist dem freien Wasser vorzuziehen; wer unbedingt (zum Fotografieren oder Filmen) näher an die Haie

heran will, muß sich vorher mit seinem Tauchpartner über die Rükkendeckung im freien Wasser verständigen. Der langsame Rückzug hinter das Riff kann unter Umständen sinnvoll sein; wir sahen allerdings auch Haie in relativ flachem Wasser und, bei großen Riffen, innerhalb der Lagune. Über Sinn und Unsinn eines Haistocks läßt sich streiten; es vermittelt jedenfalls eine nicht zu unterschätzende psychologische Sicherheit, etwas in der Hand zu halten, wenn man so einem Seeräuber begegnet. Kommt ein Hai aus purer Neugier zu nahe, mag ein Klaps auf die Nase mit dem etwa einen Meter langen Stock helfen, bei einer echten Attacke bewegen sich die Fische sehr schnell. Wenn ein Riffhai einem Schnorchler oder Schwimmer zu nahe kommt, kann es helfen, abzutauchen und direkt auf ihn zuzuschwimmen. Ohne Maske wird man sich dazu kaum entschließen können, nicht nur deshalb ist es sinnvoll, eine gute Tauch-ABC-Ausrüstung (Maske, Flossen, Schnorchel) mit auf die Reise zu nehmen – es würde Ihnen sonst auch viel von der tropischen Schönheit entgehen. Weiße Haie, die bis zu zwölf Meter lang werden, und andere aggressive Hochseehaie halten sich selten vor den Küsten auf. Wenn Sie an einem Außenriff tauchen oder schnorcheln, besteht allerdings theoretisch die Möglichkeit, daß Sie so einem Riesen begegnen. Da hilft dann nur der Rückzug über das Riff. Grundsätzlich sollten Sie nie allein tauchen, schnorcheln oder schwimmen. Wer unbedingt harpunieren oder Fische speeren muß, sollte den Haien erhöhte Aufmerksamkeit widmen und notfalls den Fisch sausen lassen. Es gibt zwar viele heroische Geschichten über Taucher, die mit den zappelnden Fischen am Bleigurt einen Hai in die Flucht geschlagen haben, weil sie ihm die Beute nicht gönnten (das wird übrigens auch von einigen Südseeinsulanern erzählt), ausprobieren sollten Sie es aber nicht.
Falls Sie auf einer Jacht reisen, so ist es auch nicht empfehlenswert, vom Schiff aus zu baden, während einer ihrer Mitreisenden angelt oder Fische putzt und die Innereien in das Wasser wirft. Solange wir unsere Schleppangel auf hoher See noch nachts draußen hatten und in der Dunkelheit nicht bemerkten, daß ein Fisch angebissen hatte, fanden wir morgens an der Nylonschnur häufig Trümmer: Haken durchgebissen, Haken abgebissen, millimeterdickes Stahlvorfach durchgebissen, einmal war sogar ein ziemlich starker Metallköder schlicht halbiert – das meiste wird seinen Weg in die Haimägen genommen haben.

Korallenriffe: Ein tropisches Riff bietet eine so bunte und lebendige Vielfalt, daß der Betrachter kaum weiß, wo er zuerst hinsehen soll – soviel geballte Schönheit ist kaum zu fassen. Vielleicht versucht darum mancher, etwas von der Schönheit mitzunehmen. Bedenken Sie, daß das Korallenabbrechen Zerstörung bedeutet, Zerstörung eines Kunstwerks, das oft viele Jahrhunderte gebraucht hat, um zu dieser Größe und Vielfalt anzuwachsen. Über Wasser sehen Korallen ohnehin nicht so schön aus wie unter Wasser, kleine »Erinnerungsstücke« können Sie oft auch am Strand finden. Um den Gebrauch der Harpune gibt es viele Diskussionen, grundsätzlich verboten ist sie in den Südseeländern nicht. Harpunieren und speeren Sie aber bitte nur die Fische, von denen Sie ganz sicher sind, daß Sie sie auch essen wollen.
An Korallen kann man sich leicht verletzen; ihre spitzen und scharfen Enden ritzen die Haut schon bei leichter Berührung wie ein scharfes Messer. Die so entstandenen Wunden infizieren sich leicht und sollten sorgfältig behandelt werden. Die Feuerkoralle, die eigentlich keine Koralle, sondern ein Nesseltier ist, verursacht bei Berührung brennende Schmerzen, die lange anhalten können. Wer zu Allergien neigt, kann Fieber bekommen. Bei schweren allergischen Reaktionen sollte man den Arzt aufsuchen. Ähnliche Reaktionen kann die Berührung mit nesselnden Seeanemonen auslösen.
In das Wasser sollte man nur mit Schuhen gehen, und zwar mit möglichst dicksohligen. Bei den Seeigeln gibt es giftige und harmlose Arten, unangenehm sind die Stacheln im Fuß allemal. Auch die Stacheln der ungiftigen Seeigel können sich entzünden und unter die Haut wandern, so daß es in jedem Fall besser ist, sie zu entfernen. Das ist bei den haarfeinen, leicht brechenden Stacheln allerdings schneller gesagt als getan. Manchmal hilft es, den Fuß in heißem Wasser zu baden oder die Stellen mit Wachs zu beträufeln. Giftige Stacheln verursachen Rötungen, Schwellungen und gelegentlich Lähmungen.
Eine Gefährdung für bloße Füße ist auch der Steinfisch, der vor allem im flachen Wasser perfekt getarnt, eben wie ein Stein, regungslos am Boden liegt. Bei Ebbe hockt er auch auf dem Trocknen, er kann eine ganze Weile ohne Wasser überleben. Segler berichteten uns von einigen trockenfallenden Buchten in Neuguinea, die geradezu mit Steinfischen gespickt sind. Seine Stacheln enthalten ein starkes Gift und sind kräftig genug, um auch Tauchflossen zu durchstechen. Das Gift des Steinfisches kann tödlich sein, deshalb sollte die Wunde ausgesaugt werden. Angeblich zerstört Hitze das Gift; es kann also sinnvoll

sein, die Wunde in heißem Wasser zu baden. Der Verletzte sollte sofort möglichst ruhiggestellt werden, damit sich das Gift nicht vor dem Aussaugen oder Baden im Körper verteilt. Ärztliche Hilfe ist auf jeden Fall nötig.

Wie der Steinfisch stammt auch der Rotfeuerfisch aus der Familie der Skorpionfische, er ist aber schon deshalb weniger gefährlich, weil er viel leichter zu erkennen ist. Er schwimmt mit Vorliebe zwischen oder unter Korallen und warnt durch seine auffällige Farbe und die bizarre Form. Das Gift aus den Flossen verursacht Entzündungen und in schweren Fällen Atemlähmungen. Auch hier sollte schnellstens ein Arzt zugezogen werden.

Lebende Muscheln und Schnecken sollten Sie nicht aus einem intakten Riff heraussammeln, Sie finden am Strand oft genauso schöne Schalen, aus denen Sie nicht erst eine wabbelige, stinkende und widerspenstige Masse herausjagen müssen. Wer's trotzdem nicht lassen kann, sei zumindest vor den Kegelschnecken gewarnt. Gerade sie haben oft die schönsten Schalen, strecken aber, wenn sie angegriffen werden, eine Art Rüssel hervor, an dem kleine Giftpfeile sitzen, die zudem noch Widerhaken haben. Das Gift dieser Schnecken ist für Fische immer gefährlich, für den Menschen sind jedoch nur vier Schneckenarten bedrohlich, die man aber unter Wasser nicht unbedingt von den ungefährlichen unterscheiden kann. Wer von einer Schnecke gestochen wird, sollte auf jeden Fall schnell an Land zurückkehren, da mögliche Lähmungen oder gar ein Koma sehr rasch nach dem Stich einsetzen. Medizinische Hilfe ist unbedingt nötig.

Nicht giftig sind die Mördermuscheln, die sehr groß werden können. Sie sind im Wasser immer leicht geöffnet, und ihr Fleisch, das sogar eßbar ist, schillert dem Taucher in den buntesten Farben zwischen den beiden hübsch gewellten Schalen entgegen. Sie haben nur einen Fehler: Alles, was ihnen zwischen die Schalen kommt, halten sie erbarmungslos fest.

Muränen können sich in tropischen Gewässern zu wahren Prachtexemplaren entwickeln. Im allgemeinen verlassen sie tagsüber ihre Höhlen nicht, so daß Sie kaum einer im freien Wasser begegnen werden. Gewarnt sei vor unübersichtlichen kleinen und großen Höhlen – der Biß der Muräne ist nicht giftig, kann aber sehr schmerzhaft sein, besonders wenn die Tiere sich fest verbeißen. Außerdem sondern sie ein Eiweiß ab, das in den Wunden heftige Abwehrreaktionen verursacht.

Hochgiftig sind die Wasserschlangen, dafür zeigen sie einen erfreulichen Mangel an Aggressivität. Sie halten sich durchaus nicht nur im Wasser auf, wer seinen Schlafsack im warmen Sand von der Sonne bescheinen läßt, sollte ihn genau ansehen, bevor er hineinkriecht. Wasserschlangen haben es sich auch schon in Beibooten bequem gemacht, die am Ufer lagen.

. . . und zu Land

Mit festem Boden unter den Füßen haben Sie weit weniger Fährnisse zu fürchten als tief im Pazifik. Raubtiere gibt es nicht, in Polynesien gibt es auch keine Schlangen. In den Ländern Melanesiens sollten Sie sich erkundigen, bevor Sie zu größeren Wanderungen durch die Wälder aufbrechen. Wer einen so recht naturverbundenen Urlaub machen will, sollte beachten, daß Petrus sich nicht unbedingt an die menschliche Erfindung der »Regenzeit« hält. Im Freien zu schlafen ist nicht empfehlenswert, ein einigermaßen strapazierfähiges und wasserdichtes Zelt möcht's schon sein. Dafür hat man mit dem in Europa verpönten »wilden«, also kostenlosen Zelten im allgemeinen keine Schwierigkeiten. Wer in der Nähe eines Dorfes sein Zelt aufschlägt, sollte aber immer den Chef des Dorfes um Erlaubnis fragen. Vielleicht bietet man ihm dann ein festes Dach über dem Kopf an.

Eins sollten Sie wissen: Nur der Fisch, den Sie sich selbst fangen, ist umsonst. Frei umherlaufende Ziegen, Schweine und Hühner sind keineswegs »wild«, auch wenn weit und breit kein Mensch zu sehen ist. Wer sie trotzdem fängt und in eine Mahlzeit verwandelt, begeht nicht nur Diebstahl an meist sehr armen Menschen, sondern kann sich erheblichen Ärger einhandeln.

Kokosnüsse, Papayas, Bananen, Brotfrüchte und anderes Gemüse wachsen nur selten ohne einen Einheimischen, der Anspruch auf die Ernte erhebt. Es ist nicht üblich, den Besitz durch einen Zaun zu markieren, man erwartet auch so, daß Sie das Eigentum anderer respektieren. Selbst unbewohnte Inseln werden von Bewohnern der Nachbarinsel oder der nahen Küste als Anbaufläche oder Viehweide genutzt.

Man wird Ihnen oft Gemüse und Früchte schenken, ein Gegengeschenk wird dann erwartet. Beliebt sind Tauschgeschäfte, begehrte

Tropischer Regenwald in Vanuatu ▷

Tauschobjekte sind dabei meist Zigaretten und Angelhaken, gelegentlich auch Konserven, die Sie gegen Kokosnüsse oder Süßkartoffeln eintauschen können.
Wenig schön ist das Ausnutzen gewisser Warenmängel bei den Einheimischen. Wenn Sie Ihren Gastgebern für besonders freundliche Aufnahme ein T-Shirt schenken, so ist es sicher willkommen. Wir trafen jedoch auf unserer Reise ein europäisches Ehepaar, das für die Kunst der Einwohner Neuguineas und der Salomonen schwärmte. Dieses Pärchen kaufte unterwegs in Singapore Billig-Armbanduhren (5 Dollar pro Stück) und stapelweise Billig-T-Shirts und betrieb damit einen schwunghaften Handel. Für eine dieser Armbanduhren, so berichteten sie stolz, hätten sie eine Schnitzarbeit erhandelt, die mindestens 200 Dollar wert sei. Es war nicht nur Sammelleidenschaft, die sie zu diesen dubiosen Geschäften brachte, sondern auch der Wunsch, die Südseekunst in Europa an Museen zu verkaufen, um weitere Reisen zu finanzieren. Wenn es sich nicht um Antiquitäten handelt, können solche Geschäfte sogar ganz legal sein. Aber sie passen eher ins vergangene Jahrhundert.

Die Bucht des tiefen Wassers oder: Abenteuer erledigen wir im Schlaf

Wir hatten einen aufregenden, anstrengenden Flug hinter uns. Die Maschine hatte schon in Amsterdam Verspätung, in Singapore mußten wir im Laufschritt durch den Flughafen hetzen, um das Anschlußflugzeug zu erreichen. Nochmals neun Stunden Flug – dann lag Auckland unter uns; spielzeugkleine Häuser streckten sich weit in das grüne Land hinein. Nach der Landung erwartete uns die entwürdigende Prozedur der Insektenvertilgung. Beamte der Gesundheitsbehörde sprühten das Flugzeug mit übelriechenden Gasen aus, ein kleiner Junge mußte sich übergeben. Die Neuseeländer ertrugen die chemische Reinigung mit Fassung, sie kannten das schon, und erhoben auch keinen Einspruch gegen die Frage auf der »arrival card«, ob sie »Maori« oder »Part-Maori« waren. Die Immigration-Beamten hatten offensichtlich einen milden Tag, niemand fragte uns nach unserem Rückflugticket oder verlangte Beweise für unsere finanzielle Stärke. Das Visum aus Deutschland, dessen halbseitiger, handschriftlicher Zusatz die Beamten auf unsere näheren Reiseumstände aufmerksam machte, interessierte schon gar keinen der kurzbehosten Herren in wollenen Kniestrümpfen. Marion und Jochen hatten vor zwei Monaten am selben Ort gestanden und stundenlang mit Engelszungen auf die Beamten eingeredet, bevor sie neuseeländischen Boden betreten durften.
Jochen holte uns am Flughafen ab, wir traten hinaus in die milde neuseeländische Herbstluft. Auf unserer Bahnfahrt nach Amsterdam hatte es noch in dicken, nassen Flocken geschneit, hier sah ich nichts außer fettem, glänzendem Grün. Wir fuhren zunächst zum Schlachter, um Proviant für die Seereise nach Tonga einzukaufen. Dann ging es weiter Richtung Norden. Die »Tarzan« lag in der Bay of Islands, knapp 250 Kilometer von Auckland entfernt.
Mit einem Ruck fuhr ich hoch, als das Auto hielt. Ich war tatsächlich eingeschlafen, nun standen wir vor einem kleinen »Tearoom«, hoch auf dem Berg, Blick über das Wasser, kein anderes Haus weit und breit zu sehen. Der »Tearoom« lag abseits der Straße nach Norden und machte einen völlig verschlafenen Eindruck, ich gähnte müde zurück, ging aber trotzdem mit hinein. Es roch penetrant nach frisch

eingefetteten Herdplatten, der Kaffee überzeugte mich endgültig, daß Neuseeländer die besseren Briten sind. Die traurigen Sandwiches ließen sich mühelos ein paarmal falten, ohne daß das höchst flexible Weißbrot brach. Schließlich öffnete sich der Blick zur Bay of Islands, und meine Begeisterung für dieses Land wuchs beträchtlich. Wir fuhren zuerst nach Paihia, Freunde von Jochen und Brigitte lebten dort, die erst vor kurzem nach Neuseeland ausgewandert waren und in ihrem Möbelcontainer unseren Kompressor und die Preßluftflaschen mitgenommen hatten. Sie hatten sich schon ganz gut eingelebt. Nach dem Kaffee und einer Dusche siegte die Überdrehtheit über den Halbschlaf, und ich verlangte nun, mehr dringend als höflich, endlich die »Tarzan« zu sehen, die bei Opua ankerte, nicht weit von Paihia.
Der Mietwagen quietschte eine schmale Straße zum Wasser hinunter. Es dämmerte schon, der Pazifik leckte an einem kleinen Steinmäuerchen, der Vorhang öffnete sich zum ersten Akt. Auftritt Marion, mit dem Dingi düste sie über die schön beleuchtete Wasserbühne bis an die Steinrampe, Begrüßungsworte purzelten ihr aus dem Berliner Mundwerk.
Das orangefarbene Gummiboot mit dem knatternden Seagullmotor war zunächst alles, was ich von der »Tarzan« sah. »Das Schiff«, so nannte ich es im stillen, weil mir der Name des Dschungelhelden albern klang, lag hinter der nächsten Ecke. Erst wurden die Seesäcke ins Dingi verladen, dann wir noch obendrauf. Ich vertraute mich nur ungern dieser unsicheren, tiefliegenden Fähre an, weil ich das übelwollende Schicksal nur zu genau kannte, das bestimmte, wenn schon jemand ins Wasser falle, müsse ich das sein. Ich nannte das meinen bösen Stern und glaubte, daß dieser Stern kennzeichnend für andere geniale Charakterzüge war, andere Leute nannten dieses Gestirn respektlos »Ungeschicklichkeit«. Vor uns war, mit dem letzten Tageslicht, ein behäbiger schwarzer Koloß mit sehr, sehr hoher Bordwand zu bewundern.
Zerstreut überlegte ich, wie ich wohl an dieser Bordwand hinaufkommen sollte. Zu meinem grenzenlosen Erstaunen klappte das Klettern mühelos, ich nahm es als gutes Omen. »Das Schiff« sollte schließlich für fast vier Monate mein Zuhause sein, da wäre es schon sehr peinlich gewesen, nicht ohne fremde Hilfe über die Schwelle zu steigen.
»Das Schiff« schien ein Riesendampfer. Wenn man im Cockpit stand, war die Entfernung zum Bugkorb kaum zu überblicken. In seiner massigen, breiten Behäbigkeit wirkte es sehr vertrauenerweckend.

Einsame Bucht in Neuseeland

Als ich nach dem Abendessen noch einmal hinausging, um die Milchstraße zu bewundern, sagte es freundlich zu mir: »Mit mir kannst du dich auf jeden Ozean wagen.«
Nun reden Schiffe normalerweise nicht, ich dachte an Halluzinationen durch Schlafmangel, und murmelte verächtlich: »Tarzan, ts! Was für ein blöder Name!« Schiffe sind weiblich, sind es immer gewesen. Und Frauen heißen nun mal nicht Tarzan.
»Selber blöd«, zischte es zurück, »sieh dir mal die Pinne an!« Ich sagte nichts, mit Schiffen unterhält man sich nicht, aber sah unwillkürlich hin: Ein mindestens anderthalb Meter langer, noch in der Spitze mehr als armdicker Holzprügel, dessen Form jedem an Phallussymbolen interessierten Psychologen die helle Freude bereitet hätte. Dieses Schiff war ohne Zweifel männlich, und jetzt kicherte es auch noch. Da mir gleichzeitig das Kreuz des Südens mit einer Spitze zuwinkte, schob ich alles auf das neuseeländische Bier, und nannte das Schiff künftig DIE Tarzan, um mich für den Spuk zu rächen.

Wie schon gesagt, die »Tarzan« war ein Colin-Archer-Nachbau. Colin Archer, der bekannteste Schiffsbauer Norwegens, stammte aus einer schottischen Familie. Unzählige Boote hat er konstruiert, sein berühmtestes war die »Fram«, mit der Nansen 1893 zur Nordpolarexpedition aufbrach. Colin Archer konstruierte Lotsenboote, Rettungskutter und Jachten. Die »Tarzan« wurde nach dem leicht veränderten Riß der bewährten Rettungskutter gebaut, aber nicht aus Holz wie zu Archers Zeiten – die Tarzan war ein Plastikbomber, allerdings einer von der grundsoliden Sorte. Jeder, der frisch an Bord kam, war der Ansicht, er habe soeben eine Stahl-Bordwand erklommen. Der Klüverbaum, also der »Spargel« am Bug, war natürlich aus Holz, ein dicker Stamm, auf dem man bequem stehen konnte.

Tarzan war der erste Zweimaster, mit dem ich reiste, eine Ketsch wie die originalen Rettungskutter, die aber Gaffelsegel hatten. Die Tarzansegel versteckten sich, ordentlich aufgetucht und in Segelsäcken verpackt, noch unsichtbar in der Vorpiek. Nur Großsegel und Besan waren angeschlagen, aber auch an den Mastbäumen aufgetucht und unter schützender blauer Persenning verstaut.

Das ungeheure Angebot an »Lappen«, wie die Segel respektlos genannt wurden, verwirrte noch lange Zeit den, der jeweils die Aufgabe hatte, den richtigen »Lappen« aus der Vorpiek zu fischen. Die Vorpiek, in der auf See auch die Preßluft-Tauchflaschen ihr sicheres Plätzchen hatten, war nur durch ein großes Luk im Deck zugänglich, und wenn das gesuchte Segel nicht zuoberst lag, konnte man auspakken, hineinklettern und suchen. Am Vorstag, das von der Großmastspitze zur Spitze des Klüverbaums führte, wurde der Klüver hochgezogen, den es in drei verschiedenen Größen gab, außerdem bei leichtem Wetter die Genua. Vier Möglichkeiten also, nur 25 Prozent Chance, keinen Fehler zu machen. Das Babystag, vom Bug bis zur Dreiviertelhöhe des Großmastes, war schon einfacher zu bekleiden – es gab nur Fock oder Sturmfock. Großsegel und Besan blieben immer angeschlagen, da konnte keiner einen falschen Griff tun.

Zum Lieblingssegel entwickelte sich später das Besanstagsegel, vermutlich, weil es Schönwetter signalisierte. Es vertrug nur halben bis raumen Wind von der leichten Sorte, außerdem war es sehr leicht zu setzen. Zwischen Besan und Groß, beide rotbraun, nahm es sich in stockfleckigem Weiß aus wie ein schwebendes Riesenbettuch, und es kam völlig ohne Stag aus. Nach dem Bergen blieb es bei gutem Wet-

Das mächtige Heck der »Tarzan« ▷

ter an Deck liegen, und die Freiwache konnte es sich in den Tuchmassen gemütlich machen. Es war der Star unter unseren Segeln, aber noch schlummerte es zusammengerollt in der Vorpiek.
Der Rundgang über Deck führte mich noch am Kompressor vorbei, der vor dem Deckshaus verankert war. Das kleine technische Monster schleuderte später einmal widerborstig seine Zündkerze in Richtung argloser Segler.
Unter Deck wartete ein fröhliches Durcheinander, während Marion stolz versicherte, sie habe zwei Tage ausschließlich mit Aufräumen verbracht. Sie erzählte allerdings auch, daß beim Transportieren der Lebensmittel im Dingi ein Teil des Proviants ziemlich unsanft mit dem Pazifik zusammenprallte und sie viel Zeit gebraucht hatte, um durchfeuchtete Mehl- und Zuckertüten auszupacken und umzufüllen. Das erklärte vieles, zumindest unzählige ehemalige Kaffeegläser voll weißen Pulvers, die in dem ausgeklügelten Stausystem noch keinen Platz gefunden hatten.
Beim Seesackauspacken fluchte ich, daß jeder alte Seebär neidisch geworden wäre. Auf der langen Reise war eine der Plastikflaschen mit Flüssigseife kaputtgegangen und ausgelaufen, Kleidungsstücke und Schuhe waren mit wohlriechendem Schleim überzogen, und ich hatte später Gelegenheit, mich zu wundern, daß auch Seife Flecken macht, die nie wieder herauszubekommen sind. Es sollten nicht die letzten Flecken von dieser Sorte bleiben.
In der Messe lümmelten sich Bernd und Marion am großen Holztisch und unterhielten sich angeregt, Karin und Eberhard waren schon im Vorschiff verschwunden, das Platz für vier Schläfer und einiges Gepäck hatte. Zwischen Messe und Vorschiff lag das »Bad«, das nur aus Toilette und Waschbecken bestand, und die Werkstatt mit ihren unzähligen Fächern und Laden. Die Kombüse war an der Steuerbordwand eingerichtet. Backbord, über der U-förmigen Sitzbank, waren Bücherregale angebracht. Die Achterkajüte, mein neues Zuhause, war von der Messe durch den Kartenraum getrennt, in den auch der Niedergang führte. Der Kartenraum lag im lichten Deckshaus, alle anderen Räume waren unter Deck. Die Achterkajüte mit ihren vier Kojen lag unter dem Cockpit. Sie war recht gemütlich und ließ sich mit dem kleinen Klapptischchen in einen zweiten Wohnraum verwandeln, allerdings nur, wenn darin nicht vier Leute hausten, wie das in den nächsten Monaten der Fall sein würde.
Marion tuckerte am nächsten Morgen mit dem Dingi zum Brötchenholen, während wir uns bemühten, Frühstück zu machen. Das dauer-

te etwas länger, wir fanden uns noch nicht zurecht, suchten und quälten uns mit sinnlosen Fragen. Außerdem mußten wir uns in einen Kampf mit dem Herd einlassen. Marion hatte am Vorabend eine halbstündige Rede über die Art und Weise seines Funktionierens geschwungen, am Ende hatten wir den Eindruck, er sei ein schwer zu handhabendes, etwas hinterlistiges, feuerspeiendes Ungetüm. Das Ungetüm hatte zwei Flammen, die dritte im Ofen. Alle mußten mit Spiritus vorgeheizt und sofort nach dem Verlöschen des Spiritus angezündet werden, sonst gab es eine Stichflamme. Der eigentliche Brennstoff war Petroleum. Wir füllten die Brennerschälchen mit Spiritus, zündeten und beobachteten die Flamme argwöhnisch. Nach einer knappen Minute tat sich immer noch nichts, also machte man sich daran, Brot zu schneiden, und diesen Moment nutzte die Flamme, um heimtückisch zu verlöschen. Die Prozedur konnte wiederholt werden. Aus purem Übermut veranstaltete der Ofen einmal eine Art Explosion, die eine zentimeterdicke Rußschicht zurückließ und unseren Kokosmakronen den würzigen Petroleumbeigeschmack gab. Ich war bereit, zu beeiden, daß es sich hier um einen verzauberten Drachen handelte, Jochen schwor dagegen, Gaskocher seien das einzig vernünftige an Bord und Petroleum eine große Schweinerei.
Mittags lichteten wir den Anker und segelten zum Deep Water Cove, einer menschenleeren Bucht am östlichen Zipfel der Bay of Islands. Fallböen fegten uns entgegen, wir mußten aufkreuzen und hatten so Gelegenheit, uns mit dem Schiff und wieder mit dem Segeln vertraut zu machen. Es war nicht allzuviel Wind, darum hatten wir als Vorsegel die Genua gesetzt, ein großes, leichtes Segel, das am Klüverstag hochgezogen wurde. Bei jeder Wende mußte die Masse leichten, weißen Tuchs zwischen dem Klüverstag und dem Babystag durchgezogen werden. Das dauerte jedesmal seine Zeit. War das Vorsegel endlich auf der anderen Seite, stand der Wind bereits drin, so daß wir beim Dichtholen über die Winsch unsere Armkraft trainieren konnten. Fünf Stunden dauerte die Fahrt, dann lagen wir sicher in der bezaubernden Bucht. Unterwegs hatten wir mit der Schleppangel einen kleinen Fisch gefangen, außerdem aus Opua Steaks mitgebracht. Am Strand konnte nun ein zünftiges »Barbecue« stattfinden, ungeachtet der bedrohlichen Wolken am Horizont. Wir sollten uns im Lauf der Reise zu wahren Spezialisten für überaus zünftige Barbecues entwikkeln, aber noch waren wir guten Mutes und hielten die Idee, im Freien zu kochen und zu essen, für eine der genialsten Erfindungen in der Menschheitsgeschichte.

Das feste Dingi war nicht einsatzfähig, weil der Schwertkasten noch nicht abgedichtet war, also fuhren wir zweimal mit dem Schlauchboot hin und her, um alle sieben Barbecuer an den Strand zu bringen. Die Steaks waren fantastisch. Als der letzte Happen verzehrt war, setzte vehement der Regen ein, der uns vorher schon durch dezentes Tröpfeln gewarnt hatte. Wir packten in Windeseile zusammen und sprangen alle ins Dingi. Das heißt natürlich, fast alle, denn irgend jemand mußte das Dingi ins Wasser schieben, für diese entzückende Aufgabe blieben Jochen und ich zurück. Ich führte das Schlauchboot, bis meine Jeans weit über die Knie naß waren, fand dann, daß ich damit genug Opferbereitschaft gezeigt hatte, und stieg ein. Soviel Egoismus mußte natürlich bestraft werden, denn Jochen blieb treu im Wasser, bis das Dingi wirklich sicher schwamm, und schwang sich dann als siebter in das Boot, dabei liefen mehrere Liter Pazifik von oben in meine Jeans.

Als wir auf der »Tarzan« ankamen, hatte keiner mehr ein trockenes Fädchen auf der Haut. Wir lachten und alberten herum, während wir uns aus den durchgeregneten und salzwassergetränkten Klamotten schälten, bis uns bleierne Müdigkeit überfiel, letzte Erinnerung an die Zeitverschiebung. Draußen goß es in Strömen, und ein ziemlich kräftiger Wind blies die Wassermassen über das Deck. Jochen ging noch einmal nach oben, und überzeugte sich, daß alles in Ordnung war, bevor er in die Koje fiel.

Zwei Stunden später wachte ich von unbestimmtem Lärm an Deck auf. Es goß noch immer, der Wind heulte wütend, und die »Tarzan« trieb bei ablandigem Wind in völliger Finsternis Richtung Pazifik. Unser Ankerplatz hieß nicht umsonst »Bucht des tiefen Wassers«, der Meeresboden, steinharter Sand mit Felsen durchsetzt, fiel steil ab. Der Anker war ins Rutschen gekommen, je weiter er rutschte, desto steiler war der Winkel der Ankerkette, und desto größer war auch der Zug. Noch einmal blieb der Anker irgendwo hängen. Der Ruck war unsere Rettung, nachdem wir wach waren, war alles nur noch halb so schlimm – wäre niemand aufgewacht, hätten wir das Schiff wahrscheinlich verloren, wenn nicht an einer der drei Felswände der Bucht, dann irgendwo auf den Rockies, den »Klamotten«, die der Bucht vorgelagert waren. Daß nun alles in Butter war, wäre allerdings eine übertriebene Behauptung. Als erstes mußte der Anker an Deck geholt werden, dabei sprang die Ankerkette von der Winsch und verklemmte sich, so daß wir mit dem Anker auf Halbmast ziemlich manövrierunfähig waren. Marion stand am Ruder, in der völligen Dun-

kelheit fast orientierungslos, und wähnte, je länger sie ins Schwarze starrte, desto mehr Felswände direkt vor dem Bug. Endlich war der Anker oben, wir konnten uns in die Bucht zurückmanövrieren. Dort lag außer uns noch ein Motorboot, dessen Ankerlicht uns jetzt Orientierungshilfe war. Außerdem benutzten wir den leuchtstarken Halogenscheinwerfer, um jedenfalls ungefähr die Umgebung zu erkennen.

Großes Erstaunen, als wir in der Nähe der Motorjacht waren, die uns heimgeleuchtet hatte: Der Sektor, den der Halogenscheinwerfer ausleuchtete, verriet, daß wir keineswegs dort waren, wo unsere Odyssee begonnen hatte. Die andere Jacht hatte dasselbe Schicksal wie wir erlitten und trieb uns fröhlich entgegen . . .

Erst unser Halogenscheinwerfer und der Lärm bei uns an Bord weckte die Crew des anderen Stückchen Treibguts, auf dem nun auch aufgeregtes Rufen zu hören war. Eine Weile fuhren beide Schiffe umeinander und tasteten sich in die Bucht zurück, schließlich ließen wir den Anker wieder fallen. Da kaum zu erwarten war, daß er sich nun eingraben würde, wo er es vorher auch nicht getan hatte, warfen wir die ganze Ankerkette, immerhin 80 Meter, hinterher. Die »Tarzan« mußte nun allein durch das Gewicht gehalten werden, zumal das Wetter etwas nachließ. Trotzdem stellten wir zu unserer Sicherheit Ankerwachen auf, aber die Jacht rührte sich nicht mehr vom Fleck.

Wir blieben ein paar Tage im Deep Water Cove, bis wir uns von den Strapazen der Anreise erholt hatten. Dann ging's zurück nach Opua, diesmal direkt an den Anleger. Wir bunkerten Wasser, Petroleum und Diesel, außerdem wurde Frischgemüse und Fleisch übernommen. Opua ist der nördlichste Ausklarierungshafen in Neuseeland, hier lernte ich zum erstenmal die Prozedur kennen, die man durchmacht, wenn man mit einem Schiff ein- oder ausreist. Ein Formular für jedes Crewmitglied, Crewlisten in mehreren Ausfertigungen, Schiffspapiere, Schiffsdaten, die Vollmacht vom Eigner des Schiffes, die Bürokratie konnte mühelos mit der deutschen konkurrieren. Nur die Beamten waren vielleicht etwas lockerer.

Mittags legten wir in Opua ab und gönnten uns noch einen halben Tag in der Bay of Islands. Für die Neuseeländer war die Saison vorbei, deshalb war es so menschenleer. Wir ankerten zwischen den Inseln Okahu und Waewaetorea. Die Sonne strahlte herunter, sie stand hoch im Norden, auch daran mußte man sich erst gewöhnen. Nichts erinnerte mehr an das scheußliche Wetter, das uns aus Deep Water Cove gejagt hatte. Marion erzählte von einer Regatta, die sie hier mit der

»Tarzan« gesegelt hatten, bevor wir ankamen. Es war lustig zugegangen. Die »Tarzan« landete im ersten Drittel des Feldes, die Crew bei einer sehr feuchten Regatta-Abschlußfeier. Seitdem wurden Rennjachten und Regatten bei Marion zu einer fixen Idee, obwohl die Tarzan im Vergleich zu den hochgezüchteten »Rennziegen« eher einem soliden Lastkraftwagen glich.

Wir wollten abends Richtung Tonga starten. Nach den konkreten Aufräumungsaktionen trafen wir auch abstrakte Vorbereitungen.

Die Seenoteinteilung, oberstes Gesetz: Das Schiff wird nur verlassen, wenn es brennt und löschen nicht mehr möglich ist oder wenn es sinkt. Wie oft waren Segler mitsamt Rettungsinsel ertrunken, während ihr Schiff später – zwar arg lädiert, aber immer noch seetüchtig – von den Rettungsmannschaften gefunden wurde. Meine Aufgabe war es, im Seenotfall einen Seesack zu greifen, ihn mit Lebensmitteln zu füllen und dafür zu sorgen, daß er mit auf die Rettungsinsel kam. Ich habe manche Nachtwache damit verbracht, über die Zusammenstellung dieser Notration nachzudenken. Konserven, das wäre wohl das Sinnvollste, es sei denn, man vergäße in der allgemeinen Hektik den Dosenöffner. Bei dem Gedanken an eine Rettungsinsel voller hungriger Robinsons vor einem Berg nicht zu öffnender Konserven war mir mal zum Lachen, mal zum Weinen zumute.

Dann das Mann-über-Bord-Manöver. Am Heckkorb hingen zwei Rettungskragen, einer war mit einer Boje verbunden, deren Blitzlicht ausgelöst wurde, sobald sie aus ihrer Befestigung gelöst war. Man mußte natürlich diesen Rettungskragen nehmen, damit man das Opfer leichter wiederfand. Dreimal, bei jeder neuen Creweinweisung, lauschte ich auf der Reise den theoretischen Ausführungen in Sachen »Mann-über-Bord«, und erst nach Monaten fiel mir auf, daß ich im Ernstfall doch ziemlich hilflos gewesen wäre, weil mir nicht klar war, ob man erst die Boje oder den Rettungskragen ins Wasser wirft. Im Dunkeln hätte ich vermutlich noch nicht mal die Strippe gefunden, die den Rettungskragen aus seiner Halterung löst.

Die Wacheinteilung schien mir ganz angenehm. Wir hatten drei Wachen mit je zwei Leuten, denn der »Skip« ging wachfrei, konnte dafür aber jederzeit geweckt oder gerufen werden. Das hatte den Vorteil, daß die Freiwachen auch wirklich frei hatten, weil man zu dritt so ziemlich alle Manöver schaffen konnte, solange das Wetter gut war. Tagsüber wechselte die Wache alle drei Stunden, nachts alle vier Stunden, so daß sich der Rhythmus täglich verschob und niemand immerzu die »Hundewache« hatte, nachts zwischen 23 und 3 Uhr. Alle

drei Tage war »Hundewache«, zwischendurch konnte man bequem acht Stunden Nachtschlaf haben. Mir erschien das geradezu luxuriös, denn auf dem letzten großen Törn, an dem ich teilnahm, hatten wir nur zwei Wachen. Das bedeutete, jede Nacht entweder von 19 bis 1 Uhr oder von 1 Uhr bis 7 Uhr gegen den Schlaf zu kämpfen. Von den anderen waren einige noch nie nachts gesegelt, sie hatten auch mit dieser komfortablen Regelung Schwierigkeiten.
Den Backschaftsplan hatten wir schon vorher eingeteilt. Bis auf den Skipper, der im Seekrankheitsfall einsprang, und Marion, die allgemeine Hilfestellung leistete, war jeder im täglichen Wechsel »dran«. Die Backschaft begann mit dem warmen Mittagessen und erstreckte sich über Spülen, Abtrocknen, Abendessen bis zum nächsten Vormittag. Gemeinsames Frühstück war wegen des Wachrhythmus meist nicht möglich, die Backschaft hatte morgens nur die Pflicht, die Kombüse nach dem Frühstück sauber an den nächsten zu übergeben. Ausfegen und Badputzen gehörten auch noch dazu, das wurde allerdings auf See gelegentlich ausgelassen.
Nach dem Abendessen, als alles besprochen war, nahmen wir Abschied vom »Land der großen, weißen Wolke«. Der Anker wurde hochgezogen, die Segel gesetzt, der Wind war nicht sehr stark, die Wellen um so mehr, als wir den Schutz der Bucht verlassen hatten. Seit zwei Jahren war ich nicht mehr auf dem Wasser gewesen, das dezente Würgen im Hals zeigte mir, daß ich die Bewegungen eines rollenden Schiffes nicht mehr gewohnt war. Trotzdem glaubte ich zu spüren, wie mein Herz lachte, ja, es bog sich vor Lachen, es krümmte sich, es erlitt einen Lachkrampf – nein, das war doch der Magen.

Auf Extra-Tour

Segeln in der Bay of Islands: Rainbo Charters (Büro an der Pier in Opua) vermietet kleinere Schiffe, mit denen Sie die Bay of Islands erkunden können. Um Weihnachten herum sollen sich allerdings sämtliche Auckländer in diesem sonst ganz einsamen Revier versammeln. Gegenüber von Paihia, am anderen Ufer, liegt Russell, die älteste weiße Siedlung Neuseelands.
Von der Bay of Islands aus läßt sich auch gut ein Ausflug zur Nordspitze des Landes, Cape Reinga und zur Ninety Mile Beach unternehmen.

Kleines Segel-Brevier für Landratten

Jacht (Yacht), die: Verfolgungsrevier. Der Skipper jacht die Crew, ein Malheur jacht das nächste.

Segel (Lappen, Fetzen, Klamotten, Tuch): Fetischobjekt perverser Exlandratten. Dient als Rohstoff für windenergiebetriebene Alternativfahrzeuge (Ökologie!).

Fallen: Strippen, mit denen die Segel hochgezogen werden. Vielseitig verwendbar (vgl. mittelalterliche Hinrichtungsmethoden).

Schoten: Strippen zum Segelregulieren. Bekannt aus zahlreichen Westernfilmen (vgl. Lasso).

Skipper, Skip, Käptn: Boß.

Mehlaugen, Landratten, Knalldeppen, Klapskallis: Crew.

Großbaum, Klüverbaum, Besanbaum: An Bord gezogene Nutzpflanzen. Schlagen im Mai aus, von Juni bis April schlägt der Segler zurück.

Fender (Autoreifen, Sofakissen, Gummistiefel, Seglerbeine): Schützen die Außenhaut des Schiffes vor Schrammen und Beulen. Erfahrene Segler kombinieren verschiedene Arten, zum Beispiel Seglerbeine mit Gummistiefeln.

Anleger, Ableger, Ankermanöver, Segelmanöver: Die Varianten der einzelnen Manöver sind ungezählt. Es gibt einige Grundmuster, die der erfahrene Skipper kombiniert und eventuell durch eigene unkonventionelle Ideen vervollständigt. Wichtig ist es, sich jedes Manöver vorher genau zu überlegen und die Crew in den detaillierten Plan einzuweihen. Etwa: »Fürchtet euch nicht, ich mach' das schon«, »Wo habt ihr Saubären meine Brille gelassen?«, »Denkt hier denn eigentlich keiner mit?«

Rasmus (Neptun, Poseidon, z.T. auch Petrus): seglerisches Über-Ich.

Aufschießer: Vollbremsung unter Segeln.

Wende: Richtungsänderung des Schiffes, wobei der Bug durch den Wind gedreht wird.

Halse: Richtungsänderung des Schiffes, wobei das Heck durch den Wind gedreht wird.

Patenthalse: Unfreiwillige Halse, wobei der Großbaum durchschnittlich einen Segler erschlägt.

Wendehals: Überraschende Richtungsänderung des Skippers, wobei durchschnittlich einem Crewmitglied der Hals umgedreht wird. Dabei kann sowohl der Bug wie das Heck durch den Wind gehen, die Crew dagegen in den Wind schießen.

Luv: Die Seite des Schiffes, auf der man tunlichst nicht seekrank wird.

Lee: Nun ja. Wenn schon seekrank, dann auf dieser Seite (Windrichtung!).

Satellitennavigator: Wenn er auch noch Segel setzen könnte, kämen Segelschiffe endlich ohne Segler aus.

Ostern auf den Freundlichen Inseln

Das Königreich Tonga umfaßt 170 Inseln, von denen nur 36 bewohnt sind. Tonga erstreckt sich von der bergigen Insel 'Eua im Süden über die Hauptinsel Tongatapu und die Ha'apai-Gruppe bis zur Vava'u-Gruppe im Norden. Die Ha'apai-Gruppe und Tongatapu sind flache, palmenbewachsene Inseln, abgesehen von den Vulkaninseln Tofua und Kao im Westen von Ha'apai. Landschaftlich reizvoller ist die Vava'u-Gruppe mit ihren Bergen, Fjorden und Felsinseln. Sie wird, unter anderem wegen ihrer schönen Naturhäfen, von vielen Jachten angelaufen. 1983 besuchten 400 Jachten Vava'u.

Tonga wird von Air New Zealand, Air Pacific, Polynesian Airlines, South Pacific Island Airways (SPIA) und Air Nauru angeflogen. Starten können Sie von Auckland, Suva, Apia, Pago Pago, Noumea oder Rarotonga, aber niemals an einem Sonntag. Innerhalb Tongas fliegt die Tonga Air die drei Strecken Tongatapu–'Eua, Tongatapu–Ha'apai–Vava'u und Tongatapu–Vava'u täglich außer sonntags. Schiffe verschiedener Gesellschaften verkehren zwischen den Inselgruppen, aber ihr Fahrplan wird oft kurzfristig geändert, so daß Vorbestellungen nicht möglich sind.

Das Klima in Tonga ist tropisch, doch im allgemeinen etwas kühler als in anderen tropischen Ländern. Regenzeit ist im Sommer (Dezember bis März). Das bedeutet allerdings nicht, daß es während der restlichen Monate nicht regnen würde. Im Winter (Juni bis September) empfiehlt sich neben der Regenkleidung ein warmer Pullover für kühle Abendstunden.

Tonga, vermutlich schon seit dem 5. Jahrhundert vor Christus von Polynesiern besiedelt, wurde im Jahr 1616 von den Niederländern Schouten und Lemaire »entdeckt«. James Cook besuchte Tonga mehrmals, die Schildkröte, die Cook dem damaligen Herrscher schenkte, wurde über 200 Jahre alt. Das Tier von den Galapagosinseln lief noch bis vor 20 Jahren im Garten der Königin herum.

Die Freundlichen Inseln waren niemals Kolonie eines europäischen Landes, stellten sich aber 1900 freiwillig unter britisches Protektorat. Erst seit 1970 ist Tonga wieder vollkommen souverän, behielt aber die Verfassung der konstitutionellen Monarchie nach britischem Muster bei. Tonga ist das einzige Königreich Polynesiens.

Der europäische Einfluß wurde in den zwanziger Jahren des vergangenen Jahrhunderts stark, als sich die ersten Missionare in Tonga ansiedelten. Die Christianisierung spielte eine wichtige Rolle im tonganischen Bürgerkrieg, der am Ende des 18. Jahrhunderts ausbrach. Der damalige Tu'i Tonga, der Herrscher ganz Tongas, war in einen Machtkampf mit dem Häuptling der Ha'apai-Gruppe, Taufa'ahau, verwikkelt. Taufa'ahau ließ sich 1831 taufen. Er wählte den Namen George, nach dem damaligen englischen König. 1845 wurde er zum König George Tupou I. proklamiert und begründete die Dynastie des jetzigen Königshauses. Die erste konstitutionelle Regierung gab es unter seiner Herrschaft im Jahre 1875. Sein Enkel und Nachfolger George II. unterstellte Tonga dem britischen Protektorat, der heutige König Taufa'ahau Tupou IV. ist ein direkter Nachfahre.

Die heutige Verfassung basiert auf der von 1875. Der König regiert mit sieben von ihm ernannten Ministern, sieben Vertretern des Adels und sieben Bürgerlichen, die von der Bevölkerung gewählt werden (3 aus Tongatapu, 2 aus Ha'apai, 2 aus Vava'u). Politische Parteien gibt es nicht. Tonga hat heute knapp 100 000 Einwohner, von denen 65 000 auf Tongatapu leben, 13 000 auf Vava'u, 10 000 auf Ha'apai. Der König residiert auf Tongatapu (»Heiliges Tonga«). Der königliche Palast, 1867 im Kolonialstil erbaut, liegt in der Hauptstadt Nuku'alofa (»Heimat der Liebe«).
»Malo e lelei!« heißt soviel wie »Hallo!« und ist das Minimum an tonganisch, das jeder Besucher beherrschen sollte, da es üblich ist, auf der Straße jeden zu grüßen. Die meisten Tonganer sprechen etwas Englisch, ein paar tonganische Ausdrücke sind trotzdem nützlich.

Malo e lelei!

Hallo, Guten Tag	Malo e lelei	Ihr	ko moutolu
Guten Morgen	Malo e lelei ki he pongipongi ni	Sie	'oku nau
		Mein	'A'aku
Guten Abend	Malo e lelei ki he efiafi ni	Dein	'A'au
		Eins	Taha
Willkommen	Talitali fiefia	Zwei	Ua
Ich	koau	Drei	Tolu
Du	ko koe	Vier	Fa
Wir	'oku mau	Fünf	Nima

Sechs	Ono
Sieben	Fitu
Acht	Valu
Neun	Hiva
Zehn	Hongofulu
Zwanzig	Uofulu oder Uanoa
Hundert	Teau
Tausend	Tahaafe
Zehntausend	Tahamano
Wieviel?	’Oku fiha?

Wie viele?	Ko e me’a ’e fiha?
Teuer	mamafa
Billig	ma’ama’a
Gut	Lelei
Schlecht	Kovi
Herr	Tangata’eiki
Frau	Fine’eiki
Fräulein	Ta’ahine
Freund	kaume’a

Flechtarbeiten aus Tonga

Tonga in Stichworten

Währung: Der Pa'anga (1 Pa'anga = 100 Seniti) ist als Währungsbezeichnung wenig geläufig, man hält sich an die amerikanische Benennung »Dollar« und »Cent«. Knapp drei Mark entsprachen im Frühjahr 1984 einem Pa'anga. Einige Münzen sind mit ihren Abbildungen tropischer Früchte als Souvenirs beliebt wie auch die außergewöhnlichen Briefmarken in Form von Bananen, Ananas und Brotfrüchten.

Religion: Die Tonganer sind sehr gläubig, der Sonntag ist ihnen heilig. Er ist dem Gottesdienst und dem Besuch von Freunden vorbehalten. Am Sonntag verkehren keine Schiffe und Flugzeuge, weder innerhalb des Landes noch zu/von anderen Ländern. Das Verbot, sonntags zu spielen, zu arbeiten, Handel zu treiben oder Auto zu fahren, wird nicht mehr überall so streng eingehalten. Wer ganz sicher sein will, die Gefühle der Gastgeber nicht zu verletzen, sollte sich trotzdem an die Verbote halten und den Sonntag der stillen Erholung widmen oder auch einen Gottesdienst besuchen, um den prächtigen Gesang der Gemeinde zu hören. Auch das Schwimmen wird sonntags nicht gern gesehen.
Trotz der tropischen Temperaturen wird sehr viel Wert auf korrekte Kleidung gelegt. Strandkleidung oder gar freie Oberkörper werden in der Öffentlichkeit nicht geduldet. Die Tonganer selbst tragen den »vala«, einen Rock, der bei Männern knielang, bei Frauen knöchellang ist. Europäische Frauen müssen aber keineswegs in »Maxi« gehen, um den Konventionen zu genügen.

Handel und Kunsthandwerk: In Nuku'alofa und Neiafu gibt es staatliche bzw. genossenschaftliche Läden mit Kunsthandwerk der tonganischen Frauen. Außer Flechtarbeiten jeglicher Art (Körbe, Taschen, Matten, Schmuck) und Muschelarbeiten gibt es Tapa zu kaufen, ein bemaltes Gewebe aus Maulbeerbaumrinde. In Neiafu führt das Kunsthandwerkszentrum sehr schöne Schnitzarbeiten. Reizvoller ist es sicher, die kunsthandwerklichen Arbeiten direkt bei den Produzenten zu erwerben, in den Dörfern oder vom Boot. Sie sollten allerdings die Preise mit denen der staatlichen Geschäfte vergleichen, letztere sind im allgemeinen angemessen. Der Bootshandel betrifft vor allem die ausländischen Jachten: Die kleinen Boote der Einheimischen, vollbeladen mit Kunsthandwerk und Früchten, gehen an den Jachten längsseits. Oft sitzt die ganze Familie des Händlers mit im Boot, und es ist sehr schwierig, nichts zu kaufen, wenn man in fünf erwartungsvolle braune Augenpaare sieht. Allerdings ist das Angebot der Bootshändler oft überteuert, man darf jedoch den Verkäufer nie direkt herunterhandeln, weil das seine Würde verletzt. »Würdevolle« Mittel zum Herunterhandeln sind ungläubiges Lachen, Unentschlossenheit und der (scheinbare) Entschluß, lieber doch nichts zu kaufen. Bei Preisen, die Ihnen angemessen erscheinen, sollten Sie nie versuchen, zu handeln. Die Verkäufer sind weitaus ärmer als Sie! Auch in den staatlichen Kunsthandwerksläden wird nie gefeilscht.

Trinkgeld: Wie in allen Südseeländern erwarten die Menschen kein Trinkgeld von Ihnen. Für einen besonders guten Service können Sie sich trotzdem erkenntlich zeigen, üblich ist es aber nicht. Geschenke haben dagegen eine andere Bedeutung als in Europa, sie sind immer mit einem Gegengeschenk verbunden. Nehmen Sie also von einem Einheimischen ein Geschenk an, müssen Sie auch bereit sein, entweder dafür zu zahlen oder ein Gegengeschenk zu machen. Das gilt

Handel: Corned Beef gegen Kokosnüsse

nicht, wenn Sie auf dem Markt oder von einem Bootshändler eine große Menge Gemüse kaufen und man Ihnen einige Früchte oder Kokosnüsse dazu »schenkt«. Die Bootshändler sind oft auch zu Tauschgeschäften bereit: Angelhaken und Tauchflossen sind besonders gefragt.

Feasting: Die Strandfeste, die vor allem in Vava'u während der Saison häufig stattfinden, sind reine Touristenveranstaltungen, können aber trotzdem ein großes Erlebnis sein. Das hängt zum einen davon ab, wer das Fest veranstaltet, zum anderen, wieviel Touristen außer Ihnen kommen. Wer nur mit ein paar Jachties oder Gästen aus einem Hotel zusammensitzt, wird das sicher reizvoller finden, als am Strand auf eine Horde erlebnishungriger Kreuzfahrer oder die Besatzung eines amerikanischen Kriegsschiffes zu treffen. So ein Fest umfaßt eine Mahlzeit aus dem »umu«, dem Erdofen, eine Darbietung tonganischer Tänze und Musik und oft auch den Verkauf von Kunsthandwerk. Der Preis für den Abend liegt zwischen 6 und 12 Pa'anga. Von den Erlösen der Feste wird oft ein ganzes Dorf ernährt, zum Teil werden sie sogar von den Missionen als Entwicklungshilfe gefördert. Erkundigen Sie sich bei den Jachties, die längere Zeit in Tonga bleiben, welches Feast sie empfehlen. Und fragen Sie den Veranstalter, wer außer Ihnen noch kommt!

Transportmittel: Der offizielle Prospekt sagt dazu lapidar, der Transport zu Land sei entweder auf dem Rücken eines Pferdes oder in einem klimatisierten Fahrzeug möglich, je nachdem, um welche Insel es sich handelt. Auf Tongatapu können sie günstig mit dem Bus überall hinkommen, Taxis benutzen, Fahrräder oder Autos leihen. Für einen Leihwagen müssen Sie sich allerdings einen tonganischen Führerschein besorgen, den Sie gegen Vorlage ihres Führerscheins und die Gebühr von 2 Pa'anga auch mühelos bekommen (Traffic Department, Nuku'alofa). Auf Vava'u müssen Sie dagegen mit Lastwagen vorlieb nehmen, die auf der Ladefläche Bänke zum Passagiertransport haben. Auf den Dörfern können Sie sich aber auch ein Pferd mieten (2 bis 5 Pa'anga). Der Preis für Inlandsflüge liegt zwischen 30 und 60 Pa'anga, je nach Entfernung. Mit dem Schiff kommen sie billiger von einer Insel zur anderen, müssen aber Zeit nicht nur für die Reise mitbringen, weil sie nicht regelmäßig verkehren. Auf pünktlichen Flugverkehr sollte man sich allerdings auch nicht allzu fest verlassen.

Unterkunft: In Nuku'alofa gibt es Übernachtungsmöglichkeiten vom billigen Guesthouse bis zum guten Hotel. Wer länger bleibt, kann auch ein Apartment oder ein Haus mieten. Auskünfte erteilt die Tourist-Information am Vuna-Anleger. In der Ha'apai-Gruppe können Sie auf der Insel Pangai, auf der auch der Flugplatz ist, im Government Rest House günstig übernachten. Wer den Regen nicht fürchtet, kann hier auch billiger einen Platz für sein Zelt mieten. In Neiafu/Vava'u gibt es neben dem noblen Paradise International Hotel mehrere kleine Gästehäuser, in denen Sie auch (mit Vorbestellung) essen können, wenn Sie kein Hausgast sind. In der Vava'u-Gruppe soll das »wilde Zelten« problemlos möglich sein. Für 5 Pa'anga pro Woche können Jacht-Besatzungen den Dingianleger und die Duschen des Paradise International benutzen. Sollten Sie ein schwimmendes Heim bevorzugen, finden Sie in Neiafu auch ein Jachtcharterbüro. Mit 1800 bis über 2000 Pa'anga Wochenmiete ist das Segeln nicht gerade billig.

Essen, Unterhaltung: In Nuku'alofa reicht das Angebot der Restaurants von einheimischer Küche über europäische und japanische Gerichte bis zu Hamburgers. Mehrere Kinos und der Tonga Club bieten abendliche Unterhaltung.
In Neiafu ißt man billig in John's Takeaway. Das Essen in den Gästehäusern ist mit Preisen um 5 Pa'anga dreimal so teuer, aber sehr lohnend. Mehrere Gänge werden Ihnen serviert, neben Allerweltsgerichten wie Spaghetti füllen panierte Bananen, frischer Fisch und fritierte Brotfrucht den Tisch. Außer der Voranmeldung muß man auch berücksichtigen, daß die Gästehäuser meist keine Lizenz zum Alkoholausschank haben – wer auf das Bierchen nicht verzichten mag, muß es schon selbst mitbringen. Neben den üblichen Kinos zeigt auch das Paradise International Filme, allerdings auf Video. Der berüchtigte Vava'u Club über dem Anleger hat seinen Ruf als Sauf- und Raufladen verloren, seit Frauen zugelassen sind. Wer Gelegenheit hat, selbst zu kochen, sollte sich am frühen Sonnabendmorgen auf dem Markt mit Gemüse eindecken – während der restlichen Woche ist das Angebot eher spärlich.

Andersrum . . .

Die ersten Tage auf See waren schwierig. Manches Crewmitglied mußte sich erst wieder gewöhnen und machte vieles falsch. An Bord

herrschte eine Art Dialektik, es gab immer zwei gegensätzliche Möglichkeiten: Backbord und Steuerbord, anluven und abfallen, dichtholen und fieren. Das wirkte sich auf die Crew aus, sie bekam einen Dialek-Tick: Das Kommando des Skippers war die These, das, was der Angesprochene tat, meist die Antithese, aus purer Verwirrung und dem Bemühen, alles schnell, richtig und gut zu machen. Nur zur Synthese, der Verknüpfung, kam es nie, das lag in der Natur der Sache. Dafür war »Andersrum!« das häufigste Kommando an Bord, es dröhnte jedesmal über Deck, wenn jemand die falsche Alternative gewählt hatte, und es paßte immer.
Auch die anderen Kommandos waren gelegentlich ziemlich unkonventionell. Hieß es bei den Wenden noch kurz-korrekt »Ree!«, wurde bei den Halsen das betuliche »Rund achtern!« durch ein lässiges »Nu' mal 'rum mit dem Arsch!« ersetzt, unmißverständlich – das Heck der Tarzan sollte durch den Wind gedreht werden. Trotzdem folgte auch hier manchmal das unvermeidliche »Andersrum!«.
Das Wetter blieb zunächst ziemlich ruhig, so ruhig, daß Jochen sich in den Besanmast hochziehen ließ, um die Antenne des Radios zu reparieren. Ich schätze an sich solche Aktionen gar nicht, weil ich immer Angst um den Gipfelstürmer habe. Da wurde der Bootsmannsstuhl herausgeholt, ein Ding, das mehr einer Kinderschaukel glich als einem sicheren Traggestell für einen ausgewachsenen Mann. Der Bootsmannsstuhl wurde in ein Fall eingeschäkelt, eine stinknormalen Strippe, mit der sonst ein Segel hochgezogen wird. Wenn starker Wind im Segel steht, so versuchte ich mich zu beruhigen, wird das Fall sicher viel mehr belastet als durch das Gewicht eines Mannes. Andererseits kommt es schon mal vor, daß Fallen reißen. Das Fall wurde über die Winsch gelegt, Jochen stieg in den Bootsmannsstuhl, ein Mann kurbelte Jochen in den Mast, der andere hielt das Fall. Die Winsch schien sich durchzubiegen, das tat sie aber auch, wenn »nur« ein Segel am Fall hing. Schließlich war Jochen oben und wurde belegt, das heißt, das Fallende wurde um die Patentklampe am Mast geschlungen. An einem anderen Fall wurde ein Eimer mit Arbeitswerkzeugen in den Mast gezogen. Trotzdem blieb die Aktion erfolglos, weil die Bodenmannschaft zu dumm war, um das Radio zu bedienen.
Wir nahmen vier kleine Tramper an Bord, Schwalben, die sich offenbar auf dem jährlichen Flug vernavigiert oder nur ihre Kräfte überschätzt hatten. Zwei starteten wieder nach einer Nacht auf der »Tarzan«, die beiden anderen starben. Es waren bis Tonga die letzten Lebewesen, die wir sahen.

Diese Ecke des Pazifiks schien vollkommen leer, wie ein geträumtes Meer, wir sahen in den zehn Tagen nicht ein einziges Schiff, keine Vögel, keine Fische, noch nicht mal Delphine, diese Spielkinder der Ozeane, die manchmal stundenlang um ein Schiff herumtollen. Der Rest der Welt war verschwunden, es gab nur noch Wasser und Himmel mit Wolken. Als ich nach einer Woche zum erstenmal sehr, sehr leise ein Flugzeug brummen hörte, spürte ich Erleichterung. Auch dieses Zeichen menschlichen Lebens sahen wir nicht, aber wir hatten es gehört: Außer uns existierte doch noch etwas!

Das Wetter meinte es nach den ersten flaueren Tagen nicht mehr gut mit uns. Statt leicht im Passat dahinzusegeln, gerieten wir in ein böses Tief. Die nächsten Tage brachten nichts als Wind von vorne, Regen, Gewitter in der Nacht, Schräglage, Reff rein, Reff raus, Vorsegel hoch und runter. Wer keine Wache hatte, kuschelte sich in der trockenen Koje zusammen und hoffte, daß in den nächsten Stunden kein »Alle-Mann-an-Deck-Manöver« fällig war.

In den Kojen wurde man entweder, bei Schräglage, unbarmherzig an eine Seite gepreßt oder, während der rapiden Windänderungen in den Gewitterfronten, von einer Seite zur anderen geschleudert. Schlafen war in beiden Fällen schwierig, es ging nur, wenn man sich mit Hilfe von Bettdecken und Kleidungsstücken auf der als Bett getarnten Folterbank verkeilte. Die Folge war, daß schon bald ein Großteil der Crew über Rückenschmerzen klagte.

In einer dieser Nächte brach ein Gewitter los. Die Front war gegen den Wind aufgezogen, nun blitzte und krachte es, als wollte es die »Tarzan« vernichten. Die Wassermassen, die vom Himmel fielen, konnte man nur schwerlich noch als Regen bezeichnen, es waren Süßwasserozeane, die über uns hereinbrachen. Die beiden anderen Wachen hatten Wachwechsel, Jochen war auch an Deck, Marion und ich wälzten uns zerschlagen in den Kojen. Draußen war der Teufel los, der Windmesser schoß in ungeahnte Höhen, die fünf anderen refften das Groß, bargen das Vorsegel. Ich hatte das schöne Gefühl, daß mich das alles gar nichts anging, solange ich nicht gerufen wurde. Das war natürlich falsch, denn auch in der Kombüse klapperte und rumpelte es verdächtig laut, als das Schiff zur Abwechslung mal wieder von einer Seite zur anderen rollte, statt zu stampfen. Die Segler draußen hatten alle Hände voll zu tun, also hätte ich aufstehen sollen und die Kombüse kontrollieren. Ich konnte mich nicht aufraffen. Die Scherben der teuren Riesen-Thermoskanne gingen eindeutig auf mein Konto, darauf wurde ich in den folgenden Tagen auch häufiger hingewiesen.

Die Strafe folgte aber auf dem Fuß. Kaum zehn Minuten nach dem Beginn des Gewitters wechselte der Wind die Sturmstiefel mit den Hausschlappen und signalisierte Flaute. Jochen schmiß den Motor an, nach wenigen Minuten summte ein häßlicher Alarmton durch das Schiff: Der Motor war heißgelaufen. Mitten in der Nacht trieben wir mit flappenden Segeln in der Flaute. Im Finstern war der Fehler weder genau festzustellen noch zu beheben, also blieb nur das Abwarten. Unsere Wache begann um drei Uhr morgens. Der Wind war nun ganz weg, aber die Wellen waren immer noch von der Marke »Tropengewitter«. Marion wurde seekrank und legte sich stumm-ergeben auf die Bank im Cockpit, ich saß allein in der gespenstischen Szenerie. In allen vier Himmelsrichtungen türmten sich immer noch Wolkenbänke, hinter den Kulissen blitzte es fahl am Horizont. Die »Tarzan« trieb in die falsche Richtung, gen Sonnenaufgang, auf Wolkenwelten zu. Die untere Wolkenfront lag mächtig, einer unbekannten Insel gleich, am Horizont. Darüber schwebte noch eine endlose Kette, zwischen beiden züngelte frech der eine oder andere Blitz hervor, unheilverkündend, bis es endlich Tag wurde. Plötzlich schien eine unschuldige Sonne, und eine sehr leichte Brise trieb uns wieder auf den richtigen Kurs. Es wurde sehr heiß; in den Abgründen des Motorraums schwitzten Jochen und Eberhard über unserem »Radaddel«. Die Seewasserpumpe streikte, statt den Motor mit Kühlwasser zu versorgen. Reparieren ließ sie sich nicht, aber die beiden Künstler kamen tatsächlich auf eine Idee: Die defekte Pumpe wurde ausgebaut und durch eine elektrische Lenzpumpe ersetzt. Das klingt ganz einfach, aber es dauerte fast den ganzen Tag. Zurück blieb die Angst, das der Motor bei der Überhitzung ernsthaften Schaden genommen hatte und daß die »neue« Pumpe für Kabel und Schalter zu stark sein könnte. Der Motor funktionierte wieder, wir ließen die beiden phantasiebegabten Reparateure hochleben und beschlossen den Tag mit einem Bad im Pazifik.

Natürlich war unsere Freude verfrüht, denn wir hatten das Tief noch nicht hinter uns gelassen, sondern offensichtlich nur »das Auge«, die ruhige Mitte durchquert, die uns eine kleine Verschnaufpause gönnte. Schon am nächsten Tag lag die »Tarzan« wieder mit gerefften Segeln auf der Backe, der Badeanzug mußte mit dem Lifebelt vertauscht werden, den wir sogar im Cockpit trugen. Der Rudergänger steuerte

Die Navigationsecke mit »SatNav«-VHF-Funkpeiler ▷

mit einer um die Pinne gelegten Schotschlinge, ohne dieses Hilfsmittel war das Ruder bei dem durcheinandergeratenen Seegang nicht mehr zu halten. Die Wellen, ein fröhliches Chaos, waren teils »alter« Seegang, teils frische Windseen aus verschiedenen Richtungen, durch die sich die »Tarzan« mühsam stampfend ihren Weg bahnte. Es war eine entnervende Wetterlage, denn die Crew bewegte sich noch mühsamer als das Schiff. Im Cockpit wurde entweder gerutscht oder auf allen vieren gekrabbelt, unter Deck stellten selbst die kleinsten Arbeiten hohe Anforderungen an die akrobatischen Fähigkeiten der Segler. Die rabiatesten Wellen kamen mit schöner Regelmäßigkeit immer dann, wenn man sich gerade umzog und in einem Gummistiefel auf der schiefen Ebene stand, die Beine von der erst bis zu den Knien hochgezogenen Ölhose gefesselt. Sobald man den verkrampften Griff von der Handleiste löste, um nun doch die Hose mit beiden Händen hochzuziehen, war das just der Augenblick, in dem der tapfere Segler von einem besonders eleganten Schlenker gefällt wurde, kopfüber in den Ölzeugschrank stürzte und vom zweiten, frei schwebenden Gummistiefel in den Hintern getreten wurde.
In der Kombüse – trotz des Wetters war noch Appetit vorhanden – fehlte einem regelmäßig die dritte Hand. Zwischen Herd und »Reling«, einem Metallgeländer, verkeilt, hatte man beide Hände frei: In einer die Brotscheibe, in der andern das Messer, schon fiel einem das Marmeladenglas auf die Füße. Die feuchten Schwammtücher, die Tassen und Gläsern größere Standfestigkeit gaben, »funktionierten« auch nur bis zu gewissen Seegangstärken. War die Jagd auf das kollernde Marmeladenglas erfolgreich beendet, mußte man die Brotscheibe suchen. Ein geheimes Naturgesetz verbannte sie jeweils mit der klebrigen Seite nach unten in die staubigste Ecke des Salons.
Über die Verrichtung gewisser Bedürfnisse sollte des Seglers Höflichkeit schweigen. Wer jemals auf einem rüttelnden Schleudersitz saß, auf einer schiefen Ebene montiert, weiß, wovon hier die Rede ist.
Das Übelste waren nicht die Unannehmlichkeiten, die das Wetter in die täglichen Kleinigkeiten hineintrug, sondern die Tatsache, daß wir trotz der Quälerei nur langsam vorankamen. Der Wind pfiff uns mit 7–8 Beaufort an, nur kamen die Wellen eben von vorne. Für jeden Meter, den die »Tarzan« vorwärtskam, schien sie die doppelte Strecke nach oben oder nach unten zurückzulegen, sie hob sich abrupt, um dann mit dem Bug wieder in das Wellental hineinzuklatschen, wie ein betrunkener Fahrstuhl torkelte sie auf und ab.
Tagsüber sah ich auf eine endlose, aufgewühlte Wasserwüste, nachts

in der Koje hoffte ich, daß beim Aufwachen das Wetter schon ganz anders aussehen würde. Meistens wachte ich davon auf, daß mir bei einer ruppigen Schiffsbewegung ein Stapel Seekarten aus den offenen Fächern unter der Kajütendecke ins Kreuz flog.
Einen Tag, bevor die ersten tonganischen Inseln in Sicht kamen, war das Wetter endlich vorbei. Wir hatten beschlossen, in die nördliche Vava'u-Gruppe zu fahren, eine Entscheidung, die die Crew herzlich bedauerte, als die südlichsten Inseln in Sicht kamen. Bevor die Demoralisierung unangenehme Formen annahm, fiel Marion ein, daß Ostern nicht mehr allzu fern sei. Also kochte sie ein Dutzend Eier und stellte die Crew zum Ostereiermalen an. Die Eier paßten sich der Umgebung an, auf einem war die »Tarzan« en miniature zu sehen, eins war mit Palmen verziert und auf einem anderen prangte ein wolkenfreier Sonnenuntergang, der allerdings nicht so wirklichkeitsnah getroffen war wie der Regenschirm auf einem weiteren Ei. Ich nahm

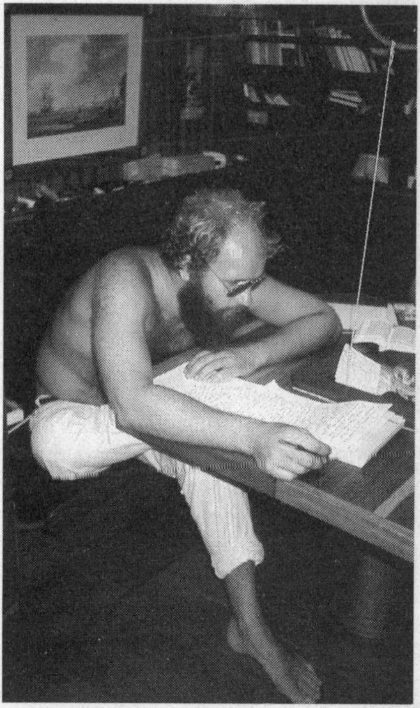

Skippers Lieblingsplatz im Salon

zum erstenmal auf der Reise die Gitarre von der Wand und untermalte die künstlerischen Bemühungen der anderen akustisch. Der drohende Anfall eines Schiffskollers war fürs erste abgewendet. Die kreativen Aktivitäten des Tages inspirierten Marion und mich so sehr, daß wir während unserer Nachtwache ein Lied auf die »Tarzan« schrieben. Am Ostermontag hatte Karin Geburtstag, wir wollten es ihr schenken und quälten uns sehr, die kleinen Schwächen oder Stärken der einzelnen Crewmitglieder in Reime zu zwängen. Es gelang erst, nachdem wir von der Realität absahen und die »Tarzan« in ein Gespensterschiff verwandelten. Schon hatten wir jedem Augenklappe, Holzbein oder Hakenarm angedichtet, der Rest ging wie von selbst, wenn auch in etwas bemühten Reimen. Bei jedem neu erfundenen Witzchen kicherten wir hysterisch. Kein Zweifel, wir, die den halben Tag die Crew so wundervoll abgelenkt hatten, waren nun selbst dem Schiffskoller erlegen.
Mit dem letzten Licht kamen wir in der Vava'u-Gruppe an. Schroffe Felseninseln fielen steil ins Meer ab. Eine, kreisrund, bestand nur aus meterhoher glatter Felswand, auf ihrem Plateau war sie mit Palmen garniert, sie sah aus wie eine Riesentorte. Wir wollten bis zur Hauptstadt Neiafu, aber die kurze Dämmerung tauchte schon das Gewirr aus Fjorden und Inseln vor uns in weiches, rötliches Licht. Die Einfahrt im Dunkeln zu suchen, wäre zu gefährlich gewesen. Also schlugen wir uns in einen kleinen Seitenfjord und ankerten vor einer der zahllosen Inseln. Als der Anker fiel, war der Himmel schon finster, das Wasser war so klar, daß unsere Decksbeleuchtung bis zum Meeresboden durchdrang, und hier war es immerhin 10 Meter tief. Es war ein sehr lauer Abend, wir klarten auf und bereiteten zur Feier der Ankunft ein luxuriöses Abendessen im Cockpit vor: Millionärssalat, mit dankbarem, siebenstimmigem »Endlich«-Seufzer garniert.
Der Mond machte uns die Freude, hinter Palmen aufzugehen, wie Scherenschnitte zeichneten sich die Bäume gegen die Himmelslaterne ab, es war fast zu schön, um noch schön zu sein, weil es mehr nach Postkarte als nach Wirklichkeit aussah. Schon bald wurde klar, daß wir nicht in einer Postkarte saßen, denn einer der unvermeidlichen Regenschauer unterbrach unser Festessen.
Nach einer wundervoll ruhigen Nacht – sah man davon ab, daß Marion und Bernd, die unbedingt draußen schlafen wollten, noch mal im Regen standen – brachen wir schon vor dem Frühstück nach Neiafu auf. Die Einfahrt, die wir uns im Dunkeln nicht zugetraut hatten, war ein wunderschöner, gewundener Fjord, auf der einen Seite prangte ei-

Flugbüro in Neiafu

ne Art Tafelberg über dem Wasser, die andere schmückten verstreute Häuschen am Hang. Am Ende des Fjords lag Neiafu, die Hauptstadt der Vava'u-Gruppe. Vom Wasser sah es mehr aus wie ein überaus kleines, verschlafenes Städtchen. Wir machten an der Zollpier fest und brachten die Sonnensegel an, es war trotz der frühen Stunde ziemlich heiß. Schon beim Frühstück im Cockpit kam der erste Besuch, ein französischer Jachtie, der hier die Hurrikansaison verbracht hatte und uns mitteilte, wir seien erst die dritte Jacht, die nach der Hurrikan-Saison in Neiafu einlief. Auf dem Wasser zogen die offenen Boote der Eingeborenen vorbei, die Frauen verbargen sich unter riesigen schwarzen Schirmen. Wir sahen auch später selten eine Tonganerin ohne aufgespannten Schirm, er schützte vor Sonne und Regen, ein fantastisches Allwettergerät. Zwischen den Inseln verkehrten kleine, total überfüllte Barkassen, die an der Pier anlegten. In der winzigen Bootswerft neben der Pier wurde gerade ein Schiff an Land gezogen. Nur die Einklarierungsmannschaft kam nicht.

Jochen ging, die Offiziellen zu holen. Die drei Beamten kamen in traditioneller Kleidung, dem Vala geheißenen Rock, mit To'ovala, dem um die Hüften geschlungenen Gewebe aus Pandanusblättern.
Der Zollbeamte fragte zunächst, ob wir Exemplare des »Playboy« an Bord hätten. Die Einfuhr von Pornographie ist im christlichen Tonga streng verboten. Wir bedauerten, keinen »Playboy« mitzuführen, denn es war nicht ganz klar, ob unser Zöllner beschlagnahmen oder selbst lesen wollte.
Die »Immigration Card« für jeden einzelnen verlangte neben den üblichen Angaben der Nationalität und Staatsbürgerschaft auch Auskunft über die Rasse. Allgemeine Ratlosigkeit, was schrieb man denn da, europäisch, oder was? Wir wurden belehrt, daß ein einfaches »white« den Ansprüchen der tonganischen Behörden durchaus genügen würde. Inzwischen hatte sich der Immigration Officer in unserer Messe häuslich niedergelassen, trank unseren Whisky und verlangte Musik, möglichst Rock'n' Roll. Daß wir nur Reggae zu bieten hatten, irritierte ihn nicht die Spur, er las unser dickes Tarzan-Comicheft durch und blieb den ganzen Vormittag.
Dann konnten wir endlich an Land, gingen einkaufen und Auto mieten. Das »Auto« war ein kleiner Lastwagen mit zwei Holzbänken auf der Ladefläche. Der Besitzer, der mit uns ein fantastisches Geschäft machte, bestand darauf, mitzukommen, obwohl Eberhard selbst fahren wollte. Eberhard gab allerdings nach zwei Touren mit unseren Einkäufen quer durch die Stadt freiwillig auf und ließ den rechtmäßigen Besitzer des Vehikels ans Steuer. Er murmelte nur, es sei sehr erstaunlich, daß dieses Gefährt bisher noch nicht zusammengebrochen sei. Dann ging es in halsbrecherischem Tempo durch Kokosnußplantagen zur Inselrundfahrt. Viele Kinder in bunten Schuluniformen gingen von der Schule nach Hause. Die Schulen werden von den Kirchen getragen, je nach Konfession wechseln die Uniformen die Farbe. Außer Methodisten und der Tongan Free Church sind auch Katholiken, Mormonen, Adventisten und Anglikaner in Tonga vertreten. In einem der Dörfer im Landesinneren besichtigten wir eine Kirche der Tongan Free Church. Nachdem wir uns eine steile Stiege in den Glockenturm hinaufbemüht hatten, staunten wir nicht schlecht: Die »Glocke« war ein ausgehöhlter Baumstamm, der auf dem Boden lag. Mit einem Schlegel wird in die Höhlung getrommelt, das macht einen dumpfen

Kirche auf Vava'u ▷

Ton, der die Gemeinde zum Gottesdienst ruft. Früher hatten alle Kirchen Tongas diese »Glocken«, weil Metall für richtiges Geläute knapp war. Die Tongan Free Church hat das aus der Not geborene Instrument als einzige beibehalten.
Kirchen sieht man viel auf Vava'u, in einigen Gegenden scheint ihre Zahl die der Häuser zu übersteigen. Machmal übertrafen sie die Behausungen der Einheimischen auch mit ihrem großzügigen Bau. Die Dörfer waren sehr sauber und ordentlich, aber nicht gerade reich. Der Fahrer fuhr uns zu einer Bucht, in der die Gäste der Kreuzfahrtschiffe ihren tonganischen Abend verleben. Viele Holztische mit Bänken, von Palmwedeldächern geschützt, zeugten davon, wie viele Touristen hier bei einem »feast«, einem Strandfest, Platz haben. Einerseits konnte man sich die lärmende Fröhlichkeit der Kreuzfahrer am Strand fantastisch vorstellen. Andererseits lag im Augenblick alles so öde-verlassen da, der Regen setzte ein und schien die Spuren zu verwischen, wusch alle und alles fort. Die Ebbe hatte den Boden der Bucht gleichmütig entkleidet, Vulkangestein lochte schwarze Flecken in den Sand. Gerade hier sollten regelmäßig die weißen Horden einfallen?
Weiter ging es, an Mangrovensümpfen vorbei, zu einem anderen Strand. Trotz Regen stiegen wir aus und sahen uns um. Drei kleine Mädchen und ein Hund gesellten sich zu uns. Nachdem die Mädchen sahen, daß Marion Muscheln sammelte, begannen sie ihr zu »helfen«. Berge von Muscheln lagen bald im Auto zu unseren Füßen und begannen kurz darauf, verzweifelt durcheinanderzukrabbeln. Die Mädchen hatten alles zusammengeklaubt, was sie finden konnten, und sich um die Bewohner der Muscheln, die Einsiedlerkrebse, nicht weiter gekümmert. Noch auf der Fahrt begannen wir mit dem Aussortieren, aber völlig bekamen wir das Problem nicht in den Griff, weil gelegentlich ein bewohntes Haus zum Stapel der leerstehenden zurückkroch. Brigitte fand jedenfalls am nächsten Morgen einen ziemlich resignierten Krebs in ihrer Koje.
Auf der Rückfahrt nach Neiafu goß es in Strömen, wir zogen die Plane über die Ladefläche, aber es regnete trotzdem in das Auto herein. An der Pier herrschte inzwischen tolles Treiben, die große Fähre aus Tongatapu war angekommen. Kinder balgten sich, vollständig angezogen, im Wasser neben der Fähre. Lachende Volksfeststimmung.

Vulkangestein bei Ebbe ▷

Die »Tarzan« ankerte inzwischen vor dem Paradise International Hotel, auf dessen Terrasse wir einen kühlen Drink nahmen, ganz so, als wären wir seriöse Touristen und keine Jachties. Gerhard und Hilary aus Kanada, die mit ihrer Jacht »Safari III« unterwegs waren, tranken mit und spannen Seemannsgarn. Wir verabredeten uns mit ihnen zum »feast« bei Aisea am Ostersonnabend.

Am nächsten Morgen steuerten wir die Lagune zwischen den kleinen Inseln Fofoa, Foeata und Foelifuka an. Der Kompressor röhrte, denn am äußeren Riff der Lagune sollte guter Tauchgrund sein, aber zunächst mußte man in die Lagune hineinfinden. Das war gar nicht so einfach, die Durchfahrt im Riff war sehr schmal, aber nach Sicht und mit Hilfe des Echolots funktionierte es dann doch. Leider stellte sich heraus, daß der Dingimotor den Dienst verweigerte – mit dem Ruderbötchen konnte man nicht zum Außenriff kommen, weil Ebbe war und ein weiter Umweg gefahren werden mußte. Also hielten wir in der Lagune die Nase unter Wasser: Nicht weit von der »Tarzan« lag eine riesige Hirnkoralle, ein beeindruckender gelber Klotz mit einem Durchmesser von gut zwei Metern immerhin. Drumherum tummelten sich die bunten Korallenfische.

Bildunterschriften für folgenden Farbteil:

1 Ein sicherer Hafen im Astrolabe-Reef

2 Unsere »Trauminsel«

3 Der »Royal Suva Yacht Club« wird erst abends zum Treffpunkt der Gesellschaft

4 Gastfreundliche Ni-Vanuatus öffnen Kokosnüsse für uns

5 Im Hochland: Niugini vor seiner Hütte

6 Kinder sind die häufigsten Gäste auf der Jacht

7 Mädchenschule im National Capital District (Papua-Neuguinea)

8 Segeln vor der Wolkenfront

9 Der Skipper checkt die Riffe von oben

10 Erst bei hohem Seegang wird das Rudergehen zur Schwerstarbeit

1 △

2 ▽

3 △

4 ▽

5 △ 6 △ 7 ▽

8 △

9 △

10 ▽

Wegen der folgenden Osterfeiertage mußten wir schon am nächsten Tag zurück nach Neiafu zum Ausklarieren, weil wir am heiligen Ostersonntag das Land verlassen wollten. Nach den Formalitäten und einem letzten Einkaufsbummel legten wir von der Pier ab. Wir wollten nach Port Maurelle, einem sehr schönen Naturhafen auf der Insel Kapa. An der Nordwestseite von Kapa liegt am Wasser eine Höhle, »Swallow's Cave«. Wir konnten nicht widerstehen und wollten unbedingt hinein. Bernhard erklärte sich bereit, auf der »Tarzan« zu bleiben, während wir in die Dingis kletterten. Wir steuerten auf die hohe Felswand zu und fuhren mit den Beibooten in den Berg hinein. Eine unheimliche Stimmung umgab uns, zähes Dämmerlicht, der merkwürdig gedämpfte Hall der Paddelschläge, bizarre Felsformationen, die sich im Dunkeln verloren. Trotz des schummrigen Lichts konnte man durch das Wasser bis auf den Boden sehen, die Einfahrt zur Höhle, die sich gegen das Tageslicht scharf abzeichnete, schien das Tor zu einer anderen Welt zu sein. In dieses Tor zum Licht schob sich langsam ein schwarzer Rumpf, dann Masten: Die »Tarzan« paradierte, mit Bernhard am Steuer, vor der Höhle auf und ab. Vor dem hellen Licht sah sie von unserem finsteren Standpunkt aus wie ein Schattenriß, der auf einer Bühne langsam vorbeigezogen wird.
Port Maurelle war eine wunderschöne, weite Bucht, von einem dichten Wald umgeben. Ein schmaler Sandstrand lockte zum Barbecue. Die ersten setzten gleich über zum Feuermachen, bevor es ganz dunkel wurde. Wir anderen kamen später mit dem Gummidingi nach, mußten aber schon auf halbem Weg aussteigen, weil das Wasser sehr flach wurde und überall Korallenbommis nur darauf warteten, die »Gummiflitsche« der Länge nach aufzuschlitzen. Vorsichtig wateten wir durch das dunkle Wasser, aber nicht vorsichtig genug: Karin verlor ihren Schuh. Nun schwimmen Gummilatschen im allgemeinen ganz gut, aber trotz Suchaktion mit Taschenlampe war der Ausreißer nicht zu finden. Jochen nahm Karin Huckepack, barfuß konnte sie sich nicht durch die Korallen wagen. Nach zwanzig Metern stolperten wir über den verflixten Schuh – er hatte sich als Vorhut schon mal Richtung Land aufgemacht. Diesen dezenten Hinweis darauf, daß zur Zeit auflaufendes Wasser war, ignorierten wir. So kam es, daß nach einem ziemlich müden Barbecue eine teils dösende, teils schlafende Gesellschaft am Strand erst davon aufgescheucht wurde, daß dem, der am tiefsten lag, der Pazifik an den Füßen leckte. Der schmale Strand war noch schmaler geworden, erste hektische Frage: »Was ist mit den Dingis?«

Sie waren noch da, dank der guten Ermahnung, sie nicht nur auf den Strand hochzuziehen, sondern auch noch an der nächsten Kokospalme zu vertäuen. Sonst hätten wir jetzt ziemlich blöd aus der Wäsche geglotzt. Wir sammelten das total versandete Geschirr ein, löschten die Reste des Feuers und tasteten uns zurück zur »Tarzan«. Wenigstens, so stellte jemand befriedigt fest, hatte es diesmal nicht geregnet, wie bei dem Katastrophenbarbecue in Neuseeland. Dafür goß es am nächsten Tag in Strömen. Morgens war's nicht mehr als leichter Niesel in unserer friedlichen Bucht. Kirchenglocken kündeten von ferne den Karfreitag. Die Taucher machten das Dingi startklar, sie wollten die Höhle vom Vortag noch einmal genauer untersuchen. Karin und Eberhard ruderten an Land, um sich dort genauer umzusehen, ich blieb an Bord und fragte mich, ob die zahlreichen Geräusche aus dem Urwald tatsächlich Vogelstimmen waren oder sich ein tonganischer Robin Hood mit seinen Kumpanen verständigte, daß das Schiff nun verlassen sei und ausgeraubt werden konnte. Diebstahl auf Jachten kam immerhin gelegentlich vor, meine Befürchtungen waren aber wohl doch etwas übertrieben. Die einzigen, die sich der Jacht näherten, waren Karin und Eberhard, ziemlich erschöpft von einer längeren Wanderung zu einem Dorf, wo die »Papalangi« in eine Hütte gebeten wurden. Nun waren sie mehr als nur hungrig, ich machte »Ersatz-Pommes-frites«: Brotfruchtstücke gekocht und hinterher in schwimmendem Fett gebraten, übrigens weit wohlschmeckender als langweilige Pommes frites, aber da der Geschmack der Brotfrucht der Kartoffel sehr ähnlich ist, erinnerte diese Speise an die pappige europäische Variante.

Als der Regen sich zu einem handfesten Guß mauserte, sahen wir hinter den Wasserschleiern auch das Gummiboot wieder Richtung Heimat steuern. Jochen hatte in 50 Meter Tiefe einen Zackenbarsch geschossen, außerdem war den unerschrockenen Tauchern in der Höhle die Bekanntschaft mit mehreren Seeschlangen zuteil geworden. Die hochgiftigen Tiere lagen im trockenen Teil der Höhle schlapp auf den Felsen herum und regten sich nicht, so daß Jochen und Marion beinahe über sie stolperten und furchtbar erschraken. Auch das kratzte die Tierchen nicht im mindesten, sie sind nicht sehr aggressiv. Stur blieben sie auf ihrem Platz liegen, bis sie mit einem Stock verscheucht wurden, da schlängelten sie sich widerwillig ins Wasser. Der Zackenbarsch wurde zur Fischsuppe verarbeitet.

Am nächsten Tag machten wir uns auf zur »Lisa Beach«, wo das »Feast« stattfinden sollte. Über Nacht waren beide Dingis vollgereg-

Tonganischer Kopfschmuck

net, durch das Gewicht des Regenwassers schlingerten sie sehr, als die »Tarzan« Fahrt aufnahm und sie im Kielwasser zog. Prompt wurde mir die ehrenvolle Aufgabe übertragen, sie mit einem Eimer auszulenzen, während der Fahrt, das verstand sich von selbst. Ich schrie Zeter und Mordio, weil ich Angst hatte, ins Wasser zu fallen, darauf nahm natürlich niemand Rücksicht. Von der »Tarzan« in das feste Dingi umzusteigen, klappte noch ganz gut, aber dann wurde es an der Leine hinten rausgelassen, so daß ich sozusagen im Exil saß, mit Blick auf die »Tarzan«. Ich schöpfte Wasser, was das Zeug hielt, schließlich war das feste Dingi einigermaßen trocken. Da ertönte das nächste Kommando: »Umsteigen!« Das schien mir ebenso kühn, wie von einem Pferd auf das andere zu steigen, während beide fröhlich vor sich hin galoppierten. »Bist du verrückt?« krähte ich zurück.
»Stell dich nicht an«, dröhnte es in mein Exil. Das Gummidingi war zwar praktisch nicht zum Kentern zu bringen, aber im Moment stand es voller Wasser und steuerte einen munteren Zickzackkurs. Das feste

Dingi, in dem ich immer noch wie ein Häufchen Unglück hockte, kenterte dagegen ziemlich leicht. Vor meinem inneren Auge sah ich mich im Spagat auf beiden Dingis balancierend, während sie unaufhaltsam auseinanderfuhren: »Los doch! Wir haben doch schon gebremst!« Tatsächlich, die Dingis fuhren langsamer. Ich dachte, daß naß werden schließlich nicht das allerschlimmste ist, und fügte mich in mein Schicksal. Hepp! Es schaukelte alles bedenklich, aber ich saß doch sicher in der anderen schwimmenden Badewanne. Zu meiner großen Freude schwamm auf dem Regenwasser ein Fläschchen Waschlotion, das irgend jemand im Dingi vergessen haben mußte. Also erstmal Haare waschen, mit Süßwasser, welch ungeahnter Genuß. Blickten sie nicht neidisch auf mein Exil, die Verbanner von der »Tarzan«? Brigitte erzählte mir später, daß Jochen in diesem Augenblick überlegt hatte, ob er das Dingi nicht von der »Tarzan« loswerfen sollte . . .
Dann fiel der Anker vor Lisa Beach. Hier lag alles in österlichem Frieden, selbst der Pazifik. Die Sonne knallte nach der gestrigen Regenorgie vom Himmel, um das Schiff herum wallten Tausende winziger Korallenfische gleichmäßig zur Oberfläche und wieder in die Tiefe. Von Land ertönten Kirchenglocken, das dumpfe Rufen der Tongan Free Church und Gesang. Ostersonnabend.
Wir machten uns landfein und fuhren an den Strand. Das Fest sollte erst abends beginnen, aber die Vorbereitungen liefen schon auf Hochtouren. Der Erdofen lag etwas abseits: In der Vertiefung im Boden wurde Feuer gemacht, das die Steine erhitzte, auf denen später die in Bananenblätter eingewickelten Köstlichkeiten gegart werden sollten. Die Beach war nicht sehr breit, sie beherbergte neben einem Palmblattunterstand mit einem langen Holztisch und Holzbänken nur noch eine kleine Holzbude, in der die Getränke für den Abend lagerten und später verkauft wurden. Hinter dem schmalen Streifen begann ein steiler Berg, eine glitschige Treppe führte hinauf. Wir wollten das Dorf besichtigen, in dem Aisea lebte, und fragten, ob das der richtige Weg sei. Die Einheimischen bejahten zögernd, aber es sei sehr »muddy«. Wir erklärten heroisch, daß uns das überhaupt nichts ausmachen würde, wie weit es denn sei? Eine halbe Stunde würden wir schon brauchen, antworteten die Frauen, die am Fuße der Treppe unter einem schattenspendenden Baum ihr Kunsthandwerk ausbreiteten, in der Hoffnung, daß wir es später kauften.
Wir wanderten die steile Treppe hinauf. Auf halbem Weg, etwa zwanzig Meter über dem Strand, blieben wir stehen: Von hier aus hatte man einen wunderschönen Blick über die Bucht. Die ausladenden

Zweige der Baumriesen um uns herum begrenzten das Bild, die Sonne malte Kringel auf das Wasser, aus dem im Hintergrund Inseln voll dunklen Waldes sich erhoben. Zeichen der Geschäftigkeit am Strand drangen als gedämpfte Laute nach oben, die »Tarzan« und die »Safari III« schwojten auf dem ruhigen Wasser langsam um ihre Ankerkette. Ein schönes Bild, von dem wir uns nur schwer losreißen konnten. Oben fanden wir einen roten, lehmigen Weg. Er führte uns durch palmbestandene Wiesen, auf denen Pferde weideten. Hier wuchs das Gras etwa einen Meter hoch. Allmählich wurde der Weg feuchter, der Lehm klebte hartnäckig an unseren Schuhen, die dadurch Quadratlatschenformat bekamen. Auf diesen glitschigen Riesenpantoffeln schlitterten wir mühsam den Weg entlang, als uns eine Gruppe junger Männer entgegen kam. Sie waren alle barfuß und starrten ziemlich belustigt auf unsere Klumpschuhe. Kleine Jungen auf beladenen Pferden ritten mit amüsiertem Blick an uns vorüber. Sie schienen alle aus dem Dorf zu kommen, in das wir wollten, und das weit mehr als eine halbe Stunde vom Strand entfernt lag, jedenfalls wenn man sich so mühsam durch den Lehm arbeitete, wie wir es taten. Der Weg führte jetzt nicht mehr durch Wiesen, sondern durch dichten Wald. Wir hatten die Insel bereits überquert, als endlich rechts und links die Bäume zurückwichen und den Blick auf das Dorf freigaben. Die Kreuzung unseres Lehmweges mit einem anderen schien der Mittelpunkt des Dorfes zu sein, ein Brunnen und einige alte Kanonen bewachten den Kreuzweg. Zwischen den mit Wellpappe gedeckten Holzhäusern liefen Pferde, Schweine, Ziegen und Hühner frei herum. Es herrschte sonnabendliche Ruhe, nur aus der katholischen Kirche tönte uns mehrstimmiger, kraftvoller Gesang entgegen. An einige Häuser schmiegten sich Anbauten, die noch die traditionellen Palmblattdächer trugen. Kinder liefen uns hinterher, lachend fragten sie: »What's your name?« Wir antworteten brav, und fragten zurück. Dann war es Zeit, durch den Matsch zurückzuwaten. Ein Junge bot für den Rückweg seine beiden Pferde an. Karin, die einzige, die reiten konnte, war sehr schnell auf dem Pferderücken und dann aus unserem Blickfeld verschwunden. Wir anderen hatten zuviel Angst vor einer Bauchlandung im Dreck, und machten uns zu Fuß auf. Es war immer noch brüllend heiß, schweißüberströmt kamen wir schließlich wieder an der Lisa Beach die Treppe hinuntergewankt. Wir kühlten die Füße im Meer, und versuchten, die Schuhe von den roten Lehmklumpen zu reinigen, mehr oder weniger erfolglos. Inzwischen waren auch Gerhard und Hilary an den Strand gekommen, außer unserer Crew die

einzigen Gäste. Es würde ein sehr intimes »feast« werden. Nahe der Treppe wurde inzwischen Kunsthandwerk ausgestellt. Vor allem die Flechtarbeiten gefielen uns sehr: Körbe, Taschen, Tabletts, Untersetzer, Armreifen und Kopfschmuck, der mit Federn und Muscheln verziert war. Wir waren vorher in Neiafu im staatlichen »Handicraft-Centre« gewesen und hatten deshalb eine ungefähre Vorstellung von angemessenen Preisen. Die Waren, die hier angeboten wurden, waren nicht zu teuer, aber vieles war schöner als im staatlichen Laden. Vor allen Dingen die Tapas, riesengroß und in warmen Brauntönen bemalt, hatten es uns angetan.
Die Frauen verließen nun ihre Waren und kleideten sich um, während die Männer ihre Gitarren stimmten. Wir wurden gebeten, um ein Stück Rasenfläche Platz zu nehmen, die Männer sangen Volkslieder. Die Frauen tanzten vor uns, in weichen, ruhigen Bewegungen. Die vielen Gesten der Hände, die alle Teile des Textes abbilden, erinnerten sehr an asiatische Tänze. In wiegenden Schritten tanzten die Frauen über den Rasen, neigten den Kopf, hoben sanft die Arme, lächelten

und fielen manchmal leise in den Gesang der Männer ein. Die Männer sangen sehr hoch, es wurde ein schöner, mehrstimmiger Chor daraus, dem die Männersoprane einen merkwürdigen Akzent gaben.
Dann wurden wir zu Tisch gebeten. Wir hatten die Vorbereitung des Mahls beobachtet. Nachdem das Feuer aus dem Erdofen ausgeräumt war, kam zuunterst das kleine Schwein, im ganzen, auf die heißen Steine. Die anderen Köstlichkeiten waren in Bananenblätter gewikkelt, die oben zugebunden waren. Diese »Pakete« kamen auf das Schweinchen, dann wurde alles abgedeckt, damit die Hitze sich hielt. Nur die Langusten wurden nicht im Erdofen zubereitet, sondern extra in Wasser gekocht. Nun lag alles vor uns auf dem Tisch, die Bananenblätter waren noch zugebunden, so daß uns ein bißchen wie Weihnachten zumute war, denn jedes barg eine Überraschung: Da wickelten wir Octopus in einer phantastischen Soße aus, Fisch mit einem sehr wohlschmeckenden Blattgemüse, Muscheln in Kokosnußsoße. Wir fragten natürlich nach den Rezepten, bekamen aber nur heraus, daß bei allen wohlschmeckenden Soßen Kokoskrem der Grundstoff war. Zwischen den Blattpaketen prangten die Langusten, außerdem

Festvorbereitung

halbe Kokosnußschalen, die mit warmer Papaya und Kokoskrem gefüllt waren. Fisch und Muschelfleisch, mit einer Marinade aus Zwiebeln und Kokoskrem, wurde kalt in halbierten Papayas serviert, Brotfrucht und Wassermelone ergänzten die opulente Mahlzeit, die nicht nur fantastisch schmeckte, sondern auch sehr bunt und appetitanregend aussah. Die Tonganer setzten sich nicht zu uns, obwohl wir darum baten. Die guten Sitten wollen, daß sich zuerst der Gast satt ißt – der Gastgeber bescheidet sich mit dem, was übrig bleibt, und es blieb eine Menge übrig. Die Frauen servierten uns das Schweinefleisch, öffneten die Langusten und strichen immerzu um uns herum, um unser Wohlbefinden besorgt, während die Männer sich abseits hielten. Besonders Aiseas Frau war ausgelassen und fröhlich, die ganze Veranstaltung schien ihr unheimlichen Spaß zu machen.
Wir aßen alle viel zuviel, trotzdem waren am Ende selbst von den Langusten, die wir als Delikatesse besonders würdigten, noch einige übrig. Ein kleines Verdauungsschläfchen wäre bestimmt nicht schlecht gewesen, aber das Fest war schließlich noch nicht zu Ende. Nach einer kurzen Verschnaufpause, in der unsere Gastgeber aßen, begann die Musik von neuem, die Männer spielten jetzt europäische Lieder, und die Frauen forderten »unsere« Männer zum Tanzen auf. Marion hatte eine glänzende Idee: Zur Abwechslung könnte ich doch mal etwas auf der Gitarre spielen. Alle, außer mir natürlich, waren begeistert: »Ja, spiel doch irgend etwas, wir singen dann schon mit!« Einer der freundlichen Tonganer nötigte mir seine Gitarre auf, stimmte sie extra auf »europäisch« um, und außer einem Kopfsprung in den Pazifik blieb kein Fluchtweg offen. Da das Wasser aber nur 20 Zentimeter tief war, zog ich es vor, zu singen und zu spielen. Natürlich sang niemand mit, dafür gab es am Schluß höflichen Applaus. Ich spielte verlegen an den Stimmwirbeln herum, versuchte, das Instrument nachzustimmen und übersah völlig, daß die beiden höchsten Saiten vertauscht waren und am jeweils anderen Stimmwirbel hingen. Schon ertönte ein unheilvolles »Zing!«, und die höchste Saite war gerissen. Das war uns allen sehr peinlich, was nun?
Es blieb nichts anderes, als mit kolonialherrschaftlicher Geste das Portemonnaie zu zücken, denn die Musiker wiesen uns darauf hin, daß es einzelne Saiten gar nicht zu kaufen gäbe, nur ganze Sätze. Auch dafür mußten sie sich extra in die Hauptstadt bemühen. Nach dieser noblen Geste waren wir allerdings »friends«, und Jochen wurde sofort gebeten, die Mädchen und die Musiker mit dem Dingi über die Bucht zu fahren, weil von der anderen Seite der Heimweg ins Dorf

kürzer war. Neun Menschen drängten sich in unser Gummiboot. Sie kicherten und schnatterten, aber plötzlich baten sie Jochen, an den Strand zu fahren – es war etwas Wasser in das Boot geschwappt. Jochen brachte sie trotzdem sicher nach Hause. Aisea und seine Frau übernachteten am Strand.

Aisea besuchte uns am nächsten Morgen auf der Jacht, wir waren zum Gottesdienst verabredet. Die Sitte des österlichen Eieressens kannte er nicht, nahm aber trotzdem an unserem Frühstück teil. Dann brachen wir auf, in zwei Grüppchen: Einige fuhren zu Aiseas Strand, um von dort aus ins Dorf zu reiten. Wir Fußgänger liefen die Stelle an, an der Jochen am Vorabend die Einheimischen abgesetzt hatte. Von dort ging man nur zehn Minuten zum Dorf, allerdings war der Weg nicht weniger matschig als der andere. Als wir ins Dorf kamen, bat uns Aisea, doch bitte unsere Füße und Schuhe zu reinigen, bevor wir die Kirche betraten.

»Die Kirche« war methodistisch, im Dorf gab es noch eine katholische und die Tongan Free Church. Die methodistische Kirche war ein weißlackierter Holzsaal mit vielen, weitgeöffneten Fenstern und Türen, vorne in der Mitte prangte eine hölzerne Kanzel. Wandteppiche, die immer dieselbe Abendmahlszene in jeweils anderen grellbunten Farben zeigte, schmückten den Raum. Der Jesus der Wandteppiche sah, abgesehen von der Gesichtsfarbe, die mal ins Grünliche, mal ins Violette spielte, sehr europäisch aus. Es gab eine strenge Sitzordnung: In den vorderen Reihen saßen die Kinder, dahinter die Frauen, endlich ganz hinten die Männer. Als wir bei den ersten Schlägen der Glocke die Kirche betraten, waren noch zu wenig Gläubige im Raum, um das Sitzprinzip zu durchschauen, so daß wir falsch saßen und die schöne Ordnung durcheinanderbrachten. Langsam füllte sich der Saal, und alle hatten sich sehr fein gemacht. Die Frauen trugen ihre schönsten »valas«, und auch der »kikie« der geflochtene Rockbund, fehlte nicht. Sie waren alle bunt gekleidet und schön gekämmt, die aufgesteckten Haare waren mit großen Kämmen oder Blüten geschmückt. Viele der Männer trugen europäische Jacketts zum traditionellen Vala, in Hosen sahen wir keinen einzigen. Unser Gastgeber Aisea trug zur Feier des Tages ein weißes T-Shirt mit englischem Aufdruck, der übersetzt lautete: »Fahrrad-Revolution – keine Umweltverschmutzung!«

Während die Gemeinde auf den Pastor wartete, hörten wir die Trommel der Tongan Free Church zum Gottesdienst rufen. Die methodistische Glocke war schon verstummt, in der katholischen Kirche sang man bereits – ein konfessionelles Durcheinander, das aber offensichtlich ohne größere Schwierigkeiten koexistierte. Nun war der Pastor zur Kanzel geschritten, und ein Gesang hob an, daß man um den nicht sehr solide gebauten Saal fürchten konnte: Vierstimmig lobte die Gemeinde ihren Gott, und wenn er nicht vollständig taub war, mußte er es hören. Hinter uns saß der Anstimmer; wir zuckten jedesmal zusammen, wenn ein neues Lied begann, so laut war seine Stimme. Einzelne Gläubige kamen nach vorn und lasen Texte vor, dann begann der Pastor seine Predigt. Wir verstanden kein Wort, aber ihn reden zu sehen und zu hören, war ein echtes Erlebnis. Die Betonungen landeten auf den Worten wie schwere Steine, um gleich wieder sanft davonzuschweben. Die Sprechmelodie durchmaß Gebirge, von den tiefsten Tälern der Sünde hinauf zu himmlischen Bergen, wieder hinab, ein Stück geradeaus im Gleichmaß des Alltags. Seine ausladende Gestik unterstrich jedes seiner Worte, dieser beneidenswerten Gemeinde wurde nicht gepredigt, ihr wurden Geschichten erzählt, Theaterstücke aufgeführt, Dramen gespielt. Abgesehen davon, daß in dieser Kirche mehr gestanden als gesessen wurde, hätte ich noch stundenlang zusehen und zuhören können.

Ein Grab in Tonga

Nach dem Gottesdienst schüttelten uns der Pastor und ein älterer Herr, der die Funktion eines Gemeindevorstehers zu haben schien, die Hände. Wir fragten nach den Steinen neben der Kirche, denn dort war ein Platz, etwas größer als der Kirchensaal, auf dem schwarze Steine in Reih und Glied aus der Erde ragten. Der Friedhof konnte es nicht sein, weil die tonganischen Gräber, die wir gesehen hatten, immer reichlich mit Muscheln verziert waren, frische Gräber sogar mit Kleidungsstücken des Verstorbenen.

Der Pastor machte ein sehr betrübtes Gesicht. Die schwarzen Steine waren die Grundsteine der ursprünglichen Kirche, die vor einigen Jahren einem Hurrikan zum Opfer gefallen war. Noch immer war nicht genug Geld beisammen, um die Kirche wiederaufzubauen. Der jetzige Ort für den Gottesdienst war wohl ursprünglich eine Art Gemeindesaal.

Im Gespräch mit dem Gemeindevorsteher lobten wir das schöne Land Tonga und die freundlichen Menschen, er antwortete aber bloß, daß er lieber als Europäer zur Welt gekommen wäre. Die Replik auf unser erstauntes »Warum« war ebenso einfach wie überzeugend: »Dann könnte ich auch in der Welt umherfahren und müßte nicht immer hier sein.«

Er erzählte, daß inzwischen einige junge Tonganer in Australien und Neuseeland lebten, dann verabschiedete er uns. Wir machten uns eilig zum Strand auf, denn wir waren bei Aisea zum Lunch eingeladen. Diesmal war das Essen umsonst, weil wir inzwischen »friends« geworden waren. Es gab die Reste des Schweinchens aus dem Erdofen mit frisch gekochter Brotfrucht. Wir hatten die Polaroidkamera mit an den Strand genommen, machten Fotos von allen und schenkten sie Aisea und seiner Familie. Die Kinder tobten mit Hunden und der Katze herum, die resigniert alles mit sich geschehen ließen, was den jungen Quälgeistern einfiel.

Aisea schenkte den europäischen Frauen Kaurimuscheln. Sie waren blütenweiß und glänzten verlockend, er erklärte uns, daß wir ein Band durch die schmale Öffnung ziehen sollten, am besten einen breiten, schwarzen Stoffstreifen; und die Porzellanmuschel dann am Hals tragen konnten wie die jungen Mädchen aus Tonga. Wir revanchierten uns, er hatte uns nämlich morgens um Butter gebeten. Wir traten ihm unsere restlichen Butterpakete gerne ab. Wir verabschiedeten uns ausgiebig von Aisea, schrieben einen Dank in sein Gästebuch und fuhren zurück zur »Tarzan«, die wir seegerecht aufräumen mußten, bevor wir den Anker hochzogen.

Als sich jedes Crewmitglied mehr oder weniger energisch an den zugeteilten Aufräumbereich herangemacht hatte, unterbrach Marion plötzlich die hektische Betriebsamkeit: »Erst müßt ihr Ostereier suchen!«
Wir sahen sie an, als ob sie den Verstand verloren hätte, aber dann fielen uns die Kunstwerke wieder ein, die wir auf See gegen den drohenden kollektiven Nervenzusammenbruch verfertigt hatten. Für jeden war ein Ei da, sie waren alle an Deck versteckt. Zuerst suchten wir eher peinlich berührt, als sich aber herausstellte, daß die bunten Eier nicht nur besonders gut verborgen waren, sondern mit jedem Fund auch noch ein Privileg oder eine Aufgabe verbunden war, stöberten wir mit Eifer an den unmöglichsten Ecken des unaufgeräumten Decks herum. Bei jedem Ei, das wir ergatterten, fiel Marion in einen feierlichen Singsang: »Der Osterhase sagt . . .«
Und was der Osterhase sagte, zeigte, daß bei ihm ein ähnlicher Notstand herrschte wie auf der »Tarzan«. Ihm waren die Süßigkeiten ausgegangen. Das Ziel der Sehnsüchte beider, Marions und des Osterhasens, hieß Suva, Haupstadt von Fidschi, unser nächster Hafen. Der Teil der Crew, der mit dem Osterei auch eine Aufgabe fand, mußte dort den anderen Sailors Eis spendieren, Schokoladenkuchen backen, Cappucino ausgeben. Dem glücklicheren Teil der Crew wurde eben dieses Eis versprochen sowie Schokolade und Pfannkuchen. In Tonga war Schokolade sehr teuer, deshalb hatten wir keine Vorräte angelegt. Wir ahnten noch nicht, daß die Näschereien in Fidschi nicht billiger zu haben waren.

Auf Extra-Tour

Tongatapu: Der königliche Palast im viktorianischen Stil wurde 1867 fertiggestellt und bietet mit den ihn umgebenden Pinien ein schönes Bild, darf aber nur von außen besichtigt werden. Die Kapelle, in der König Taufa'ahau Tupou IV. gekrönt wurde, stammt aus dem Jahr 1882. Die königlichen Gräber, in denen seit 1893 gekrönte Häupter begraben werden, liegen etwas entfernt vom Palast. Die Gräber der ehemaligen tonganischen Herrscher, der Tui Tongas, sind sehenswerter. Diese »Langis«, terrassenförmige Monumente, stammen zum Teil aus dem 12. Jahrhundert. Die Langis liegen in der Nähe von Mua, etwa 15 Kilometer von Nuku'alofa entfernt.
An der Nordostküste von Tongatapu liegt das Ha'amonga-Trili

thon. Das Monument, ein Tor aus drei riesigen Blöcken Korallengestein nahe der Stadt Niutoua, wurde um das Jahr 1200 errichtet, vermutlich als Stadttor der früheren Hauptstadt Mua. Nach der Legende brachte der Gott Maui die Steine in einem Kanu göttlichen Ausmaßes von den Wallis-Inseln nach Tonga.
Die »Blow-Holes« an der felsigen Südküste bieten ein einmaliges Naturschauspiel, das allerdings wetter- und gezeitenabhängig ist. Der Pazifik drückt sein Wasser durch Korallengestein an die Küste, dabei entstehen hohe Fontänen, die vor allem bei Flut und Wind imposante Ausmaße annehmen.

Vava'u: In der Vava'u-Gruppe lohnt sich eine Höhlentour per Schiff (um 20 Pa'anga). »Swallow's Cave« liegt in der Felsenküste der Insel Kapa, ihr Eingang liegt nur zum Teil im Wasser, so daß man mit kleinen Booten hineinfahren kann. Zu Fuß kann man dann weiter in das Felsinnere vordringen; eine Lampe ist nützlich, um unangenehme Begegnungen mit Wasserschlangen zu vermeiden.

»Mariner's Cave« liegt an der Küste der Insel Nuapapu, ihr Eingang unter Wasser ist nicht allzu schwierig zu durchtauchen. Bei organisierten Höhlentouren begleitet ein Führer, der Sie durch den Eingang lotst. Nach der Legende verbarg einmal ein junger Chief seine verfolgte Geliebte hier unten, um sie vor ihren Feinden zu retten. Er selbst nahm jeden Tag seinen Weg durch den Unterwassertunnel, damit er sie mit dem Lebensnotwendigen versorgen konnte.

Die Fidschi-Inseln

Die Fidschi-Inseln, im vergangenen Jahrhundert besser unter dem Namen Kannibaleninseln bekannt, gehören zu Melanesien. »Fidschi« ist eine Verballhornung des fidschianischen Wortes »Viti« und bedeutet »Land«. Über 300 Inseln gehören zum Commonwealth-Staat Fidschi, ein Drittel davon ist bewohnt, der Rest meist landwirtschaftliche Nutzfläche. Wegen der geographischen Lage standen vor allem die östlichen Inseln lange unter polynesischem Einfluß, der auch der Bevölkerung anzusehen ist: Relativ hellhäutig und hochgewachsen unterscheiden sich die Fidschianer stark von den Einwohnern anderer melanesischer Staaten.

Die Hauptinsel Viti Levu ist die größte, Vanua Levu im Nordosten von Viti Levu die zweitgrößte Insel. Im Osten begrenzt die Lau-Gruppe die Koro-See, in der die Lomaiviti-Gruppe liegt. Südlich von Viti Levu ist das Astrolabe Reef mit seinen Inseln, nordwestlich die flache Yasawa-Gruppe.

Das Klima ist tropisch, feucht und warm. Die Regenzeit dauert von Dezember bis März. In den übrigen Monaten ist es keinesfalls trokken, besonders die Hauptstadt Suva und andere Orte an den Ostküsten größerer Inseln sind durch den Südostpassat von häufigen Niederschlägen betroffen.

Früher lebten die Fidschianer in kleinen und größeren Stämmen, die sich untereinander schwere Kämpfe lieferten. Der erste Europäer in fidschianischen Gewässern war Abel Tasman, der aber keine der Inseln betrat. Cook besuchte 1779 die Lau-Gruppe, Bligh wurde zwischen Vanua Levu und Viti Levu von Eingeborenen verfolgt. An den Kapitän der Bounty erinnert noch heute der Name des Gewässers zwischen den beiden größten Inseln: Bligh-Water. Noch vor den Missionaren kamen die Sandelholzausbeuter nach Fidschi, im ersten Jahrzehnt des vergangenen Jahrhunderts. Nachdem die Sandelholzvorkommen sich erschöpft hatten, versuchten sich die Weißen im Handel mit der Bêche-de-mer, einer Seeschneckenart, die den Chinesen besonders mundete und deshalb viel Geld einbrachte.

Später, um 1860, kamen britische Pflanzer auf die Inseln und stießen auf erhebliche Schwierigkeiten: Die Einheimischen waren durch nichts zu bewegen, auf den Plantagen der Weißen zu arbeiten. Zu-

nächst rekrutierte man, meist mit brutalen Methoden, Einwohner anderer Südseeinseln, schleppte sie nach Fidschi und zwang sie zur Arbeit. Ab 1879 wurden auch Inder zur Plantagenarbeit herangezogen. Im ersten Jahr kamen nur 450 Inder auf die Fidschi-Inseln, nach dem Zweiten Weltkrieg gab es mehr Inder als Melanesier in Fidschi. Inzwischen ist das Verhältnis nahezu ausgewogen, von den etwa 650 000 Einwohnern ist rund die Hälfte indisch.

Die Fidschi-Inseln standen ein knappes Jahrhundert unter englischer Herrschaft. Thakombau, einer der mächtigen Häuptlinge, der zum Christentum übertrat, versuchte, das Land unter seiner Herrschaft zu vereinen. Als er scheiterte, übergab er 1874 freiwillig die Fidschi-Inseln der britischen Königin Viktoria. 1970 erst wurde Fidschi wieder unabhängig. Die Mitglieder des Repräsentantenhauses werden paritätisch von Indern und Melanesiern gewählt; einen kleineren Anteil wählen Angehörige anderer Volksgruppen. Als zweites Haus gibt es einen Senat, in den die Regierung, die Opposition und der »Große Rat der ›Chiefs‹« die Abgeordneten entsenden. Die Chiefs regieren noch heute die Dorfgemeinschaften wie vor der Kolonialzeit.

Die Inder sind den Melanesiern gegenüber grundsätzlich gleichberechtigt, müssen aber in der Landwirtschaft meist gepachtetes Land beackern, während die Fidschianer sogenanntes »Homeland« haben, das von einem Trust der Regierung verwaltet wird und unverkäuflich ist. Jedem Fidschianer wird ein Stück »Homeland« zugesprochen.

Viele Inder zogen nach Suva und in andere Städte, wurden Händler, Handwerker und Ladenbesitzer. Die meisten Inder leben auf Viti Levu und Vanua Levu, in den Zuckerrohranbaugebieten und in den Städten. Auf der Hauptinsel leben fast 75 Prozent der Gesamtbevölkerung, die kleinen Inseln haben nur wenige Bewohner, die fast alle melanesischer Herkunft sind.

Zuckerrohr ist das Hauptanbauprodukt, es löste im vergangenen Jahrhundert die Baumwolle ab. Kokosöl und das Holz der karibischen Fichte, die noch nicht allzulange angebaut wird, sind weitere Exportartikel. Ein wichtiger Wirtschaftszweig für Fidschi ist der Tourismus, der sich auf die Yasawa-Gruppe und die Korallenküste (Viti Levu) konzentriert. Vor allem Amerikaner und Australier füllen die Kassen der Hotels.

In Fidschi kann man sich mühelos auf Englisch verständigen. Es wird in allen Schulen gelehrt, und schon die Kinder rufen Fremden ein fröhliches »What's your name?« entgegen. Auf Fidschi ist das wichtigste Wort »bula« (sprich mbula). Es heißt »Willkommen« und ist der erste Beweis der Gastfreundschaft, die Ihnen auf Fidschi überall begegnen wird. Das »b« wird also »mb« ausgesprochen, »d« wird zu »nd« (Nandi), »g« zu »ng« (Singatoka), »q« zu »ngg« (yanggona) und das »c« wird zu einem englischen »th«, »moce« (Auf Wiedersehen, Gute Nacht) spricht man also »mothe« aus.

Fidschi in Stichworten

Währung: Währung ist der Fidschi-Dollar (1 F$ = 100 Cent), der 1984 knapp unter dem US-Dollar lag.

Anreise: Verschiedene Fluglinien fliegen Nadi International Airport an der Westküste Viti Levus an. Die wichtigsten Verbindungen sind die von Nordamerika, Neuseeland und Australien. Die Hauptstadt Suva hat einen Tiefseehafen, in dem häufig Kreuzfahrtschiffe anlegen.

Verkehrsmittel: Zwischen den Inseln verkehren die Flugzeuge der Fiji Air, je nach Entfernung liegt der Preis zwischen 20 und 80 F$. Die Maschinen fliegen natürlich nur die wichtigsten Inseln an und starten in Nausori, 20 Kilometer von Suva entfernt. Die Schiffe zwischen den Inseln fahren nicht regelmäßig und sind auch teuer, die Fahrpläne finden sie jeweils in der »Fiji Times«. Wenn Sie kleinere Strecken zu bewältigen haben, versuchen Sie, in den kleinen Booten der Einheimischen mitzufahren, es ist billiger.
Auf Viti Levu verkehren Busse. Der Fahrpreis differiert, je nachdem, ob Sie die offenen Busse wählen, mit denen die Einheimischen fahren, oder einen modernen, klimatisierten Reisebus vorziehen. Innerhalb Suvas gibt es auch Taxen, außerdem Sammeltaxen ohne Taxameter, die verschiedene Fahrgäste auf der Strecke aufpicken und für Einzelreisende billiger sind.
Auf den anderen größeren Inseln gibt es umgerüstete Lastwagen mit Bänken auf der Ladefläche, die zum Passagiertransport bestimmt sind.
Einen Leihwagen der guten Mittelklasse bekommen Sie auf Viti Levu für 30 F$ pro Tag plus Kilometergeld. Autovermietungen sind in Nadi am Flughafen und in Suva.

Unterkunft und Verpflegung: Hotels finden sich in Suva in jeder Preisklasse. Am berühmtesten ist das Coconut Inn (Kimberley Street), das nicht teuer, dafür aber häufig ausgebucht ist. Für alleinreisende Frauen ist das Haus der YWCA am Sukuna Park eine gute Alternative. Jachten ankern entweder vor dem Royal Suva Yacht Club oder beim Tradewinds Hotel, das außerhalb liegt. Wir wurden im Yacht Club ausgesprochen freundlich aufgenommen, allerdings zu Saisonbeginn, als kaum eine andere ausländische Jacht dort war. In der Saison sollen Duschen und Waschmaschine heiß umkämpft und die Clubmitglieder entsprechend unfreundlicher sein. Im »Anchorage«, dem Jachtclubrestaurant, ißt man gut und billig chinesisch, indisch oder kontinental.
Die indischen Essensstände am Hafen sind die billigste Ernährungsmöglichkeit, wenn man selbst keine Kochgelegenheit hat. Typisches Fidschi-Essen werden sie in keinem Restaurant der Stadt finden. Eine Möglichkeit ist, sich zu mehreren Personen im »Old Cottage Cafe« gegenüber dem Finanzministerium anzumelden. Das winzige Restaurant hat eine sehr gemütliche Terrasse, serviert ausgezeichneten Kuchen und normalerweise mittelmäßiges indisches Essen. Bei Voranmeldung bekocht man Sie aber auch »auf Fiji« mit Kassava und Fisch in Kokoskrem – etwas teurer, aber dafür ausgezeichnet.
Chinesische Restaurants sind in Suva fast ausnahmslos besser als in Deutschland. Das beste (allerdings auch das teuerste) ist das »Wan-Q« in der Cumming Street. Gegenüber bietet »Le Normandie« französische Küche. Wer von Heimweh geplagt wird oder einfach einen schönen Blick über die Bucht genießen will, sollte ins »Kraut's« gehen (neben »Wan-Q«). Es ist in der ehemaligen Wohnung des amerikanischen Botschafters im Jogia-Building und hat eine herrliche Dachterrasse. Die Inhaberin, waschechte Berlinerin, macht einen hervorragenden Apfelstrudel. Teuer, aber gut, ist das »Life-Boat« in der Princess Street. Hier werden Fisch, Langusten und Muscheln in verschiedensten Zubereitungsarten serviert.
In Nadi gibt es vor allem teure Hotels, aber auch ein Coconut Inn. Die meisten Hotels holen ihre Gäste kostenlos am Flughafen ab.
Die Korallenküste ist sehr schön, doch leider teuer. Günstig übernachten kann man im »Tambua Sands Motel« und im »Hide-a-way-Ressort«. Eine Hotelansammlung findet sich auch noch auf der Yasawa-Gruppe.
Wer kleinere Inseln besuchen will oder keine Lust auf Hotels hat, sollte das Zelt mitnehmen. Bevor das Zelt aufgeschlagen wird, begibt

man sich in das nächstgelegene Dorf und legt vor dem Häuptling »Kava« nieder, um sich die Gastfreundschaft zu erwerben. Wird die Kava angenommen, fragt man höflich, ob man das Zelt aufschlagen darf oder, gegebenenfalls, ob man vielleicht in einer Dorfhütte Aufnahme findet. Die Fidschianer sind ein sehr gastfreundliches Volk, man wird Ihnen kaum Ihren Wunsch verweigern.

Einkauf: Gemüse kaufen Sie in Suva am besten auf dem Markt, der gleich neben dem Busbahnhof in der Innenstadt liegt. Von Ananas über Kassavawurzeln bis zu Okra finden Sie alle denkbaren Obst- und Gemüsesorten, auch Kavawurzeln gibt es hier, im ganzen und als Pulver. Beim Einkauf ist etwas Vorsicht geboten: Früchte und Gemüse werden mit Wasser besprengt, damit sie frischer aussehen. Es empfiehlt sich also nicht, größere Vorräte mitzunehmen. Wenn Sie Gewürze oder Kräuter entdecken, die Sie nicht kennen, fragen Sie ruhig. Die Händler erklären Ihnen gern Geschmack und Zubereitungsart.
Die Fleischereien liegen in der Princess Street, dem Markt gegenüber. Rindfleisch ist sehr viel billiger als in Deutschland und meist von guter Qualität. Konserven erhalten Sie in den Supermärkten von Burns Philp und Morris Hedström.
Brot gibt es nur in den Städten zu kaufen. In den Dörfern gibt es meist kleine Läden für Grundnahrungsmittel und Konserven. Obst, Gemüse und Fisch können Sie direkt von den Einheimischen kaufen.
Viele Touristen nutzen die Möglichkeit, zollfrei einzukaufen. Besonders gefragt sind Elektroartikel. Geschäfte für den zollfreien Einkauf finden Sie zahlreich an der Hauptstraße in Nadi und in der Cumming Street in Suva. Meist sind die Händler, Inder, von ziemlich unsympathischer Geschäftstüchtigkeit, und der Käufer muß fleißig handeln, um überhaupt einen Vorteil aus der Zollfreiheit zu ziehen. Die einfachste Möglichkeit zum Feilschen ist der Gang zur Ladentür, dann gibt der Händler meist freiwillig Preisnachlaß. Wenn in Suva ein Kreuzfahrtschiff im Hafen liegt, sollten Sie nicht einkaufen. Alles ist von vornherein doppelt so teuer.
In den kleinen indischen Läden, die Stoffe und Kleider verkaufen, gibt es oft sehr hübsche Sachen. Besonders die traditionellen Saris sind in zahlreichen Stoff- und Farbvarianten zu haben und gar nicht teuer. In der Kunst des Einwickelns (in den Sari) unterweist Sie die Verkäuferin.

Kunsthandwerk: Auch das Kunsthandwerk ist polynesisch beeinflußt. Es gibt Tapa, das Gewebe aus Maulbeerbaumrinde, das hier mit Stempeln bedruckt wird. Die geometrischen Muster prangen in Rotbraun und Schwarz auf hellbraunem Untergrund. Die geflochtenen Taschen und Matten sind nicht ganz so schön wie die tonganischen, dafür gibt es sehr reizvollen Muschelschmuck und traditionelle Grasröcke. Das Handicraft Centre liegt in Suva an der Stinson Parade am Wasser, hier können Sie sich auch eine Tanoa, eine Schale für die Kavazubereitung, erhandeln. Es empfiehlt sich, im Handicraft Centre einzukaufen. Das Kunsthandwerk ist hier nicht so verbreitet wie in Tonga, so daß man kaum die Möglichkeit hat, die Sachen direkt von den Produzenten zu erwerben.

Kavazeremonie (Yaqona): Die Kavazeremonie ist in Fidschi und Polynesien ein uralter Brauch. Heute wie früher stellt das Ritual einen Höhepunkt des gesellschaftlichen Lebens dar. Kava, die Wurzel der Pfefferpflanze, wird in einem Mörser zerstampft. Das Pulver wird mit Wasser aufgegossen; und der so entstandene Teig wird durch ein Geflecht aus Hibiskusblättern gepreßt, die heute oft durch einen einfachen Lappen ersetzt werden. Durch das Pressen tritt der Saft aus, der eine leicht betäubende Wirkung hat. Die Zeremonien auf den einzelnen Inseln waren immer unterschiedlich.

Der methodistische Missionar Reverend Thomas Williams, der 1840 seinen Dienst auf Fidschi begann, berichtete aus Somosomo:

»Früh am Morgen steht der Ausrufer des Königs vor dem königlichen Anwesen und schreit, so laut er kann: ›Yaqona!‹ Darauf antworten alle, die in Hörweite sind, in einer Art Schrei: ›Mama!‹ (›Kaut es!‹) Auf dieses Signal hin versammeln sich die Chiefs, Priester (gemeint sind hier natürlich die heidnischen Priester, Anm. d. Verf.) und führenden Männer um die Tanoa und reden über öffentliche Angelegenheiten oder legen die Arbeiten fest, die am Tage getan werden sollen, während ihr Lieblingsgetränk vorbereitet wird. Wenn die jungen Männer die Wurzeln durchgekaut haben, tut jeder seine Portion in Form eines trockenen runden Balles in die Schale, die so bald voller kleiner Kugeln ist. (...)
Wenn die Trinkschale dem König präsentiert wird, gießt er einige Tropfen als Opfer für die Götter aus und trinkt dann, während alle singen: ›Ma-nai di-na. La-ba-si-ye: a-ta-mai-ye: ai-na-ce-a-toka: Wo-ya! yi! yi! yi!‹ Nun klatschen alle in die Hände, in einem schnellen und fröhlichen

Rhythmus, der abrupt abbricht. Das dreifache yi! wird mit hoher Stimme gesungen, danach wird ein Schrei ausgestoßen, in den die Leute draußen mit einstimmen; die, die weiter entfernt sind, hören und wiederholen ihn, bis er weit hinter die Stadtgrenze getragen wird. Nicht in den Schrei einzustimmen, wäre ein Loyalitätsbruch.«

(aus: Thomas Williams, Fiji and the Fijians)

Zur Kava eingeladen zu werden, ist eine große Ehre, die Sie keineswegs ablehnen dürfen, auch wenn es Überwindung kostet, einen Schluck von der milchigen Brühe zu trinken.

Unterhaltung: Das Nachtleben von Suva spielt sich hauptsächlich in der Victoria Parade ab, in der die Diskotheken Lucky Eddie's, Rockefeller und Golden Dragon liegen, die auch alleinreisende Frauen relativ unbelästigt besuchen können. Man trifft auch Europäer, Australier und Amerikaner. Ein ganz heißer Tip ist das Flamingo, in dem fast nur Einheimische verkehren. Es sollte sich allerdings eine Europäerin nicht unbegleitet hineinwagen. Als wir im Flamingo waren, endete der Abend in einer kräftigen Schlägerei.
Die Kinos (Eintritt um 1 F$) zeigen hauptsächlich amerikanische, aber auch indische Filme.

Ein Vulkanausbruch und ein Wassermärchen ohne Nixe

Wir hatten Fidschi schon fast von der Reiseroute gestrichen, so schwierig schien der Weg dorthin: Drei Passagen führen von Osten durch Inseln und Riffe zur Hauptinsel Viti Levu. Die südliche Passage überrascht den Segler mit neuentstandenen, noch nicht kartographierten Riffen. Nach einem Vulkanausbruch, der westlich von Tonga eine neue Insel aus dem Meer hob, war die mittlere Passage von Lavafeldern blockiert – Gefahr für den Außenanstrich und die Seewasserpumpen, also absolutes Motorverbot. Die Aussicht, bei Flaute zwischen den Riffen zu treiben, schien uns nicht verlockend.
Uns blieben die Nordpassage und viele gute Ratschläge von anderen Jachties: Nur nicht bei Nacht durchfahren, es gebe da zwar Leuchtfeuer, aber niemand wisse genau, ob sie auch funktionierten. Außerdem wiederholte man uns häufig, bösartig grinsend, die »alte Fidschi-Volksweisheit«: In Fidschi gibt es zwei Arten von Schiffen. Solche, die auf einem Riff liegen, und solche, die auf einem Riff liegen werden.

Schon als Tonga in der kurzen Abenddämmerung hinter uns verschwand, drehte der vermeintliche Südostpassat heimtückisch auf Südwest: Segel dicht, Schräglage. In den Nächten Tropengewitter, Windstärke und Wolkenbruch! Unser Lieblingsspiel begann von neuem (siehe unten).
Unnötig zu sagen, daß uns unser sprichwörtliches Glück nachts an die kritischen Stellen der Nordpassage führte. Allen Unkenrufen zum

»Klüver in den Sack!«

Märchenspiel auf See, meist nachts zwischen ein und vier Uhr. Personen: Ein Skipper und beliebig viele Mitsegler.

Mitsegler: »Dahinten, die Wolkenfront . . . es blitzt auch schon . . . der Wind nimmt zu . . .«

Skipper: »Hm?«

Mitsegler: »Vielleicht sollten wir den Klüver 'runternehmen?«

Skipper: »Nö.«

5 Minuten später. Der Wind heult mit 30 Knoten über die See, Wasser fällt vom Himmel.

Der Skipper: »Na denn . . . weg mit dem Klüver!«

Drei Mitsegler stolpern auf das Vordeck. Einer klettert in den Klüverbaum, einer bleibt im zweiten Bugkorb zum Segeleinsammeln. Einer klammert sich wie ein Affe an den Großmast, um das Fall zu lösen. Das Segel schlackert den Akteuren um die Ohren, bis sie sich draufsetzen, drauflegen. Regenböen und Wellen, die über das Vordeck schlagen, erfrischen die Segler für die nun folgende Diskussion, denn der Wind hat, sobald das Segel geborgen ist, rapide abgenommen.

Mitsegler: »Wat nu?«

Trotz funktionierten die Leuchtfeuer, waren aber erst sehr spät zu sehen. Natürlich gerieten wir auch, nach einem dieser Klüver-in-den-Sack-Gewitter, in die Flaute. Wegen eines undefinierbaren Schadens am Anlasser ließ uns der Motor im Stich. Benutzt hätten wir ihn allerdings sowieso nur ungern, denn auch in der Nordpassage trieben Felder hellbrauner, feingemahlener Lava, ein Anblick, der einem unweigerlich die Vorstellung eines durchfallkranken Seeungeheuers aufnö-

Beliebig viele durchnäßte Gestalten treffen sich im Cockpit zum nächtlichen Segel-Setz-Oberseminar. Diskutiert wird in der folgenden halben Stunde, ob man

a) den soeben mühsam geborgenen Großen Klüver wieder hochzieht

b) lieber ein kleineres Vorsegel setzt

c) überhaupt kein Vorsegel setzt, bis die hinter dem Horizont vermuteten weiteren Unwetter verschwunden sind. Das Verschwinden unsichtbarer Unwetter bemißt sich nach dem Instinkt und der Arbeitslust der Mitsegler.

d) gleich über Bord springt und den ganzen Unsinn endlich vergißt.

Variante d) scheitert regelmäßig an der Wasserscheu von Seglern im allgemeinen, ist aber in heimlichen Nachtgedanken favorisiert. Die Crew entscheidet sich meist für Variante c). Der Skipper erklärt Vorschlag a) für einstimmig angenommen. Eine halbe Stunde später stampft die »Tarzan« wieder mit Höchstgeschwindigkeit durch die Wellen, der Skipper wandert durch das Schiff und kassiert den D-Zug-Zuschlag. Die Crew wartet ergeben auf den Schrei: »Klüver in den Sack ... sonst macht es ›Ratsch‹, und wir haben zwei davon!«

»Tarzan« im Lavafeld

tigt. Der Wind kam nach gutem Zureden wieder, und so landeten wir am fünften Tag glücklich an der gelben Quarantäne-Boje vor dem Royal Suva Yacht Club. Eine kleine Boje mit einem großen Schiff unter Segeln anzulaufen ist kein Vergnügen. Um das Manöver zu vereinfachen, wurden Bernd und ich samt langer, schwerer Leine im Dingi ausgesetzt. Die »Tarzan« hätte jetzt nur noch neben dem Dingi halten müssen, aber der Aufschießer ging daneben. Brigitte schrie zum Dingi herüber »Spring! Spring!«. Nach einer längeren Bedenkpause ließ Bernd sich in das nicht gerade einladende Hafenwasser plumpsen, viel zu spät, um das Manöver noch zu retten. Unser Aufenthalt in Fidschi begann mit einem Reinfall.
Wir hatten uns dem Hafenmeister über Funk angemeldet, und er versprach, der »Health Officer«, der Mann vom Gesundheitsamt, würde gleich kommen. In den folgenden Stunden des Wartens lernten wir das Wort »Fidschi Time«. Es ist dem spanischen »Mañana« durchaus verwandt. Schließlich kam er aber doch und fragte, ob wir uns alle ge-

sund fühlten. Wir bejahten höflich, und damit war der dienstliche Teil seines Besuches abgehakt. Er fragte noch, ob wir aus Ost- oder Westdeutschland seien, und quittierte unsere Antwort mit Kopfnicken und der Bemerkung, daß man »die anderen« hier auch nicht allzugerne sehe. Das erstaunte uns nun wieder, weil wir uns nicht vorstellen konnten, daß unser Freund von der Gesundheitsbehörde schon jemals einen DDR-Bürger in Suva vor seine gestrengen Augen bekommen haben könnte!

Für die restliche Prozedur des Einklarierens mußten wir hinüber zur Kings Wharft segeln. Als wir anlegten, tönte uns lautes Gejohle der Hafenarbeiter entgegen. Die Befürchtung, daß irgend etwas mit unseren Leinen nicht stimmte, erwies sich als falsch, denn einer der Männer deutete grinsend auf den Namenszug am Schiffsrumpf. »Tarrsahn . . .«, kicherte er, schlug sich mit der Faust an die Brust und stieß den lautesten Urwaldschrei aus, den Fidschi je erlebt hat.

Trotz des bedrohlich nahen Feierabends kamen noch der Einwanderungsbeamte, der Zoll und der Abgesandte der Landwirtschaftsbe-

Die »Metropole« Suva

hörde an Bord. Nachdem der übliche Papierkrieg beendet war, ging es zurück zum Jachtclub.

Der Royal Suva Yacht Club zählt zu den berühmtesten der Welt, aber wir hatten einfach kein Glück mit dem Star der Segelvereine, jedenfalls nicht an diesem Tag. Nachdem wir mittags schon Pech mit der Quarantäneboje hatten, versiebten wir nun das Ankermanöver. Es lagen einige Jachten vor dem Club, und der Karte war nicht genau zu entnehmen, wo es zu flach für die »Tarzan« wurde. Das war aber nicht das Problem, der Skipper sah die Schwierigkeiten vielmehr darin, daß die Crew nicht in Hab-Acht-Stellung auf Kommandos wartete, sondern statt dessen mit den kleinen Wunderapparaten Hochglanzerinnerungen produzierte, »Suva im Abendlicht«, zum späteren Vorzeigen bei Verwandten und Bekannten. Niemand könne gleichzeitig fotografieren und Segelmanöver fahren, sagte Jochen, und er selbst könne nicht gleichzeitig oben Kommandos erteilen und unten in die Karte sehen. An diesen Punkt verwendete er viele ausgewählt kräftige Worte und bewies seine unerschöpfliche Phonkapazität. Am Ende des Monologs fragte er, an welchen Platz – zum Teufel – er das Schiff nun legen sollte.

Schließlich fiel der Anker, aber nach einigen intensiven Studien an der Seekarte erschien Skippers Kopf, einem Kastenteufelchen nicht unähnlich, wieder im Niedergang: »Es ist zu flach, es ist zu flach, *es ist zu flach!*« Leider hatte er recht, das stellte sich bei einer Überprüfung mit dem Beiboot und dem Handlot heraus. Noch war Hochwasser, bei Niedrigwasser brauchte die »Tarzan« nur ein wenig zu schwojen, und schon säßen wir auf Schiet – die Stimmung sank auf den Nullpunkt. Mit Motor wäre der Wechsel des Parkplatzes kein Problem gewesen, aber so bedeuteten die apodiktischen Worte des Skippers ziemlich viel Arbeit. Jochen suchte immer noch nach dem Schuldigen der Misere, wir schlichen vorsichtig um ihn herum, um nicht unangenehme Aufmerksamkeit auf uns zu lenken. Da überraschte er uns mit dem Entschluß, wir dürften an Land gehen, er würde an Bord bleiben und überlegen, was zu tun sei. Wir stürzten Richtung Duschen und Restaurant, und die Benutzung dieser beiden Clubeinrichtungen trug viel zur Wiederherstellung des seelischen Gleichgewichts bei. Satt und sauber kamen wir zurück und starteten im Stockfinstern ein tollkühnes Manöver. Zunächst wurde der Heckanker an unsere schweren Trossen geknüpft, die wir alle aneinandergebunden hatten. Mit dem Beiboot brachten zwei von uns den Heckanker in sichere, also tiefere Gewässer aus. Dann zogen wir per Hand den schweren

Buganker hoch, zu unserer grenzenlosen Freude war der Grund total matschig und verwandelte via Ankerkette das Deck und uns Frischgeduschte in ein Standbild aus einer Schlammschlacht. Nun konnten wir uns am Heckanker langsam verholen, wir zogen vorsichtig die aneinandergeknüpften Trossen an Bord und freuten uns, daß sich die »Tarzan« tatsächlich bewegte – wir hatten befürchtet, daß wir den Heckanker zu uns statt uns zum Heckanker ziehen würden. Langsam, aber sicher schwamm das Schiff, leider zielte es dabei auf eine andere Jacht. Mit Fendern, Bootshaken und »abhalten« gestaltete sich die Kollision sehr sanft. Trotzdem schoß aus dem anderen Cockpit ein verschlafener Kopf hoch und stammelte überrascht: »Eh – Good Evening!« Wir entschuldigten uns sofort für den Zusammenstoß, und erfuhren einige Tage später von dem Jachtie, daß er fest überzeugt gewesen sei, er würde träumen, als plötzlich neben seinem Schönwetterschlafplatz im Cockpit eine hohe Bordwand auftauchte und sich mehrere dunkle Gestalten, Entschuldigungen aufsagend, über sein Bett beugten.

Der Yacht Club und das Tradewinds Hotel waren in den nächsten Wochen häufiger Ausgangspunkt für unsere Expeditionen zu Wasser und zu Land. Einmal starteten wir mit dem Schlauchboot einen Ausflug und stießen dabei zufällig auf das Cultural Centre »Orchid Island«. Wir waren zunächst in die Bucht vor dem Tradewinds Hotel getuckert. Überall war es flach, der Außenborder blieb mehrmals in undefinierbarem Gestrüpp hängen und quirlte Schlammwolken im Wasser auf. Mitten in der Bucht und an den vorgelagerten Inseln mahnten Wracks. Nicht »Siebzehn Mann auf des toten Mannes Kiste, und 'ne Buddel voll Rrrum!«, aber immerhin 13 weiße Vögel auf einem schwarzen Rrrumpf – und schon saß das Dingi auf Schiet. Wir waren zu mißtrauisch gewesen und hatten die weithin sichtbaren Wegmarken in der Flußmündung großzügig umfahren. Schließlich wollten wir nicht wie die letzten Greenhorns auf einen »Llano Estacado« hereinfallen, die Superschlauen stecken immer als erste im Dreck.

Wir befreiten das Dingi von unserem Gewicht und versanken bis zu den Knien im Schlick. Nun staksten wir, Beiboot bei Fuß, ins tiefere Wasser zurück. Die wegweisenden Holzstangen waren nicht allzu hilfreich, denn sie schwiegen verstockt darüber, auf welche Seite der Stangenparade man sich schlagen mußte. Wir legten einen flotten Sla-

lom ein und testeten zwischendurch die Wassertiefe mit dem Paddel.
Der Fluß selbst entschädigte uns für die Mühen der Annäherung. Beide Ufer Mangrovensümpfe, grün und voller Vogelleben. Kanus der Einheimischen trieben uns lautlos entgegen, nur unsere knatternde Seagull durchschnitt die Stille, aber wir mußten ja auch gegen die Strömung arbeiten. Fidschianerinnen, die am Ufer fischten, winkten uns freundlich zu. Aus dem Grün erhob sich plötzlich die Betonbrükke der Küstenstraße und zerstörte unerbittlich die Illusion eines Dschungelparadieses. Kurz dahinter war ein einladender Anleger, auf dem Rückweg wollten wir halten, jetzt hieß die Devise erstmal »flußaufwärts«. Zwei Flußbiegungen später begannen die Stromschnellen, gegen die unser Motörchen nicht ankämpfen konnte. Wir ließen uns ein kleines Stück zurücktreiben in ein geeignetes »Startloch« am Ufer und versuchten es mit Vollgas: Schon fast um die Kurve herum, die schlimmste Stelle lag hinter uns – da wurde es flach, die Schraube mahlte Mutt und Steine, der Motor ging aus. Wie ein Pingpongball

◁ Fluß bei Orchid Island

Marion steuert das Dingi

trieb das Dingi flußabwärts, stieß rechts und links an die Ufer. Natürlich hätte man unseren unfreiwilligen chaotischen Rückzug in eine freiwillige Umkehr verwandeln können, leider war die Hälfte der Mannschaft in eine intensive Auseinandersetzung darüber vertieft, wer nun das Paddel zum Steuern zu bedienen hätte, und deshalb nicht in der Lage, das Beiboot zu lenken. Die andere Hälfte fiel durch unziemliches Gelächter ohnehin aus.

So trieb das Bötchen geradewegs zum Anleger, den wir vorher passiert hatten. Wir stiegen aus, machten das Boot fest und betraten, ohne es zu wissen, »Orchid Island« von der Rückseite. Es war später Nachmittag, das Museumsdorf für die Touristen längst geschlossen, aber wir wurden freundlich in eine der »mburen« gebeten und zur Kavazeremonie eingeladen.

Eine weniger erfreuliche Episode ereilte uns im Yacht Club. Jochen hat sie bestimmt Jahre seines Lebens gekostet.

Wir waren aus dem Astrolabe Reef nach Suva zurückgekehrt, und einige kleine Reparaturen an den Segeln waren nötig. Der Achterliekstrecker im Großsegel war gebrochen, an der Fock sollte ein Stück Leder eine arg strapazierte Stelle verstärken, und schließlich brauchten wir Kojensegel für die Vorschiffsschlafplätze. Im Jachtclub erfuhren wir, daß es in Suva einen Segelmacher namens Singh Raj gäbe, und Jochen wühlte die Telefonnummer aus dem Telefonbuch, notierte sie auf einen Zettel und rief an. Sein Gesprächspartner erklärte, er sei kein Segelmacher, aber könne die Reparaturen wohl ausführen. Kurze Zeit später kamen zwei Inder zum Jachtclub, ließen sich erklären, was zu machen sei, luden die Segel in ihr Auto und versprachen, sie innerhalb von 24 Stunden wiederzubringen.

Also fuhr Jochen am folgenden Tag zur vereinbarten Zeit mit dem Beiboot ans Ufer. Er wartete eine geschlagene Stunde, dann wurde er nervös. Den Zettel mit der Telefonnummer hatte er vergessen, schließlich gab ihm ein hilfreiches Clubmitglied die Telefonnummer des Segelmachers. Jochen rief an – der Segelmacher leugnete standhaft, unsere Segel je gesehen zu haben. Nach längerem Palaver wurde langsam klar, was geschehen war: Die Inder, die am Vortag unsere Segel abgeholt hatten, hatten überhaupt nichts mit dem Segelmacher Singh Raj zu tun, Jochen hatte eine falsche Telefonnummer erwischt. Niemand wußte, was aus unseren teuren Segeln geworden war. Die Clubmitglieder verwiesen tröstend darauf, daß Diebstähle häufiger vorkämen, und auf der »Tarzan« brach die hektische Suche nach dem Zettel aus, auf dem die Telefonnummer stand, die dem Segelabholer gehörte – er fand sich nicht. Nach einem weiteren Tag hatten wir uns darauf eingestellt, den endgültigen Abschied von den Segeln schon hinter uns zu haben. Und da tauchten unsere beiden Segelmacher wieder auf – der eine hieß Raj, so war es zur Verwechslung gekommen. Die Kojensegel sahen ganz brauchbar aus, aber das Großsegel . . . Jeder Segelmacher hat Werkzeug, mit dem er einen neuen Achterliekstrecker einziehen kann. Unsere Freunde hatten zu diesem Zweck das Segel aufgetrennt, eine neue Leine eingenäht und das Segel mit einer sehr unseemännischen Naht wieder zugenäht. Das Achterliek ließ sich genausowenig regulieren wie vor der Reparatur. Wir gaben es zum Segelmacher, was blieb uns anderes übrig.

Trip in die Inseln

Wir starteten am frühen Morgen mit der »Tarzan« in Suva, um Ngau noch im Hellen zu erreichen. Die Insel liegt östlich von Viti Levu und ist immerhin groß genug, um einen Flugplatz zu beherbergen. Viel mehr wußten wir auch nicht über Ngau, als wir aufbrachen, wir hatten es erst morgens nach dem Wind ausgesucht.

Die Abfahrt im Dunkeln und bei Regen war nicht gerade ein verheißungsvoller Beginn. Die Richtfeuer an Land verschwanden binnen kurzem in einem Regenschleier – vorsichtig tasteten wir uns durch die Riffe vor Suva. Das rostende Wrack, das wie ein großer, häßlicher Vogel auf einer sehr markanten Ecke des Hauptriffs hockte, war uns Navigationshilfe und Drohung zugleich.

Der Wind kam wieder reichlich, und nachdem der erste mit seinem Frühstück die Südseefische gefüttert hatte, folgten andere ihrem Nachahmungstrieb und hingen kläglich über der Leereling. Schließlich verschwand die Hälfte der Crew – ausgerechnet die Hälfte, die »endlich segeln« wollte – seekrank in den Kojen. Die andere Hälfte übernahm das Rudergehen.

Die Opfer der Seekrankheit tauchten erst wieder aus dem Schiffsbauch auf, als Ngau im Sonnenschein vor uns lag. Daß sich die Wolken verzogen hatten, war nützlich, denn bei bedecktem Himmel sind die Korallenriffe nur sehr schwer auszumachen. Erst mit dem Sonnenlicht färbt sich das Wasser je nach Tiefe und Bodenart verschieden.

Also ein Mann zum Ausguck in den Klüverbaum, der Skipper selbst erklomm den Großmast und stellte sich mit einem Fuß auf die Klüverwinsch. Auf einem Bein balancierte er so in anderthalb Meter Höhe wie ein zu wuchtig geratener Ballettänzer, dem irgendein Teufelchen eingeflüstert hat, seine luftige Position eigne sich hervorragend als Kommandostand.

Jedenfalls eignete sie sich zum Überblicken der Riffe – zwei Wenden kurz nacheinander, und schon waren wir durch. Vor uns lag das Dörfchen Vitilulu, aber wir wollten nicht aufdringlich genau »vor der Haustür« ankern. Die nächste Bucht schien ein sicherer Hafen zu sein, wir ließen also in der Herald Bay den Anker fallen. Vor uns lag verlockender Sandstrand, dahinter Berge von unbeschreiblichem Grün. Der Berg, der uns am nächsten lag, regte sofort die Phantasie der wassermüden Segler an, die »diese wundervolle grüne Wiese« unbedingt erklettern wollten. Bei näherem Betrachten entpuppte sich die »Wiese« als meterhoher Dschungel – die Zahl der Kletterwütigen reduzierte sich rapide auf Null, und wir konzentrierten uns auf die Erforschung der Unterwasserwelt, mit ihren wunderschönen Korallenblöcken und vielen bunten Korallenfischen, die Herald Bay war zum Schnorcheln optimal.

Für die Bratpfanne war die Größe der Fische aber keinesfalls ausreichend. Also hieß es: »Auf zum Außenriff!« Jochen, mit Harpune bewaffnet, und Marion als erfahrenste Taucherin starteten mit dem Dingi zu dieser Expedition. Der Rest der Mannschaft sammelte sich, mit hungrigen Blicken, an Deck, als das Dingi wieder an der »Tarzan« festmachte. Wie, kein Fisch? Jochen brummelte erst etwas Unverständliches und beschuldigte dann Marion, sie habe den schon erlegten Fisch völlig grundlos wieder sausen lassen: »Ein Zacki war's, und ganz schön groß!« Nach dieser nicht überprüfbaren Behauptung setzte Marion an: Mit Haien sei schließlich nicht zu spaßen, »Kuno, der Killerkarpfen« war höchst neugierig dreimal wiedergekommen, und zwar immer dichter, die kleinen, verschlagenen Augen begehrlich auf den Sack mit dem zappelnden Fisch gerichtet. Die Erinnerung an diese abenteuerliche Begegnung tröstete Jochen über das entgangene Abendessen hinweg: »Ein Weißspitzenhai war's, und ganz schön groß!« Seine gute Laune überstand sogar die vegetarische Mahlzeit. Die Einheimischen am Strand hatten uns erzählt, daß am nächsten Abend ein Fest in Vitilulu stattfinden würde. Ob wir nicht kommen wollten? Natürlich wollten wir, und schon begann die eifrige Diskussion, ob man mit dem Dingi zum Dorf fahren solle oder zu »unserem« Strand, um von dort aus zu Fuß zu gehen. Schließlich einigte man sich darauf, daß ein kleiner Spaziergang nicht schaden würde.
Es ist offensichtlich unmöglich, acht Menschen auf einem Schiff dazu zu bringen, die Prozedur des »Landfeinmachens« gleichzeitig und auch noch pünktlich zu beenden. Uns ist das jedenfalls nie gelungen, wir konnten nur hoffen, daß man unsere Verspätung und das Fehlen unseres »Chiefs« (Jochen war durch den Anblick halbangezogener, zum drittenmal umgezogener, Schuhe suchender und gute Ratschläge erteilender Crewmitglieder »ein bißchen sauer« geworden und hatte sich geweigert, mitzukommen) nicht übel vermerken würde. Der Wettergott erfüllte diese Hoffnung nicht – wir waren kaum fünf Minuten auf der schmalen Straße unterwegs, als der Regen einsetzte.
Rettung nahte nach weiteren fünf Minuten: Ein Lastwagen, Transportmittel der Einheimischen auf Ngau, hielt unaufgefordert neben uns, der Fahrer machte Zeichen, wir sollten hinten einsteigen. Auf der Ladefläche waren zwei Holzbänke von einem knappen Dutzend Fidschianerinnen besetzt, auf dem Boden standen die geflochtenen Taschen aus Palmblättern voll verschiedener Früchte. Wir saßen kaum, als der Fahrer so richtig loslegte. Für die Seekrankheitsanfälligen unter uns muß die Fahrt eine ziemliche Prüfung gewesen sein.

Vitilulu schien ein modernes Dorf, es war mehr Wellblech und Beton zu sehen als traditionelle Palmblatt-Bauweise. Es dunkelte schon und zwei junge Fidschianerinnen führten uns freundlich, aber bestimmt zum »meeting-house«.
Im Meeting-house war die Yaqona-(Kava-)Zeremonie in vollem Gange. Das Haus, ein einziger großer Raum, mit traditionellen Matten ausgelegt und von einer weniger traditionellen Neonröhre beleuchtet, war voller Männer. Sie kauerten rund um die Tanoa, in der Yaqona zubereitet wird, auf dem Boden. Einige ältere Männer saßen abseits von den anderen auf einem Ehrenplatz, nahe beim Zeremonienmeister.
Unsere Unsicherheit begann schon beim Eintritt. Durften die Frauen überhaupt bei diesem Männerritual dabei sein? Da niemand ein Stirnrunzeln zeigte, zogen wir unsere Schuhe aus und nahmen auf den Matten Platz. Wir hatten auch Yaqona (Wurzeln der Pfefferpflanze) als Gastgeschenk dabei. Das Ritual verlangt, die Wurzeln vor dem Chief des Dorfes niederzulegen. Berührt er sie, so nimmt er das Geschenk an und der Gast ist willkommen. Das klingt ganz einfach, aber wir warfen uns schon wieder hilflose Blicke zu: Wer war denn hier der

Kava wird zubereitet

Die Zeremonie beginnt

Chief? Schließlich legten wir die Yaqona vor dem Zeremonienmeister nieder, was von unseren Gastgebern mit freundlichem Kopfnicken quittiert wurde.

Das Zubereiten der Yaqona hatten wir durch unsere Verspätung versäumt. Die Wurzel wird zu Pulver zerstampft, das mit Wasser zu einem Teig geknetet wird. Der Teig wird dann durch ein Stück Stoff oder Blättergeflecht gepreßt, bis der Saft austritt. Wir erlebten nun das »Besäufnis«. Eine halbe Kokosnußschale, die als Trinkgefäß dient, wurde zunächst den würdigen Männern auf den Ehrenplätzen gereicht, dabei klatschten alle einmal in die Hände. Während der Mann die Schale leerte, klatschten alle dreimal in die Hände; wer die Schale geleert hatte, klatschte auch dreimal. Das Klatschen, so wurde uns später erklärt, sei ein Zeichen der Freundschaft.

Yaqona ist ein bitteres, erdiges Getränk, das ein taubes Gefühl auf der Zunge hinterläßt. Die Höflichkeit gebot es, die angebotene Schale zu leeren. Bei der ersten Schale mußte ich mich überwinden, bei der

zweiten hatte ich mich an den Geschmack gewöhnt, die dritte schmeckte schon ausgezeichnet ... und unsere Gastgeber waren begeistert, daß wir so gut mithielten.
Wir wollten natürlich mehr über die Zeremonie erfahren, also befragte jeder seinen Sitznachbarn, und die Ergebnisse waren erstaunlich unterschiedlich. Die Yaqona-Zeremonie fand demnach sowohl täglich als auch nur einmal in der Woche statt, ebenso auch nur zu besonderen Anlässen. Unsere Gastgeber waren weder betrunken noch besonders große Schwindler, es lag einfach daran, daß die Fidschianer aus purer Höflichkeit und Gastfreundlichkeit auf alle Fragen immer genau die Antwort geben, von der sie meinen, daß sie der Gast gern hört. Am plausibelsten war die Auskunft, daß der Pastor, der auf einem der Ehrenplätze saß, gerade von einer Reise zurückgekommen sei und die Zeremonie ihm zu Ehren abgehalten werde. Wenn es nicht gestimmt hat, war es jedenfalls gut erfunden.
Über die Frauen, die die ganze Zeit unsichtbar blieben, gab es ebenso widersprüchliche Auskünfte: Sie kämen später, sie seien sonst immer dabei, sie seien nie dabei. Die letzte Variante war nach unserem Wissen wahrscheinlich. Auch die Arbeitsteilung zwischen Männern und Frauen (die Frauen fahren fischen, die Männer bauen Yaqona an) konnten wir für die Fidschianerinnen bestätigen: Wir hatten sie oft in den Auslegereinbäumen beobachtet. Daß sie etwas gefangen hätten, haben wir allerdings nie gesehen.
Wer nun glaubte, in Vitilulu so richtig am Ende der Welt zu sein – diese Sehnsucht nach Grasröcken und Blumen im Haar scheint die meisten Europäer in die Südsee zu treiben –, wurde enttäuscht. Einer der Männer erzählte uns strahlend, er kenne Deutschland gut – er war jahrelang bei der Royal Army stationiert. Schließlich erhob sich einer unserer Crew-Männer, dankte höflich für die Gastfreundschaft und erklärte, wir müßten jetzt gehen. Nach dieser offiziellen Verabschiedung mußten wir natürlich alle aufstehen. Draußen prasselten dann die Vorwürfe auf den armen Helden nieder. Marion und ich erklärten, wir hätten jetzt erst so richtig an Yaqona Geschmack gefunden, außerdem im Meeting-house zwei ganz reizende Männer entdeckt und überhaupt ...
Unser Obertarzan giftete zurück, jetzt sei er endgültig überzeugt, daß Yaqona berausche. Der Abend endete mit einer unerfreulichen Diskussion über die Emanzipation im allgemeinen und mittelalterliche Patriarchenattitüden im besonderen. Daß der Regen einsetzte, bevor wir die »Tarzan« erreichten, muß nicht besonders betont werden.

Bei einem Ausflug mit den Dingis, der uns in die übernächste Bucht führte, wollten wir eigentlich »nur mal kurz« an den Strand, zur Erholung nach dem Tauchen. Dann kamen die Kinder: Etwa 25 an der Zahl und durchaus merkwürdig gekleidet, einige Sachen waren zu klein, andere zu groß für ihre Besitzer, alle aber sehr westlich. Schon hatte ein Junge die nächste Kokospalme erklommen (wie sie das eigentlich ohne jegliche Hilfsmittel schaffen, haben wir trotz genauer Beobachtung nie 'rausgekriegt, Nachahmen empfiehlt sich jedenfalls nicht) und Kokosnüsse nach unten gebracht, sie geöffnet und uns die Milch angeboten. Die jungen Kokosnüsse haben weiches Fleisch und sind randvoll mit Milch, die eines der erfrischendsten Getränke der Tropen ist (ausgenommen Yaqona natürlich . . .). Wie bedankten uns mit Luftballons.
Die Kinder sangen die traditionellen Lieder und tanzten dazu, sie sangen auch englische Lieder, die sie in der Schule gelernt hatten. Sie tobten immer ausgelassener herum, und die Trauer war auf beiden Seiten gleich groß, als wir durch die Korallenblöcke zum Dingi wateten, um die »Tarzan« noch vor Einbruch der Dunkelheit zu erreichen.

Das Astrolabe-Reef

Das Astrolabe-Reef ist eines der größten Riffe im Pazifik, etwa 35 Kilometer lang. Es umschließt eine Lagune mit mehreren Inseln, deren größte, Ono, auch von Suva mit dem Schiff angelaufen wird. Der nächste Flugplatz ist auf Kandavu, südwestlich des Reefs. Das Astrolabe-Reef bietet guten Tauchgrund, vor allem an der Außenseite, die fast 2 Kilometer tief ins Meer abfällt.
Wir ankerten vor Yaukuve Levu, einer kleinen Insel, die uns mit Felsblöcken und viel Grün wildromantisch erschien, unbewohnt war sie im übrigen auch. Eine Abordnung setzte zur Insel über, eine andere mit dem zweiten Dingi zur felsigen Ecke der Insel, um die Tauchgründe zu erkunden.
Das Dingi verankerten wir in einem Naturhafen zwischen den Felsen, der kaum größer war als das Boot selbst. Ein paar große Krabben machten sich eilig davon, als wir Maske, Schnorchel und Flossen anlegten und uns vorsichtig – Felsen haben scharfe Kanten – ins Wasser gleiten ließen. Als wir aus dem Pool, in dem das Dingi lag, heraus waren, wurde es gleich wieder flach. Die Korallen kratzten fast die Bäuche, und wir mußten uns vorsichtig bewegen, tief Luft holen, damit es

ohne Schramme abging ... Um die Ecke herum ließ sich die Brandung des Astrolabe-Reefs sehen, ein imposanter weißer Streifen entlang dem Horizont. Nur kamen wir nicht weiter – Strömung, wir hatten es schon während des Ruderns bemerkt.

Die Landexpedition war auch nicht erfolgreicher; die Lava hatte an einigen Stellen die Felsküste zugedeckt, und damit auch die heimtückischen, kleinen Pools im Stein. Ein verstauchter Knöchel, der bedrohlich anschwoll, war das einzige Ergebnis der Erkundigungen. Wir waren erschöpft und genossen die Ruhe an Bord, bis früh am nächsten Morgen der Wind plötzlich drehte – statt ablandig wehte er jetzt auf das Land zu! Wir hatten genug von unserer »Wildromantik«, Anker auf, Segel hoch, und das so schnell wie möglich.

Der nächste Halt hieß Mbulia. Eine vertrauenerweckende Ankerbucht, Sandstrand, der einen Brackwassertümpel vom Meer trennte, ein paar kahle Palmen zerstachen den Himmel wie Telegrafenmaste. Hier mußte ein Hurrikan gewütet haben, denn auf dem Meeresboden lagen in Ufernähe Palmenstämme. Diesmal war der Landgang erfolgreicher: Die »Tarzan«-Leute mußten sich gleich das Dorf ansehen, das freilich dem Hurrikan zum Opfer gefallen war und nun, wiederaufgebaut mit den einheitlichen Regierungshäusern aus Beton, nicht mehr besonders schön wirkte. Am nächsten Tag sollte uns zu Ehren ein Fest veranstaltet werden, denn hier legen höchstens drei Jachten im Jahr an, und man freute sich unbändig über unseren Besuch.

Abends waren sich alle einig, daß die Fidschianer reizende Menschen sind. Im Ofen brutzelte der Fischauflauf vor sich hin, wir saßen müßig auf dem Vordeck und führten uns ein Bier, Marke »Fiji-Bitter«, zu Gemüte. Ein lauer Abend, der Mond schien, und das Bier sorgte für einen Nebel aus allgemeiner Menschenfreundlichkeit in unseren Hirnen. Und dann tuckerte aus der Dunkelheit eine Motorbarkasse auf die »Tarzan« zu, fünf schwarze Männer darauf machten Anstalten, längsseits zu gehen. Sofort verwandelten sich die freundlichen Fidschianer in bösartige Hirngespinste, sollte das ein Überfall sein?

Natürlich war es keiner, es waren nur Männer aus dem Dorf, die gerade aus Suva zurückkamen. Sie hatten dort Musik gemacht und fragten, ob vielleicht einer von uns sie mit dem Dingi von ihrem Schiff zum Strand bringen könnte? Die Barkasse war zu groß, um dort zu landen, und von ihren Leuten war keiner mehr am Strand.

Jochen brachte sie selbst hinüber, nach der ersten Tour wurde am

◁ Beim Segelsetzen

Strand ein Feuer entzündet, damit der Weg leichter zu finden war. Die »Tarzan«-Crew, peinlich berührt, weil von ihren eigenen Rassenvorurteilen überholt, machte lahme Witze, daß der Skipper jetzt wohl gebraten würde – das Bier schmeckte nicht mehr ganz so gut, aber bereits beim Fischauflauf war die ganze Angelegenheit vergessen.
Der nächste Tag begann für mich mit einer Tauchlektion bei Marion. Ich hatte mir eine Einzelstunde ausgebeten, nachdem ich bei der letzten Gruppenlektion bereits in der bescheidenen Wassertiefe von 1,50 Meter einen Panikanfall hatte und aufgeben mußte. Wohl war mir auch jetzt nicht, ich mußte dauernd an die riesige Muräne denken, die die anderen unter der »Tarzan« entdeckt hatten, aber diesmal überstand ich selbst die kritische Übung »Maske abnehmen, Lungenautomat aus dem Mund nehmen, Wechselatmung aus dem Gerät des Tauchlehrers«, obwohl ich, blind und ohne den beruhigenden Schlauch im Mund auf dem Meeresboden sitzend, mich sehr hilflos fühlte. Aber nach den lästigen Übungen wurde ich für das Niederkämpfen der aufkeimenden Panik belohnt: Nun ging es durch einen wunderschönen Korallengarten, über Berg und Tal, durch bizarre Schluchten hindurch. Plötzlich deutete Marion auf einen faustgroßen, unansehnlichen schwarzen Klumpen. Sie strich über die samtweiche Oberfläche, die sich teilte; es blitzte weiß auf – so weiß, daß jeder Waschmittelhersteller neidisch geworden wäre, und eine porzellanglatte Halbkugel kam zum Vorschein. Eine Porzellanschnecke! Sie stülpen ihr Fleisch über die Schale. Wir schwebten weiter durch das Traumland, ich blieb allerdings zweimal, mehr plump als schwebend, an einem besonders vorwitzigen Korallenästchen hängen – na, Tauchen will eben auch gelernt sein.
Am Strand warteten schon die Kinder auf uns, die sich hier bereits in jungen Jahren mit beängstigend großen Macheten bewaffnen. Sie waren sehr geschickt damit und bauten sich einen kleinen Unterstand gegen den nun unvermeidlich einsetzenden Regen. Sie ließen sich bereitwillig fotografieren, sie warfen sich sogar in Pose, Fäuste geballt und Zähne gefletscht wie Muhammed Ali. Einige kamen mit auf die »Tarzan«, und wir luden sie zum Essen ein. Noch niemals sind Bratkartoffeln mit Kümmel so zweifelnd betrachtet worden – aus Höflichkeit nahm jeder zwei Gabeln voll. Die Marmeladenbrote entlockten ihnen etwas mehr Enthusiasmus, aber auch nur etwas. Sie waren sichtlich erleichtert, als es wieder zum Strand zurück ging.
Die »Tarzan«-Crew machte sich auf den Weg zum Fest. Diesmal blieb ich zurück auf der »Tarzan«, weil der Aufbruch alles an Hektik über-

bot, was wir bisher erlebt hatten, einschließlich Segelmanöver. Die anderen hatten sich mit reichlich Yaqona bewaffnet, denn das wuchs zum Kummer der Insulaner auf Mbulia nicht. Sie erzählten mir später, was ich alles versäumt hatte. Wundervolle Musik, ausgelassene Stimmung und den Star des Abends: Jochen hatte, hüftschwingend zwischen Südseeschönheiten, Begeisterungsstürme hervorgerufen! Er war, als unser »Chief«, auch mit besonderen Ehren empfangen worden.

Die einzig negative Erinnerung an Mbulia fand sich im Toilettenventil und in den anderen Seewasserventilen: Lava gab es auch hier reichlich. Seewasserpumpen auseinanderzunehmen, zu reinigen und wieder zusammenzusetzen, ist keine reine Freude.

Unerfreulich war auch die Geschichte mit dem Rochen. Jochen wollte uns einen frischen Fisch zum Abendessen gönnen und hatte sich mit der Harpune auf Unterwasserjagd begeben. Er hatte auf einen Zakkenbarsch angelegt, der klug genug war, beiseite zu schwimmen, als der Pfeil auf ihn zukam. Der Rochen, der hinter ihm im Sand versteckt war, war nicht so klug. Der Pfeil steckte ihm in der Seite. Ihn zu entfernen, ohne daß er von seinem Giftstachel am Schwanz Gebrauch machte, schien unmöglich. Also schnitt Jochen den Pfeil von der Har-

pune los, der Fisch, mit dem »Bratspieß« im Körper, sank langsam wieder auf den Meeresboden, eine sichere Beute der Raubfische. An diesem Abend wurde auf der »Tarzan« noch lange diskutiert. Man konnte sich nicht einigen über Sinn und Unsinn des Jagens, des Sportfischens, der Tauglichkeit von Harpune und Angel. Die Gegner sahen Mordlust im Auge des Jägers aufblitzen, der aber nur unwiderlegbar darauf hinwies, daß wir den Fisch bisher immer begeistert gegessen hätten.

Um die leidige Diskussion zu umgehen, kauften wir diesmal Fisch bei den Eingeborenen, obwohl Jochen sich den Hinweis, auch dieser Fisch sei gefangen und umgebracht worden, nicht verkneifen konnte. Dann setzten wir Segel Richtung Ono. Wir ankerten am Rande einer idyllischen Bucht. Als wir versuchten, hineinzusegeln, hätten wir die »Tarzan« fast auf einen nicht minder idyllischen Korallenklotz gesetzt. Eigentlich wollten wir mit dem Dingi an das Ufer und dort den Fisch grillen, aber Marion lag plötzlich mit sehr hohem Fieber in der Koje. Hohes Fieber, Pulsrasen und keinerlei sichtbare Ursache. Und vor allem kein Arzt in der Nähe. Guter Rat war wohlfeil von allen Crewmitgliedern zu haben, binnen fünf Minuten hatten wir sieben verschiedene Diagnosen von Überanstrengung über Tropenfieber bis zur Blutvergiftung, ebenso entsprechende Behandlungsvorschläge. Wir entschieden uns schließlich für Ruhe, Wadenwickel und Penicillin, falls es doch eine ernsthafte Infektion sein sollte. Das führte zu einer neuen Diskussion über die Gefahr von vorschnell verabreichten Antibiotika, im besonderen Penicillin, bis ich mich – denn von mir stammte der Vorschlag – wie ein Mörder fühlte und Marion argwöhnisch nach ersten Anzeichen einer Penicillin-Allergie untersuchte.

Wir müssen alle sehr überreizt gewesen sein an diesem Tag, denn abends gab es eine Neuauflage der Harpunendiskussion, die konsequent logisch in der kommunistischen Unterwanderung der Friedensbewegung ein zweites Thema fand, von dort zum Radikalenerlaß wanderte und schließlich, bedeutend-allgemein, bei der Weltrüstung in hemmungslosem Gebrüll endete. Marion schlief, von dem Geschrei völlig ungerührt, die Nacht durch und erklärte am nächsten Morgen, sie sei wieder völlig gesund. Wahrscheinlich konnte sie unsere engagierte Pflege einfach nicht länger ertragen.

Die verschobene Landerkundung wurde jetzt nachgeholt, und Knut schloß Freundschaft mit einem jungen Eingeborenen. Die beiden fuhren mit dem Dingi zum Angeln in der Bucht herum und fingen auch tatsächlich eine kleine Makrele. Der Trick, mit dem die Fidschianer fi-

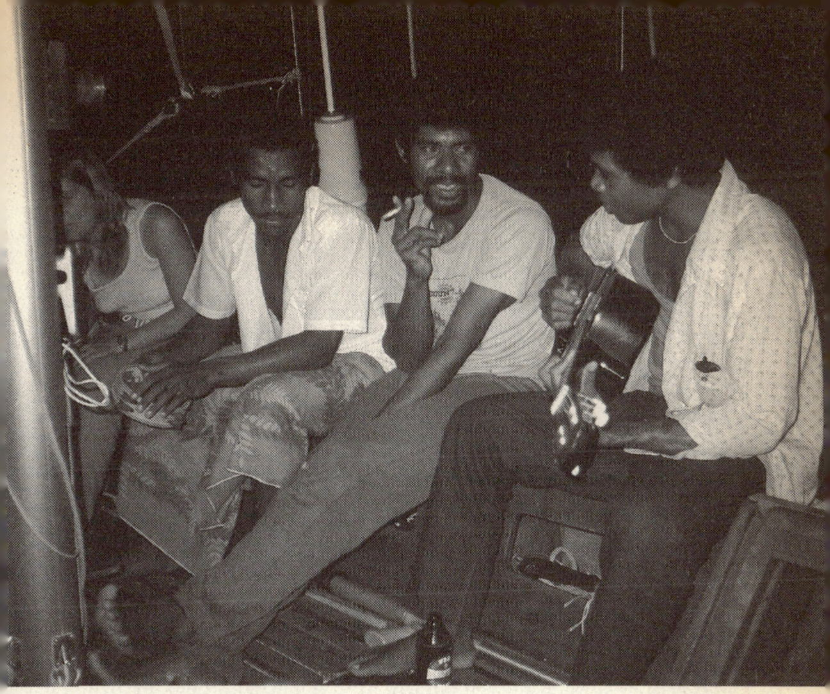

An Bord lauschen wir fidschianischen Klängen

schen, ist ganz einfach, berichtete Knut später. Medsen hatte, jedesmal, bevor er die Angel auswarf, ein Gebet gesprochen. Für die acht Vielfraße von der »Tarzan« reichte sein Glaube allerdings nicht aus. Er hatte am Strand im Beisein der halben Crew den Fisch »fidschianisch«, mit Zwiebeln und Kokosflocken, zubereitet. Als die andere Hälfte der Crew mit Kartoffeln und Gurkensalat landete, war der Fisch bereits verschwunden. In der Idylle, in der wir nun saßen, im Mondschein unter Palmen, herrschte endlich einmal angemessenes Schweigen, leider nicht, weil irgend jemanden die Schönheit dieser Nacht besonders beeindruckt hätte. Die Wortlosigkeit setzte sich zur Hälfte aus hungrigem Mißmut, zur anderen Hälfte aus trotzigem Schuldbewußtsein zusammen. Und das alles wegen eines einzigen Fisches.

Der nächste Tag war – Muttertag. Dieses typisch amerikanische Rührstück hat auch in der Südsee sein Plätzchen, allerdings wird dieser Ehrentag hier mehr von der Kirche als vom Kommerz vereinnahmt.

Es gab im Dorf einen festlichen Gottesdienst, und einige von uns waren bei Medsens Familie zum Essen eingeladen. Nachdem sie die Gerichte zunächst mißtrauisch ansahen, den Erdofen nicht minder, waren sie später doch begeistert. Der Gegenbesuch erfolgte noch am selben Abend, Medsen kam mit einigen Cousins auf die »Tarzan«. Nun waren wir gerade beim Essen, und natürlich luden wir unsere Gäste ein, mitzuhalten. Leider gab es ausgerechnet an diesem Tag Labskaus, das zünftige Seemannsgericht, das zwar ganz hervorragend schmeckte, aber – ein rot-brauner Brei – sehr undefinierbar aussah. Die Fidschianer betrachteten ihre Schüsselchen mit schlecht verborgenem Entsetzen, nach der ersten Überwindung schien es ihnen dann doch zu schmecken. Zu Bier und Zigaretten mußten sie nicht überredet werden.
Sie erzählten, daß sie Alkohol sonst nur trinken, wenn sie in der Hauptstadt sind. Nach Suva fahren sie, wenn sie ihre Landwirtschaftsprodukte, hauptsächlich Papayas, und ihre Fische gegen Reis und Gewürze tauschen wollen. Suva wäre zwar ganz nett, aber leben würden sie doch lieber auf Ono. Im nächsten Jahr sollte auch die Straße gebaut werden, die an ihrem Dorf vorbeiführen wird. Zur Zeit hätten sie nur auf dem Seeweg Kontakt zur Außenwelt.
Dann griffen sie sich unsere Gitarre, und der Abend begann, fröhlich zu werden. Sie sangen alte und neue fidschianische Lieder, zwei der Männer quälten sich in den Frauenstimmen, das klang aber wohl nur für unsere Ohren merkwürdig. Wir beteiligten uns mit Klatschen und Mitsummen, so gut es ging. Es war eine gelungene Vorstellung.
Die Einsicht, daß es wirklich beschämend sei, daß wir acht gemeinsam kein deutsches Volkslied singen könnten, hätte auch alle überzeugt, wäre sie nicht gerade von Jochen geäußert worden, der eine Kuhglocke nicht von einer Stradivari unterscheiden kann. So legten alle ihren Protest in klägliche Versuche, ein Volkslied anzustimmen, und Jochen hatte mit seiner Jonny-Cash-Parodie entschieden den größten Erfolg bei unseren Gästen.
Die Fidschianer überzeugten außerdem dadurch, daß sie mit einer leeren Bierflasche eine andere, im Wasser schwimmende, treffen konnten und so beide versenkten. Wir fuhren immer mit den gesammelten Flaschen im Dingi hinaus, bis zu einer Stelle, die weit genug vom Land und auch tief genug schien. Dort wurde dann jede Flasche mit Salzwasser gefüllt und versenkt. Der Müll war ohnehin ein Problem, das immer neue Diskussionen hervorrief. Schließlich einigten wir uns darauf, ihn zu trennen: Direkt versenkt wurden Essensabfälle,

Papier und Pappe, außerdem leere Konservendosen, die sich in Salzwasser sehr schnell restlos auflösen. Flaschen wurden, wie oben beschrieben, an besonderen Stellen versenkt. Plastikabfälle sammelten wir und gaben sie bei nächster Gelegenheit an Land ab. Über diesen Umweg wanderten sie vermutlich dann auch ins Meer; eine Tatsache, die das ganze mühsame Unternehmen irgendwie sinnlos machte. Aber wir wollten die Last der Umweltverschmutzung jedenfalls nicht auf unserem Gewissen tragen.
Nur einmal haben wir schwer gesündigt. In Suva hatten wir unserem Motor neue Batterien spendiert, die alten standen im Cockpit und spiegelten sich als Fragezeichen auf den Gesichtern der »Tarzan«-Crew. Es war schon fast Mitternacht, in fünf Stunden wollten wir auslaufen, was sollten wir tun? Die Idee, das Dingi noch einmal zu Wasser zu bringen und die Klötze an Land zu bringen, war zwar durchführbar, aber was sollte dann mit den Batterien an Land passieren? Die Antwort schien eindeutig: Früher oder später würden sie auch im Meer landen, es war wohl vernünftig, sie gleich selbst zu versenken – was allen Beteiligten schwer zu schaffen machte.
Namara war unsere letzte Station im Astrolabe-Reef. Wir hatten die kleine Insel auf der Fahrt nach Ono entdeckt. Auf der einen Seite prangte ein üppig grüner Berg, der steil ins Meer abfiel. Auf dem Berg weideten wilde Ziegen, denn bewohnt war die Insel nicht. An den Berg schloß sich ein flacher Palmengarten an, mit dichtem grünen Gebüsch, das in einen weißen Sandstrand mündete. Der Strand wurde hier und da von kleineren Vulkangestein-Formationen unterbrochen, alles sah sehr einladend aus, und wir legten die »Tarzan« vor dem Sandstrand vor Anker. Von hier aus war auch das Außenriff mit dem Dingi günstig zu erreichen, wichtig für die Taucher. Marion und ich konnten nicht mit auf Unterwasserexpedition, wir hatten beide kleine, eigentlich harmlose Wunden an den Füßen, die sich allerdings bösartig entzündet hatten – Salzwasserverbot bis zur Ausheilung war angesagt. Der Tag sollte für uns dem Dolce vita am Strand dienen, wir ließen uns mit dem Dingi übersetzen, breiteten unsere Decke aus und legten uns in die Sonne. Als sich dann die Crew in alle vier Winde zerstreut hatte – zum Tauchen, Schnorcheln und Spazierenrudern – zogen wir die Badeanzüge aus und setzten uns in das seichte Wasser, das in kleinen Wellen den Sand hochplätscherte, die kranken Füße hielten wir hoch. Nacktbaden ist in Fidschi verboten, aber erstens konnte man unser Geplätscher kaum als Baden bezeichnen, und zweitens war keine Menschenseele in der Nähe. Dachten wir.

Marion sah die Männer zuerst. Weil wir die Verbände an unseren Füßen durchaus nicht als ausreichende Bekleidung empfanden und die Gefühle dieses sittenstrengen Volks nicht verletzen wollten, machten wir uns schnellstens auf den Weg zu unseren Textilien. Wir hatten etwa 20 Meter zurückzulegen, die drei Männer 200, trotzdem waren sie genauso schnell bei unserem Lager wie wir. Daß wir zu zweit nur ein Handtuch hatten, komplizierte die Situation nicht unerheblich.
Da standen sie vor uns, drei strahlende Fidschianer: »Do you want sex?« Unser zweistimmiges »No!« schien sie nicht zu beeindrucken, sie faßten schon mal probeweise an. Auch die Ohrfeige, die ich einem verpaßte – es war eine Reflexhandlung, denn ich bin sonst nicht sehr mutig, und er hatte immerhin eine Machete in der Hand – quittierten sie mit begeistertem Gelächter: »Are you married?«
Unser glattzüngiges »Yes!« war gelogen, und schon kam die Antwort: »Don't bluff!« Wir logen hemmungslos weiter, wir würden gleich unseren Chief rufen, er müsse ohnehin kommen – sie nahmen alles gleichmütig hin. Als dann tatsächlich jemand um die Ecke geschnorchelt kam, zogen sie mit einem freundlichen »See you later!« ab.
Es war Brigitte, die da an den Strand geschnorchelt kam. Sie hatte auf der anderen Seite der Insel die Ankunft der Männer mit Booten beobachtet und war zurückgekommen, um uns Bescheid zu geben, leider etwas zu langsam, wie sich herausgestellt hatte. Nachdem wir unser »Abenteuer« berichtet hatten, fragte sie, wo die Männer geblieben seien. Das »weg« war für uns völlig ausreichend, um erleichtert zu sein, der gründlicheren Brigitte genügte es nicht. Sie schlüpfte aus den Tauchflossen und guckte erst mal um die nächste Ecke. Und da kauerten unsere Helden, ein Stück hügelan, hinter Felsen verschanzt und beobachteten uns von oben.
Brigitte beeilte sich, wieder ins Wasser zu kommen, um die beiden Dingifahrer zu holen, die irgendwo spazierenruderten. Schon kam der Anführer unserer Großen Drei wieder hervor, wir hatten sie ja sowieso »entdeckt«. Er trug die Überreste eines grauen Overalls, die Machete und auf dem Gesicht ein nervöses Zucken. Er ließ sich, nicht weit von uns, auf einem toten Baumstamm nieder und begann, auf uns einzureden. Im Sprechrhythmus sauste die Machete auf das tote Holz herab, sein Gesicht zuckte in einem merkwürdigen Gegentakt. Das ganze Schauspiel wurde nur zur Einschüchterung unternommen, denn schließlich hatten wir ja mit dem Käpt'n gedroht.
Während wir eilig unsere Sachen zusammenpackten, hörten wir, daß es verboten ist, ohne Genehmigung des Chiefs der Nachbarinsel Dra-

vuni auf dieser Insel zu sein: »Everybody can chase you!« Gleich würden noch mehr Männer kommen, um hier Holz zum Hüttenbau zu schlagen: »They can chase you!« Und ob wir die fidschianischen Sitten nicht kennen würden, erst mit viel Yaqona beim Chief die Genehmigung zu holen, die Insel zu betreten. Wir antworteten, so höflich es unsere Laune zuließ, wir hätten nicht gewußt, daß diese Insel zu Dravuni gehört. Wir versprachen, unserem Käpt'n Bescheid zu sagen.
Dann erzählte er noch, daß schon häufiger Jachties ihre Ziegen, die sie hier weiden ließen, abgeschossen hätten. Nun ja, auch wir hatten die Ziegen mit diesem typischen Der-Wildnis-auf-der-Spur-Gefühl, das wohl kein Europäer so ganz los wird, für wild gehalten, allerdings hatten wir keine geschossen. Verständlicherweise etwas parteiisch, fanden wir auch nicht, daß ein paar wild um sich ballernde Jachties unsere Behandlung rechtfertigten.
Die Ankunft des Dingis beendete diese einseitige Unterhaltung, schließlich trudelten auch die Taucher wieder ein. Die Wirkung unserer Erzählung verpuffte, denn die drei Taucher hatten mal wieder Haie gesehen, einen sogar auf dem Riff im flachen Wasser, wo er am Dingi auf die Herren wartete.

Nachdem die Haie abgehandelt waren, überlegten wir gemeinsam, was wir in Sachen der zudringlichen Herren unternehmen konnten, die sich noch immer auf der Insel herumtrieben. Aus ihrer Sicht waren wir entschieden im Nachteil, schließlich hatten wir unerlaubt, wenn auch unwissentlich, ihren Boden betreten. Es widerstrebte aber nicht nur Marion und mir, sondern auch den anderen, jetzt demütig zum »Chief« zu ziehen, Kava zu verschenken und zu tun, als wäre nichts passiert. Den »Chief« um die Bestrafung der Schuldigen zu bitten, wäre europäisch gedacht gewesen und hätte kaum zum Erfolg geführt.
Schließlich entschlossen wir uns, den Männern Kava für den mächtigen Mann mitzugeben und den Vorfall nicht zu erwähnen. Wir sahen sie jetzt nicht mehr auf der Insel, also schwangen sich Jochen und ein paar an der Episode unbeteiligte Crewmitglieder in das Gummibeiboot. Während sie noch auf die Ecke der Insel zuhielten, lugte eine Bootsnase um das Felseneck – die Männer kamen ihnen schon entgegen. Von der »Tarzan« aus versuchte ich, das Treffen per Fernglas zu verfolgen, konnte aber außer dem Nervösen mit der Machete nicht viel erkennen. Jochen berichtete später, daß die Fidschianer ihm sofort einen Fisch geschenkt hatten, sobald die Boote nebeneinander hielten. Offensichtlich manifestierte sich das Schuldbewußtsein in diesem ziemlich kräftigen Zackenbarsch. Werner entdeckte in ihrem Boot eine ausgewachsene Granate aus dem Zweiten Weltkrieg, die die Männer beim Tauchen gefunden hatten. Er bat sie, das Souvenir wieder zu versenken und versicherte ihnen, daß so ein Blindgänger auch nach vielen Jahren noch gefährlich sei. Als er das berichtete, war ich eigentlich noch der Meinung, man hätte ihnen die Chance lassen sollen, sich selbst in die Luft zu sprengen. Das war natürlich ungerecht, aber mit ihrem »Schuldbewußtsein« war es auch nicht sehr weit her. Vermutlich konnten sie sich überhaupt nicht vorstellen, daß wir »unseren« Männern die peinliche Geschichte erzählt hatten, denn nachdem sie die Kava bekommen hatten, steuerten sie im Affentempo auf die »Tarzan« zu und brüllten rückwärts zum Dingi, das sei ein kleines Wettrennen.
Ich verschwand überhastet unter Deck, denn es war allzu offensichtlich, daß sie an Bord kommen wollten. Das war ja wohl doch etwas stark! Wahrscheinlich hielten sie das Wettrennen für eine gute Möglichkeit, noch ein bißchen mit uns zu handeln. Dieser Versuch wurde dann vom Skipper vereitelt, denn wir waren uns ja einig, daß wir nur den Anstandsregeln, also der ungeschriebenen Kavasatzung folgen

wollten, und keine unangebrachten Freundlichkeiten austauschen. Marion und mir blieb die kleine Genugtuung, daß der Zackenbarsch nicht nur abscheulich schmeckte, sondern auch abends beim Kochen am Strand samt Topf umfiel.
»Wenn mir jetzt jemand was über unterschiedliche Kulturen und Völkerverständigung erzählt, schreie ich«, knurrte ich eine unschuldige Palme an, die erschreckt mit den Blättern raschelte. »Mein Hintern ist nicht tolerant, wenn er gekniffen wird, verdammt noch mal!« Die Palme schwieg, vorwurfsvoll, wie es schien.
Zum Trost spendierte uns dieser Abend einen der schönsten Sonnenuntergänge der ganzen Reise, der mich mit der unbewohnten Insel Namara und den Fidschianern im allgemeinen versöhnte. Zarte Wolken hatten sich zum Gruppenbild im Gegenlicht versammelt – Wolken, grau mit rosa Rändern, und eine ganz apart mit gelben Streifen.

Auf Extra-Tour

Um Land und Leute wirklich kennenzulernen, sollte man die Hauptinsel so schnell wie möglich verlassen. Der Gegensatz zwischen der europäisierten Hauptstadt Suva und einem Dorf auf einer kleinen Insel, mag sie auch nur eine Tagesreise vom »Zentrum des Südpazifiks« entfernt sein, ist schier unglaublich.
Wer außer Fidschi noch andere Südseeländer bereist, wird feststellen, daß Fidschi relativ fortschrittlich ist. Trotzdem sollte man nicht vergessen, daß man sich in einem Entwicklungsland befindet.
Wer als Rucksacktourist in ein Dorf kommt und sein halbes Pfund Kava (Yaqona) abgibt, wird freundlich empfangen. Er kann sein Zelt am Strand aufschlagen oder bekommt vielleicht sogar einen Platz in einer Hütte angeboten. Auch wenn dafür meist kein Geld verlangt wird, sollte man bedenken, daß die Menschen weitaus ärmer sind, als es für Westeuropäer vorstellbar ist. Man revanchiert sich für die Gastfreundschaft mit Geschenken: Kleidungsstücke, Dosenfleisch und Zigaretten sind sehr gefragt; die Kinder freuen sich über Luftballons und Bonbons. Wer als Reisender kommt, soll als Freund gehen, deshalb bemühen sich die Einheimischen sehr, ihnen alles recht zu machen und beschenken sie mit Kokosnüssen und Früchten.
Das Fotografieren ist kein Problem, vorher um Erlaubnis zu fragen, ist ein Gebot der Höflichkeit. Mit einer Polaroidkamera machen Sie sich schnell Freunde, besonders gefragt sind Fotos von den Kindern bei

den stolzen Eltern. Wir machten allerdings die Erfahrung, daß die Polaroidfilme das tropische Klima und die Dauerregenzeit in einigen Teilen des Landes noch schlechter überstanden als normale Filme. Fotos von Ihrer Familie und Ihrem Zuhause sollten Sie – zum Vorzeigen – auch dabei haben.
Wer mit einer Jacht ein Dorf besucht, muß damit rechnen, daß das Dorf die Jacht besucht, zumindest die Kinder kommen oft und gern. Will man seine Ruhe haben, sollte man sich aus den bewohnten Gebieten fernhalten – Gastfreundschaft ist ein hohes Gebot auf Fidschi, das gilt auch für die Besucher mit einem mobilen Zuhause.

Mit der Jacht unterwegs: Für Ihre gesamte Route durch die Fidschi-Inseln brauchen Sie die Genehmigung des »Ministery for Fijian Affairs« in Suva. Dafür müssen Sie wissen, welche Inseln sie bereisen wollen, in welcher Reihenfolge und in welchem Hafen Sie ausklarieren wollen. Am besten nehmen Sie die Seekarten von den Gebieten mit in das Ministerium, so lassen sich Mißverständnisse vermeiden. Es kann sein, daß Sie im Ministerium Ihre Reisepläne ändern müssen, während unseres Aufenthalts war zum Beispiel die gesamte Lau-Gruppe für ausländische Jachten gesperrt.
Möglichkeiten zum Mitreisen auf einer Jacht bieten sich in Suva häufiger, während der Hochsaison liegen Hunderte von Jachten im Yacht Club oder vor dem Tradewinds Hotel. Durchforsten Sie das Schwarze Brett oder hören Sie sich unter den Seglern um.

Fischen: Das Speeren und Harpunieren ist in Fidschi grundsätzlich erlaubt. Ausrüstungen gibt es in Suva zu kaufen. Für die Schleppangel brauchen Sie keinen der teuren Köder mit gefärbten Hühnerfedern zu erwerben; billiger und genauso brauchbar ist ein einfacher Haken. Mit etwas Isolierband und vielen bunten Plastikstreifen verwandelt er sich leicht in einen prächtigen Köder. Sie müssen nur darauf achten, daß Haken und Stahlvorfach kräftig genug sind, um nicht abgebissen zu werden.

Viti Levu: Eine Rundtour um die Hauptinsel per Bus ist bei United Touring Fiji für 175 F$ zu haben (fünf Tage). Reizvoller ist es sicher, auf eigene Faust die Insel zu erkunden. Mit den nötigen Informationen versorgt Sie die Tourist Information in Nadi am Flughafen und in Suva gegenüber dem Hauptpostamt.
Die Hauptstadt Suva, im Südosten der Hauptinsel, wurde erst im 19.

Nicht nur im Meer treffen wir Haie: Suva Aquarium

Jahrhundert von den Engländern gegründet. Ihr Tiefseehafen trug ihr den Namen »Zentrum des Südpazifiks« ein. Sehenswert ist das bunte Treiben in der Markthalle, auch wenn Sie nichts kaufen wollen. Während die ganze Stadt ein westliches Gesicht trägt, gleicht die Markthalle eher einem orientalischen Basar.

Wer selbst keine Gelegenheit hat, zu schnorcheln oder zu tauchen, sollte das Suva Aquarium ansehen. Es liegt in der Victoria Parade hinter dem Gebäude der Telefonorganisation FINTEL.

Etwas weiter südlich, hinter dem Albert Park, liegt das Museum, das außer alten fidschianischen Kriegskanus auch einige Teile der berühmten »Bounty« besitzt.

Außerhalb des Zentrums, in Richtung Suva Point, finden Sie die South Pacific University (USP). Hier sind über 1000 junge Leute aus 11 Pazifikländern in den Fächern Medizin, Erziehungswissenschaft, Naturwissenschaften und Soziale und Ökonomische Entwicklung eingeschrieben. In der Mensa können Sie gut und billig essen, und es ist nicht schwierig, Kontakt zu den Studenten zu finden.

Der Forest Park im Norden Suvas ist leicht mit dem Bus zu erreichen und eine der einfachsten Möglichkeiten, einmal »Regenwald von innen« zu erleben, weil es dort angelegte Wanderwege gibt. Wasserfälle und natürliche Pools bieten Abkühlung für den erhitzten Wanderer, und auch Spaß – man kann sich hier wie Tarzan mit einem Seil von den Felsen in das Wasser schwingen. Auch das Zelten ist hier gestattet, wenn Sie sich vorher bei der Forestry Station anmelden.
Über die Lebensart und Kultur des alten Fidschi informieren zwei »Cultural Centres« auf Viti Levu. Beide sind Museumsdörfer, die die Traditionen sehr anschaulich vermitteln. Das »Pacific Harbour Cultural Centre« liegt etwa 40 Kilometer westlich von Suva und beherbergt eine ganze Ladenstraße für touristische Souvenirkäufer. Außerdem gibt es täglich eine Vorführung traditioneller Tänze. Näher bei Suva liegt »Orchid Island«, das kleiner ist als Pacific Harbour und dessen Nachbauten alter fidschianischer Hütten auch bewohnt sind. Wenn Sie es wünschen, werden Sie mit dem Bus von ihrem Hotel zur Führung durch das Museumsdorf und zur Tanzvorführung abgeholt.

Die Mensa der »South Pacific University«

Leergespültes Ufer am Sigatoka-Fluß

Bei einer Rundtour um die Hauptinsel kann man sehr gut in Sigatoka in das Landesinnere abbiegen. Die Straße führt am Sigatoka-Fluß entlang durch kleine Dörfer, Zuckerrohrfelder und Bergketten. Während der Regenzeit müssen Sie sich allerdings vorher erkundigen, ob die Straße befahrbar ist.

In Sigatoka gibt es auch organisierte Bootstouren den Fluß hinauf. Sie dauern etwa zwei Stunden, und ein Führer erklärt das Uferpanorama.

Nadi im Westen hat außer dem internationalen Flughafen wenig zu bieten. Gut 20 Kilometer nördlich liegt Lautoka, das kulturelle Zentrum der Inder auf Fidschi. Alle indischen Religionen sind hier vertreten. Besonders sehenswert sind die Moschee, der Sikh-Tempel und der Sri-Krishna-Kaliya-Tempel. Von Lautoka aus verkehren Schiffe in die Yasawa-Gruppe. Vielleicht nehmen Sie auch eine kostenlose Führung durch die Zuckermühle wahr.

Inseln um Viti Levu

Ovalau: Auf Ovalau liegt die Stadt Levuka, die von 1874 bis 1882 Fidschis Hauptstadt war. Gegründet wurde sie 1830 als Walfangstation, und sie hat sich viel von ihrem alten Charme bewahrt. Von Suva aus fahren Sie am besten mit dem Bus bis Natovi, von dort verkehrt regelmäßig ein Schiff nach Ovalau. Am Wochenende und an Feiertagen ist es allerdings sehr voll.

Mbau: Die kleinen Inseln Mbau und Viwa liegen nahe vor der Ostküste Viti Levus. Schiffe verkehren vom Mbau-Anleger in der Nähe Nausoris. Mbau war früher der Sitz mächtiger Häuptlinge, deren Gräber noch zu bewundern sind. Auch der mächtige Thakombau wurde hier beerdigt.

Mbengga (Beqa): Mbengga liegt südlich Viti Levus und ist die Heimat der fidschianischen Feuergeher, die heutzutage allerdings ihre Kunst in teuren Hotels auf Viti Levu vorführen. Bei dem Ritual werden Steine in einem Feuer erhitzt. Die Männen gehen dann, durch lange Vorbereitung offenbar vollkommen schmerzunempfindlich, über die glühendheißen Steine.
Die indische Tradition des Feuergehens sieht glühende Kohle statt heißer Steine vor. Das indische »Firewalking« findet nur einmal im Jahr statt und hat religiöse Bedeutung. In einer Nacht in den ersten Maitagen treffen sich vor Sonnenaufgang Tausende von Indern bei dieser Zeremonie, um den Feuergehern zuzusehen.

Mrs. Wallis und der »König von Fidschi«

Die »Kannibaleninseln« wurden von europäischen Seefahrern lange Zeit gemieden – Kannibalismus war Ehrensache, hatte man seine Feinde getötet, diente ihr Fleisch zu einem großen Festmahl mit den Freunden. Nicht nur das Ritual, auch der Geschmack der »Langschweine« war Auslöser dieser Schlemmereien. Schiffbrüchige galten unabhängig von Nation oder Hautfarbe als Geschenk Gottes, wer »mit Salzwasser in den Augen« auf eine Insel kam, war bereits so gut wie verspeist.
Zu Beginn dieses Jahrhunderts, als mehr Europäer nach Fidschi kamen, um das Sandelholz und die Bêche-de-mer, eine Seeschneckenart, auszubeuten, war das Leben der Fidschianer noch immer unverändert. Die einzelnen Stämme lieferten sich unzählige Fehden, bei

denen die Verbündeten häufig wechselten. Sie brachten ihre Feinde sehr grausam um, schnitten ihnen die Glieder ab und scheuten weder Tricks noch Verrat, um Kämpfe zu ihrem Vorteil zu wenden. Die Kämpfe fanden zwischen den Inseln statt, mit den großen Kriegskanus wurde zu regelrechten Strafexpeditionen aufgebrochen.
Die Missionare auf Fidschi haben Jahrzehnte gebraucht, um die Insulaner zu bekehren. Die Wende zum Christentum kam erst unter dem Häuptling Thakombau. Schon sein Vater Tanoa war ein mächtiger Häuptling, aber Thakombau gelang es, einen Großteil der Stämme unter seine Herrschaft zu zwingen. 1854 ließ er sich taufen, bis dahin jedenfalls war er einer der grausamsten Herrscher auf Fidschi. Die Gräber seiner Familie kann man auf Mbau im Südosten Viti Levus noch besichtigen.
Mary Davis Wallis aus Massachusetts, verheiratet mit dem Captain der Bark »Zotoff«, die im Bêche-de-mer-Handel unterwegs war, fuhr mit ihrem Mann über Neuseeland nach Fidschi. Sie lernte Thakombau, den man damals den »König von Fidschi« nannte, vor seiner Bekehrung kennen. Sie schilderte in ihrem Tagebuch eine typische Episode:
Navinde, ein befreundeter Häuptling, hatte in Mbau Gäste gehabt und wollte sie beköstigen. Er schickte seine Männer auf die nahegelegene Insel Vewa, wo auch eine Missionsstation war. Die weißen Missionare waren an diesem Tag unterwegs, Navindes Männer konnten ohne Schwierigkeiten einen Mann umbringen und vierzehn Frauen entführen, die als Festmahl dienen sollten. Als die Missionare zurückkamen, begaben sich ihre Frauen sofort nach Mbau, sie hatten einen Tambua, einen Walzahn, dabei, der für die Fidschianer eine große rituelle Bedeutung hatte. Er wurde Kriegern um den Hals gehängt, bei Hochzeiten zwischen den Familien ausgetauscht, Ehrengäste wurden damit beschenkt. Die weißen Frauen wollten mit diesem Walzahn die geraubten Fidschianerinnen freikaufen, kamen aber zu spät. Neun waren bereits umgebracht, die anderen fünf wurden gegen den Walzahn ausgelöst.
Navinde und Thakombau waren kurze Zeit später auf der Fregatte »Havanah« aus England zu Gast, und der Captain maßregelte sie wegen ihrer schrecklichen Sitten und dem oben beschriebenen Massaker. Thakombaus Antwort, von der unerschrockenen Mrs. Wallis überliefert: »Oh, ihr habt in England soviel Rindfleisch, deshalb habt ihr es nicht nötig, einander aufzuessen. Aber in Fidschi haben wir kein anderes Fleisch, das wir unseren Freunden anbieten könnten.«

Europäische Ethik war den Fidschianern fremd, nicht jedoch der Begriff der Ehre, die leicht verletzt werden konnte. So berichtete Mrs. Wallis über Verani, den Häuptling von Vewa, daß er in helle Wut geriet, als jemand ihm erzählte, seine Frau habe ein Verhältnis mit einem jungen Mann. Obwohl beide ihre Unschuld beteuerten und die Anschuldigung leicht als Verleumdung enttarnt wurde, ließ Verani zunächst eine Frau umbringen, die den beiden angeblich geholfen hatte. Natürlich wurde sie gekocht und gegessen. Der junge Mann, der dem christlichen Glauben angehörte, war in die Mission geflüchtet. Der Missionar bemühte sich nun, mit Verani zu reden, und fragte ihn, ob er der Anschuldigung denn wirklich Glauben schenkte. Verani antwortete: Nein, aber die Anschuldigung habe seine Würde so verletzt, daß nur der Tod des Mannes seine Ehre wiederherstellen würde. Der junge Mann war klug genug, in der sicheren Mission zu bleiben – drei Monate lang. Dann erklärte Verani seinem Cousin Masapai, der ein Jugendfreund des Gejagten war, er würde jetzt die Insel verlassen, und wenn er wiederkomme, wünsche er das Herz des jungen Mannes tischfertig vorzufinden. Masapai ging in die Mission und lockte den jungen Mann, der ihn für seinen besten Freund hielt, hinaus zum Nüssesammeln – Masapai hatte ja versichert, der Feind sei fort, und er schwatzte fröhlich von den alten Zeiten. Die Warnung des Missionars galt dem Insulaner nichts. Masapai bat den Freund, ein Feuer zu machen, um die Nüsse zu rösten, er würde solange Holz sammeln gehen.

Der junge Mann ließ sich nieder, Masapai verschwand im Wald, gab den dort versteckten Kriegern das verabredete Zeichen – sie erschlugen den »Ehebrecher« von hinten. Der Missionar erfuhr schneller davon, als Masapai vermutet hatte, und ließ den Leichnam in die Mission bringen. Masapai forderte den Leichnam zurück, schließlich sollte ja ein Festmahl daraus werden. Darauf ging der Missionar natürlich nicht ein, er gab dem Opfer des Verrats ein christliches Begräbnis und ließ das Grab bewachen . . .

Auch die Fidschianerinnen hatten nicht viel zu lachen. Sie blieben, wie die Kinder, nicht vom Kannibalismus verschont, hatten aber im Gegensatz zu den Männern, den Kriegern, keine Chance, sich zu wehren. Töchter und Ehefrauen waren eine Art Besitztum; daß mit ihnen regelrecht gehandelt wurde, ist allerdings ein Gerücht. Die Töchter der unbedeutenden Familien hatten geringen Einfluß auf die Gattenwahl, die der Häuptlinge überhaupt keinen. Sie wurden ausschließlich »politisch« verheiratet. Nicht selten beobachteten die

Missionare, daß eine 13- bis 15jährige Häuptlingstochter dem Chief eines befreundeten Stammes zur Frau gegeben wurde, um die Freundschaft zu besiegeln. Der Bräutigam zählte bei so einem Abkommen oft mehr als 60 Jahre.

Starben die Häuptlinge, war es üblich, ihre Frauen zu erdrosseln, damit sie ihnen in der nächsten Welt Gesellschaft leisten konnten. Die Frauen baten selbst ihren nächsten männlichen Verwandten um diesen Liebesdienst, der in der Regel auch ausgeführt wurde. Wenn es ein bedeutender Häuptling war, der viele Frauen besaß, wurden sie alle auf diese Art und Weise geopfert und dann neben ihm begraben – die eigenen Häuptlinge wurden nämlich nicht gegessen. Bevor die Frauen ihrem Ehemann folgten, durften sie seinen Leichnam noch einmal küssen.

Als Navinde von Mbau den Häuptling Nalela töten ließ – er saß mit ihm bei Yaqona zusammen und ließ ihn hinterrücks erschießen –, rief er Nalelas Frau aus Vewa, damit sie seinen Leichnam küßte. Sie fand ihn aufgeschlitzt, Herz, Leber und Zunge entfernt. Die Chiefs von Mbau weigerten sich, die Frauen des Feindes umzubringen – er sollte in der nächsten Welt keine Frau haben, die für ihn kochte, sondern verhungern. Die Witwe bat nun ihre eigenen Leute in Vewa, sie zu strangulieren, damit ihr Mann in der nächsten Welt nicht hungern müsse, aber der schreckliche Verani war inzwischen zum Beinahe-Christen geworden und verweigerte der völlig verzweifelten Frau ihren Wunsch. Thakombau wiederum wurde ärgerlich, daß Verani zum christlichen Glauben übergetreten war – man hatte doch ausgemacht, noch ein Weilchen zu warten und sich dann gemeinsam taufen zu lassen! Die Glaubensfrage war Anlaß zu neuen Fehden; die Gewehre, von den Weißen in das Land gebracht, verschlimmerten die Kämpfe. Thakombau ließ sich erst neun Jahre nach Verani taufen, der gefürchtet hatte, er würde sterben, bevor er für sein Seelenheil gesorgt hatte. Ihm waren mehrere Kinder gestorben, ein sicheres Zeichen dafür, daß die fidschianischen Götter ein verlogenes Pack seien. Beim Gott der »Papalagis« hoffte er, bessere Sorge für seine Familie zu finden.

Thakombau bemühte sich nach seiner Taufe sehr, die kriegerischen Fidschianer in einer Art Konföderation zu einigen. Doch die Kämpfe brachen besonders in den 60er Jahren des vergangenen Jahrhunderts – aus diesem Zeitraum wurden auch die letzten Kannibalismusfälle bekannt – immer wieder auf. Schließlich entschied er sich 1874, das Land der Herrschaft der Engländer zu unterstellen.

Trotz der rauhen Sitten hatten die Fidschianer eine der höchsten Kulturen im Südpazifik; Schiffbau und Handwerk waren weiter entwikkelt als auf den anderen Inseln. Witze über Menschenfresser hört man heute auf den ehemaligen »Kannibaleninseln« nicht gerne, schon gar nicht von Touristen. Die Chiefs gibt es noch immer in den Dörfern, diese Würde ist auch heute erblich. Auch ist es immer noch Sitte, daß der Chief zu Beginn der Woche mit den Männern des Dorfes bespricht, welche Arbeiten zu tun sind und wie sie verteilt werden. Fidschi ist ein durch und durch christliches Land, den Besuch eines Gottesdienstes sollte man auf keinen Fall versäumen, schon der inbrünstige Gesang der Gemeinde lohnt die Mühe.

Vanuatu

Von den über 100 Inseln, die sich wie ein schmales Ypsilon westlich der Fidschi-Inseln in den Pazifik erstrecken, haben die wenigsten schon einmal gehört. Vanuatu (melanesisch, Vanua = Land, tu = existent, vorhanden) heißt der Staat auch erst seit seiner Unabhängigkeit im Jahre 1980, vorher war die Inselgruppe unter dem Namen »Neue Hebriden« bekannt und stand unter britisch-französischer Verwaltung.

Briten und Franzosen gründeten erst im Jahr 1887 eine gemeinsame Kommission, bis dahin war Vanuatu, jedenfalls aus der Sicht der späteren Kolonialherren, Niemandsland. Europäer waren allerdings schon vorher ansässig, 1839 kamen die ersten Missionare an, die den Sandelholzhändlern folgten. Weiße Siedler ließen sich in den sechziger Jahren des vergangenen Jahrhunderts nieder; außerdem kamen viele weiße Kapitäne, um Arbeitskräfte für fidschianische Plantagen zu »werben«. Das britisch-französische Kondominium begann seine Verwaltung 1906. In der Praxis sah das so aus, daß es alle wichtigen Institutionen wie Polizei, Gerichtsbarkeit und Schulen zweimal gab; einmal in britischer und einmal in französischer Ausführung. Im Zweiten Weltkrieg war Vanuatu einer der wichtigsten alliierten Stützpunkte im Kampf gegen die Japaner um die Vorherrschaft im Pazifik. Dadurch gewannen die Amerikaner großen Einfluß auf die Neuen Hebriden, allein in Santo waren 100 000 Bürger der Vereinigten Staaten auf einer Marinebasis stationiert. Die Präsenz der Amerikaner veränderte das Land. Sie sorgten für die Infrastruktur, die sie für die Kriegführung brauchten, und sie schienen den Ni-Vanuatu, wie sich die melanesische Bevölkerung nennt, unermeßlich reich. Der Schwarzmarkt für alle möglichen Waren wuchs als Handelsplatz zwischen Amerikanern und Eingeborenen. Außer dem gigantischen Wrack der »President Coolidge« vor der Küste von Espíritu Santo erinnerten noch lange zahlreiche »Cargo-Kulte« an die Amerikaner. Die Anhänger der Kulte glaubten gleichzeitig an eine Rückbesinnung auf ihre melanesische Identität durch die Trennung von europäischer Religion und Lebensweise und an die bevorstehende Rückkehr der Amerikaner mit Bergen von Waren und Lebensmitteln, die von den melanesischen Vorvätern an ihre Nachfahren gesendet wurden (Car-

go-Fracht). Der berühmteste Kult, der »John-Frum-Cargo-Kult«, hat heute auf Tanna noch Anhänger.
Die Exporte Vanuatus werden hauptsächlich durch Kopra, Fisch, Fleisch und Kakao bestritten. Der größte Fischereibetrieb in Vanuatu, die »South Pacific Fishing Companie«, ist allerdings fest in japanischer Hand. Neben Landwirtschaft und Fischerei entwickelt sich allmählich der Tourismus als Wirtschaftszweig, aber die wenigen Hotelbetriebe gehören meist Ausländern.
Die Gesamtbevölkerung Vanuatus wird auf 125 000 geschätzt, davon sind 94 Prozent Ni-Vanuatu und nur noch zwei Prozent europäisch. Auf Vanuatu werden über 130 Sprachen gesprochen, man verständigt sich deshalb auf Bislama, einer Spielart des Englischen, die in Aussprache, Schrift, Grammatik und Syntax dem Melanesischen folgt. Die Benennung »Bislama« stammt von der begehrten »bêche-la-mer«, es ist die melanesische Aussprache des Seeschneckennamens. Bislama ist Amtssprache, aber mit Englisch und Französisch können Sie sich in den Städten mühelos verständigen.
Die Hauptinsel Efaté mit der Hauptstadt Port Vila liegt im südlichen

Frauen bei der Arbeit (Insel Malekula)

Zentral-Distrikt. Mit 20 000 Einwohnern ist sie stärker bevölkert als Vanuatus größte Insel, Espíritu Santo (16 000 Einwohner). Rund 13 Prozent der Bevölkerung leben in Port Vila, vier Prozent in der einzigen weiteren Stadt Santo, dem ehemaligen Luganville. Die Touristen, denen Sie in Vanuatu begegnen, kommen meist aus Australien, Neuseeland und Japan und besuchen außer Tanna im Süden kaum andere Inseln Vanuatus.

Vanuatu in Stichworten

Währung: In Vanuatu wird mit dem Vatu bezahlt. 1 US-Dollar entsprach 1984 etwa 920 Vatu.

Anreise: Die meisten Flüge nach Vanuatu starten von Australien (z. B. mit Air Vanuatu). Sie erreichen die Inseln aber auch von Neukaledonien, Nadi (Fidschi-Inseln) und Nauru. Innerhalb Vanuatus fliegt die Air Melanesiae die wichtigsten Inseln regelmäßig an. Air Vanuatu, Air Melanesiae und Air Pacific haben alle in Port Vila eine Vertretung (Kumul Highway). Kreuzfahrtschiffe legen mitunter in Port Vila und Santo an, wenn sie nicht ausgebucht sind, können Sie per Schiff billiger von einer Insel zur anderen kommen als mit dem Flugzeug. Auf Efaté gibt es eine AVIS-Vertretung, bei der Sie Autos leihen können, außerdem verkehren Busse und Taxen. Taxen und Leihwagen finden Sie auch in Santo.

Kunsthandwerk: Kunsthandwerkliche Arbeiten existieren in Vanuatu in großer Vielfalt, entsprechend den unterschiedlichen Kulturen auf den einzelnen Inseln. Es gibt viele Flechtarbeiten, Masken aus unterschiedlichen Materialien und Holzschnitzereien. Von den nördlichen Banks Islands stammen Masken, altes Muschelgeld und kleine Schüsseln. Speere, Schweinestoßzähne und Flöten kommen aus Espíritu Santo, Penisköcher und Arbeiten aus Pflanzenfasern aus Malekula. Von den südlichen und östlichen Inseln stammen Matten, Körbe und Flöten. Alle kunsthandwerklichen Arbeiten entstanden ursprünglich für bestimmte Rituale, darüber informiert das Museum (Cultural Centre) in Port Vila. Bei Sammlern sind vor allem Arbeiten aus Ambrym begehrt, hölzerne Schlitztrommeln, die mit kunstvollen Ornamenten verziert sind, und Arbeiten aus Farn. Kunstgegenstände, die älter sind als 100 Jahre, dürfen nicht aus Vanuatu ausgeführt werden. In Port Vila gibt es mehrere Kunsthandwerksläden mit einem umfangreichen Angebot.

Unterkunft: Wer nach Vanuatu reist, sollte ein Zelt im Gepäck haben. In Vila gibt es verschiedene Hotels, aber die Übernachtungen sind nicht billig. Außerhalb von Vila, Richtung Flughafen Bauerfield, gibt es einen relativ gut ausgestatteten Campingplatz. Hotels finden Sie sonst nur noch in Santo, auf Tanna können Sie Bungalows mieten. Wild zelten ist ohne größere Probleme möglich, aber Sie sollten sich vorher beim nächsten Dorf erkundigen.

Essen: Außer »Laplap«, einem Pudding auf Bananenbasis, der mit Fleisch oder Fisch serviert wird, gibt es in Vanuatu keine typischen Gerichte. In den Restaurants in Vila kann man sehr gut Fisch, Krabben, Muscheln und Rindfleisch essen. Die chinesischen Restaurants in Vila sind besser als ihre Pendants in Europa. Wer abenteuerlustig ist, sollte einmal Fliegenden Hund oder »Coconut Crab« probieren, es wird in einigen Restaurants als besondere Spezialität serviert. Der Fliegende Hund (Flying Fox), unserer Fledermaus verwandt, ist ein Pflanzenfresser und fügt den Plantagen großen Schaden zu. Wer Flying Fox im Restaurant bestellt, muß unter Umständen Nervenstärke zeigen, denn das Tier wird manchmal im ganzen serviert. »Coconut Crab« ist ein meist an Land lebendes Krustentier, das seinen Namen der Sage verdankt, es würde Kokosnüsse öffnen, um das Fruchtfleisch zu vertilgen. Deshalb soll auch sein Fleisch Kokosgeschmack haben, da »Coconut Crab« in den Restaurants meist mit Kokosfleisch zubereitet wird, läßt sich das nicht überprüfen. In verschiedenen Restaurants können Sie ausgezeichnet französisch essen, die Preise unterscheiden sich nicht wesentlich von denen französischer Restaurants in Deutschland. Aber auch Pizza und Spaghetti haben in Vila längst ihren Einzug gehalten. Wenn Sie die Möglichkeit haben, selbst zu kochen, können Sie Ihren Bedarf auf dem »Native Market« decken, der am Mittwoch, Freitag und Sonnabend jeweils morgens auf dem Marktgelände am Wasser stattfindet. Außer Gemüse und Obst werden Kleidung, Muscheln und Handarbeiten angeboten. Andere Lebensmittel finden Sie in Läden und Supermärkten, allerdings nicht billig.

Unterhaltung: Die Kinos in Vila zeigen Filme in französischer Sprache. Vila hat sechs Nachtklubs, einer davon ist sogar eine Rollerdisko.

Bizarre Form: Tigerkralle

Die Nachtklubs, in denen hauptsächlich Ni-Vanuatu verkehren, sollten Sie unbedingt besuchen. Die Atmosphäre ist viel besser als in neudeutschen Neondiskotheken.

Wassersport: Yachting World, zwischen dem Stadtzentrum von Vila und dem Lagoon Hotel am Wasser gelegen, verchartert Segelboote. Der Nautilus Dive Shop (Kumul Highway, Tel. 2398) und die angeschlossene Tauchbasis neben dem Yachtcharter-Büro organisieren Tauchfahrten, zum Beispiel zu den Schiffs- und Flugzeugwracks innerhalb der Vila-Bucht. Nautilus bietet Tauchkurse für Anfänger und Fortgeschrittene an, die Tauchbasis ist sehr gut ausgestattet. Für das Tauchen bei Santo, zum Beispiel im Wrack der »President Coolidge«, ist Santo Dive Tours zuständig. Tauchfahrten bei Santo Dive Tours können Sie auch im Tours-Büro in Vila buchen.

Kleidung: Seit der Christianisierung herrschen in Vanuatu strenge Bräuche. Man sollte nicht in Strandkleidung oder mit nacktem Oberkörper in der Öffentlichkeit erscheinen. Nacktbaden ist nicht empfehlenswert. Auf dem Land werden die Bekleidungsvorschriften nicht so verbissen befolgt wie in den Städten, trotzdem sollten Sie nichts riskieren. Europäische Kleidung ist gerade in den Dörfern sehr begehrt, für besondere Freundlichkeit oder Hilfsbereitschaft können Sie sich mit Hemden, T-Shirts oder Jeans bedanken.

Die Reise zum Wrack des Präsidenten

Unser »Ableger« in Fidschi war zunächst ein Anleger, und zwar ein gekonnter. Wir warteten das Hochwasser ab und manövrierten dann die riesige »Tarzan« an die winzige Tankstelle. Unsere Proviantvorräte, die wir tagsüber eingekauft hatten, warteten dort auch schon auf uns. So konnten wir sie einfach über die Reling hieven und sparten uns die endlosen Fahrten mit einem vollbepackten Dingi. Es war jedesmal wieder unglaublich, wieviel in dieses Schiff hineinpaßte: 10 Kästen Bier, etwa genausoviel alkoholfreie Getränke, kastenweise Fleisch- und Gemüsekonserven, Fertiggerichte, gewaltige Mengen von Nudeln, Reis, Kartoffeln und diverse andere lebensnotwendige Dinge. Leider wurde es auch jedesmal unglaublicher, was für Summen diese Einkaufstage verschlangen – von Land zu Land wurde alles ein bißchen teurer. Was natürlich auch daran lag, daß auf einem Segelschiff mehr Konserven als frische Lebensmittel gebraucht werden, und bis auf die Corned-beef-Dosen waren so gut wie alle Konserven aus Australien oder Neuseeland importiert. Weil Frischfleisch billig war, wurde zu guter Letzt noch ein Filet gekauft, für den ersten Tag auf See.

Wir brachen am Spätnachmittag auf, der Himmel war wie immer verhangen, die Wolken zogen so tief, daß sie sich mir auf das Gemüt legten – da lag Suva hinter uns, keine bemerkenswerte Stadt eigentlich, Jochen mochte sie nicht. Und ich, ich konnte mich nicht entscheiden, ob ich sie nun mochte oder nicht, aber sie war ein bißchen »Zuhause« geworden, vielleicht nur, weil wir diesen Hafen mehrmals angelaufen hatten. Und während ich Gas gab – der Motor funktionierte wieder –, kreisten meine Gedanken um die Frage, die sich auf Reisen immer wieder stellt. Kommt man noch mal wieder her oder soll man das alles zum letzten Mal gesehen haben? Wir hatten uns gegenseitig immer wieder versichert, daß wir auf jeden Fall noch einmal zurückkommen wollten, »irgendwann« . . . aber wann würde das sein . . .

»Wer hat heute Backschaft?« krähte es plötzlich in meine gepflegte Melancholie, natürlich war ich dran. Wir huldigten der Sitte des »Ablegers« – sobald der Anker oben und das Schiff aufgeklart war, gab es für die Crew einen Drink, entweder vor oder nach dem Segelsetzen, wir nahmen es da nicht so genau. Da der seelenvolle Blick, den meine

Der schwere Buganker ist oben ▷

trübe Abschiedsstimmung hervorgebracht hatte, dem Durst der munteren Seeleute durchaus nicht genügte, wurde ich in die Kombüse geschickt, neun Cola-Rum zu mixen. Weil wir noch hinter den Riffen waren und deshalb keinen Seegang hatten, stellte diese Aufgabe keine allzu großen Anforderungen an meine Geschicklichkeit. Acht Cola-Rum für die Crew, der neunte für den Meeresgott Rasmus, der natürlich – schwapp über die Reling – zuerst serviert bekam, damit er guten Wind schickte und keinen Appetit auf die »Tarzan« zeigte. Wie sich in den nächsten dreieinhalb Tagen herausstellte, handelte es sich bei Cola-Rum um sein Lieblingsgetränk.
Dann begann die Vorbereitung zum Abendessen. Marion und ich hatten an Toast gedacht. Als wir die Unmengen von Weißbrotscheiben mit Salatblättern, Tomaten, Wurst und Käse belegten, fing es schon an zu schaukeln. Die letzten dieser Meisterwerke wurden mit Käse gekrönt, und der Gedanke an unseren Petroleumbackofen ließ in mir eine kaum noch beherrschbare Übelkeit hochkommen. Nanu? Mir war doch sonst nie schlecht geworden, reiß dich jetzt bloß zusammen, Mädchen!
»Laß' uns die Dinger als Sandwiches servieren«, brachte ich mit ziemlich belegter Stimme hervor, und Marion begriff sofort. Wir aßen draußen, die frische Luft bekam mir gut, und ich aß immerhin zwei von den hochbepackten Broten. Beim Abwasch in der Kombüse hatte ich noch einmal kritische fünf Minuten, dann war die Übelkeit verschwunden. Was mir für die nächsten Tage blieb, waren scheußliche und zunächst unerklärliche Magenschmerzen. In der Nacht und am nächsten Tag fütterten fast alle die Fische, selbst Marion, vorher die Seefestigkeit in Person, hatte es ziemlich erwischt. Es blies ununterbrochen mit 6 bis 7 Windstärken von achtern, »Tarzan« rollte kräftig von einer Seite zur anderen.
Von dem ausgezeichneten Filet, das Bobby am nächsten Mittag briet, aß nur noch die Hälfte der Crew. Brigitte behauptete, Jochen organisiere das immer so, daß es die besten Sachen zur Zeit der Seekrankheit gebe, damit er selbst eine größere Portion ergattern könne. Aber selbst Jochen, der zuerst noch gespöttelt hatte, wir wären alle vom langen Landleben verdorben, spürte irgendwann an diesem Tag Magenschmerzen.
Bobby war der einzige, der nicht die Spur von Seekrankheit zeigte. Gelegenheit zur Schadenfreude blieb ihm allerdings nicht, denn als er nach dem freudlosen Filetschmaus abgewaschen hatte und die sauberen Teller im Spülbecken gestapelt hatte, kam Helmut aus dem Vor-

schiff gestürzt. Gesichtsfarbe grünlich, und zwar bereits bedrohlich grünlich. Bis nach draußen noch drei Meter und acht Stufen. Er konnte es nicht schaffen. Er nahm das Spülbecken.
Bobby hatte so viel Mitleid, daß er noch nicht mal fluchte. Er wusch einfach noch mal ab.
Der Wind ließ nicht nach, und so blieb der Mannschaft ihr abscheulicher Zustand erhalten, allerdings mit leichten Besserungen. Das Wetter hatte dafür den Vorteil, daß wir ungeheuer schnell vorankamen. Die über 600 Seemeilen zwischen den Fidschi-Inseln und Vanuatu schafften wir in dreieinhalb Tagen, mit einer Durchschnittsgeschwindigkeit von 7,5 Knoten. Und das, obwohl wir die letzen 15 Stunden »gebremst« hatten – wir segelten nur noch mit dem Großsegel, um möglichst im Hellen anzukommen.
Diese letzte Nacht ging es mir wieder ganz gut. Ich hatte zwar noch Magenschmerzen, aber was wog das schon gegen das Gefühl, auf einem guten Schiff eine schnelle Reise zu machen. Naja, es konnte wohl doch von Bedeutung sein, denn mein Wachpartner lag auf der Cockpitbank mir gegenüber und schien bemüht, sich sowenig wie möglich zu bewegen, um die Seekrankheit zu bannen. Allerdings riß er sich sehr tapfer zusammen, wenn er gebraucht wurde. Ich beschloß, ihm soviel Ruhe wie möglich zu lassen, klappte mir die Kopfhörer des Walkmans über die Ohren – die Rolling Stones taten ihr Bestes gegen das eintönige Geräusch der Wellen und das Heulen des Windes. Jetzt noch ein Bier und eine Zigarette, und mir ging es wirklich wieder gut.
Wir trafen in Port Vila, der Hauptstadt von Vanuatu, tatsächlich mit dem ersten Licht ein. Natürlich regnete es auch hier.
Das Hotel Rossi, vor dem wir ankerten, die anderen Gebäude, die ganze Bucht erinnerte an Südeuropa, an irgendeinen Badeort außerhalb der Saison.
Das einzig Positive an der Seekrankheit ist, daß sie schlagartig aufhört, sobald man festen Boden unter den Füßen oder glattes Wasser unter dem Kiel hat. Mein Wachpartner war auch prompt wieder munter und bereitete uns ein phantastisches Rührei, denn schließlich hatten wir uns ein ausgedehntes Frühstück redlich verdient. Die Magenschmerzen blieben jedoch, und Jochen vermutete plötzlich, daß sie ja vielleicht auf »das Medikament« zurückzuführen seien, er selbst hatte nämlich auch immer noch Schmerzen. Wir hatten vor dem Auslaufen in Fidschi mit der »Malaria-Prophylaxe« begonnen, und jetzt betrachteten wir den Beipackzettel etwas genauer. Tja, da stand auch etwas

Fliegende Fische verirren sich an Deck

über empfindliche Mägen und sämtliche Symptome, die sich an uns in den vergangenen Tagen gezeigt hatten. Angeblich ließen sich diese Symptome mildern, wenn man die Tabletten nach dem Essen und mit Flüssigkeit zu sich nimmt – das hatten wir ohnehin getan. Wir waren jedenfalls sicher, daß selbst einer Kuh mit ihren sieben Mägen, oder wie viele es auch immer sein mögen, schlecht geworden wäre, hätte sie auch vorher eine halbe Wiese leergemäht und einen mittelgroßen Teich ausgetrunken. Sicher war allerdings auch, daß bei der Wahl zwischen Malaria und Seekrankheit die Seekrankheit entschieden vorzuziehen war.

Der Zoll wollte einfach nicht kommen. Schließlich ging eine Abordnung an Land und erfuhr, daß der Zoll am Wochenende nicht arbeitet. Wir könnten aber »uneinklariert« an Land gehen, das spiele keine Rolle.

Wir hatten uns nach all den seekranken Tagen ein gutes Essen versprochen und gingen nun auskundschaften, welches Restaurant das

Versprechen einlösen konnte. Wir trödelten in der Nachmittagshitze den Kumul Highway an der Vila-Bucht entlang. Die Bucht ist ein weiter Naturhafen. Auf dem Markt war um diese Zeit nichts mehr los, schläfrig lag er neben der Fischhalle. Sie war geschlossen, und eine Tafel wies darauf hin, daß diese Halle ein Geschenk der japanischen Regierung »zum Zeichen der Freundschaft« ist. An der Pier lagen Ausflugsboote mit Glasboden. Man konnte Fischlein und Korallenköpfe betrachten, ohne sich nur den großen Zeh naß zu machen. Beim Tauchshop drückten wir uns die Nasen an der Schaufensterscheibe platt – da gab es Fotos von den Wracks, die in der Bucht lagen, und ein Plakat wies darauf hin, daß man die Wracktauchgänge hier buchen könne. Unter anderem liegt vor Vila auch ein Flugzeugwrack – die Taucher bekamen schon das charakteristische Glitzern in den Augen. Aber wir wollten noch weiter zur Jacht-Charter, um einige Informationen über die schönsten Plätze zum Ankern zu erfragen. Bis dahin war es noch ein Stückchen zu gehen. Die Kolonialbebauung verschwand, statt dessen sahen wir auf der einen Straßen seite ärmliche Wellblechhütten, in den engen Zwischenräumen Wäsche leinen gespannt. Dazwischen eine Baustelle, auf der ein großes, Haus entstand. Wieder ein Hotel? Jedenfalls bestimmt keine neue Heimstatt für die Menschen, die in den Wellblechhäuschen lebten.

Natürlich entdeckten wir die Jacht-Charter unten am Wasser: Eine sehr freundliche Anlage. An dem kleinen Sandstrand lagen die Jollen. Im Haus trafen wir als erstes Marion und Brigitte, die sich noch vor uns aufgemacht hatten, mit dem festen Vorsatz, irgendwo zu duschen – im Hotel Rossi, vor dem die »Tarzan« lag, war uns das verweigert worden. Das Charterbüro war nicht so kleinlich, und die beiden sahen aus wie neu gemacht. Wir standen grün vor Neid daneben, was man allerdings unter der Schmutzschicht nicht erkennen konnte. Im Büro erstanden wir ein Buch, dann gingen wir nach nebenan: Dort hatte eine glänzend ausgestattete Tauchbasis ihren Sitz. Unmengen Preßluftflaschen standen auf der kleinen Steinpier, ein Tauchboot legte an, und neben dem Haus entdeckten wir ein Übungsbecken. Obwohl er an uns nichts verdienen konnte, war der Inhaber sehr freundlich. Er zeigte uns auf den kleinen Karten in unserem frisch erworbenen Buch gute Tauchplätze. Er wünschte uns so freundlich alles Gute, daß er den gierigen Blick, den ich auf sein Weißweinglas geworfen hatte, einfach nicht bemerkt haben konnte. Wir taperten nun wirklich schon eine ganze Weile durch Vila, und noch immer war keine Erfrischung in Sicht . . .

Es dauerte einige Zeit, bis wir uns geeinigt hatten, obwohl – oder gerade weil – die Auswahl nicht übermäßig groß war. Wir landeten im »Le Rendezvous«, und das war schon mehr ein Eßtempel als ein Restaurant. Leider litt ich immer noch an dem Schnupfen, den ich mir im verregneten Suva geholt hatte, und schmeckte von den ganzen aufgefahrenen Köstlichkeiten nicht ein bißchen. Dafür hatte ich viel Muße und konnte mich in aller Ruhe meines »abgerissenen« Aussehens schämen, die Flecken auf meiner Hose zählen und das Loch im T-Shirt anstarren. Die beiden anderen Damen hatten ja geduscht und sich umgezogen, und den Männern stand das »Räuberzivil« ganz gut, aber ich . . . ach, ich schämte mich.

Die muntere Hälfte der Crew wollte noch um die Häuser ziehen und wurde mit der guten Ermahnung, die Nacht nicht zu lang werden zu lassen, verabschiedet. Wir wollten am nächsten Morgen auf Inselrundfahrt gehen und entsprechend früh aufstehen. Die Ermahnung erwies sich zunächst als völlig überflüssig, denn weit und breit war kein Nachtklub zu sehen. Schließlich kam Marion auf die glänzende Idee, bei der Polizei nachzufragen. Vilas Ordnungsmacht erwies sich als ausgesprochen unkooperativ, vielleicht hatten sie Marion auch einfach nicht verstanden. In einem Land, in dem es über 130 Sprachen gibt und die Verständigung größtenteils in Bislama, einer Art Pidgin-English, abläuft, war das immerhin denkbar. Schließlich landeten wir im Café de Paris, nicht weit von der Polizei entfernt. Der Barmann fragte nach unserer Nationalität – und sang nach unserer Antwort begeistert: »Oh, isch bin ein gro-ho-ßer Faschist!« Er wollte sich halb totlachen und erklärte, als er das Entsetzen auf unseren Gesichtern bemerkte, er würde oft mit einem Freund zusammen Musik machen, und dann sängen sie auch, nur aus Spaß natürlich, solche Sachen.

Später landeten wir im Club Privé ein Stückchen außerhalb des Zentrums. Der Rest der Crew hatte vorschnell erklärt, in die Disco könne man auch zu Hause gehen, dafür brauche man nicht nach Vanuatu zu fahren. Das ließ sich zwar nur schwer bestreiten, andererseits aber war der Club Privé wirklich einmalig. Ein rabenschwarzes Loch mit einer Bar und zwei Tanzflächen, einer Musikanlage, die den Gästen zu welken Ohren verhalf, und total verkratzten Platten. Eigentlich wollten wir schon wieder gehen, denn außer uns waren kaum 20 Leute da, aber plötzlich füllte sich der Laden. Binnen 20 Minuten konnte man sich kaum noch bewegen, der Diskjockey ließ einen Samba durch die Lautsprecher scheppern, und der Türsteher weckte den ersten Betrunkenen, der mit dem Kopf auf der Bar eingeschlafen war.

Trotz der etwas rüden Behandlung versäumte es das Opfer des Türstehers nicht, mit schlafwandlerischer Sicherheit noch rasch sein halbvolles Glas zu greifen und mit vor die Tür zu nehmen – denn da würde er zweifellos landen.
Zwischen den vielen Einheimischen, die sich augenscheinlich prächtig amüsierten, allerdings auch im Laufe der Nacht immer mehr Schlagseite bekamen, waren nur wenig Weiße. Einer fiel uns besonders auf, denn auf der Vorderfront seines T-Shirts prangte das Konterfei von Adolf Hitler, auf der Rückseite unter der Überschrift »Tour d'Europe« die Jahreszahlen und Namen der Länder, die die Nazis überfallen hatten. Übrigens trug er auch selbst ein Bärtchen, das uns zwanghaft an jemanden mit dem Vornamen Adolf erinnerte.
Nach den Erfahrungen, die wir an diesem Abend schon hinter uns gebracht hatten, fehlte uns der Mut, ihn anzusprechen. Sollte er zu der Spezies der »Ewig-Gestrigen« Auslandsdeutschen gehören, wäre ein Gespräch ohnehin sinnlos gewesen.
Dann balancierten wir über den unbeleuchteten, sehr hohen und sehr langen Holzsteg zum Dingi zurück. Alle fanden, es wäre doch sehr schön, daß wir nicht betrunken wären, sonst würden wir von diesem Steg bestimmt runterfallen. Da schrie der Pfadfinder vorne auf – er konnte seinen selbstbewußten Schritt gerade noch bremsen. An dieser Stelle machte der Steg einen scharfen Knick nach links, wie hatten wir das nur vergessen können . . .
Am Sonntag brachen wir zu unserem Landausflug auf. Wir waren immer noch illegal in Vanuatu, das störte aber niemanden besonders. Zwei Leihwagen machten sich aus Vila auf den Weg nach Westen, der erste Halt brachte uns an einen Friedhof außerhalb der Stadt. Ein Waldfriedhof, wirklich friedlich, die Gräber zwischen Baumriesen säuberlich angelegt. Wenn man sich schon begraben lassen muß, dann an einem solchen Platz . . .
Unsere Crew hatte im Moment keinen Bedarf, so ging es weiter bis in die Nähe des Dorfes Mele. Hier, am Berg Klem, sollte es fantastische Wasserfälle und Pools geben. Man hatte uns in der Autovermietung empfohlen, einen einheimischen Führer zu nehmen, weil wir den Hauptwasserfall – sehr weit oben – sonst nicht finden würden. Wir fanden noch nicht mal einen Führer und machten uns allein auf den Weg, der in eine Traumlandschaft führte. Schon der unterste Pool, nicht weit von der Straße entfernt, lockte zum Bad. Das Wasser schoß sprudelnd über die Felsen und sammelte sich in einem vielleicht 5 Meter breiten Becken, das nur einen schmalen Abfluß hatte. Rund-

herum dichtes Grün, in dem der schmale Pfad verschwand, der zunächst über den nassen Felsrand des Pools führte. Dieser Weg mußte ja wohl der richtige sein, dachten wir. Er war feucht, glitschig und binnen kurzem auch ziemlich steil. Wir kletterten auf allen vieren, immer höher und standen schließlich ratlos auf einer Art Plateau vor einer Weggabelung. Die Entscheidung war dann doch nicht so schwierig: »Da liegt eine Bierdose! Das muß der richtige Weg sein.« Es lebe die moderne Pfadfinderei!
Es war der Pfad in die Richtung, wo wir auch den Fluß vermuteten, und nach einigem Auf und Ab waren wir tatsächlich wieder am Wasser, nur der Wasserfall war weit und breit nicht zu entdecken. Bobby, mit Neoprenstiefeln und Badehose ganz richtig ausgerüstet, ging im Fluß weiter – das sei der einzige Weg nach oben, erfuhren wir später. Wir trabten eine Weile neben dem Wasser her, bis es immer unzugänglicher wurde. Dann drehten wir um, aber aufgeben kam nicht in Frage – da war schließlich die Weggabelung mit einem weiteren Pfad, der nur auf die »Tarzan«-Crew wartete. Schon ging es weiter bergauf

Dorfkinder auf Efaté

durch den Wald, anstrengend, aber schön. Vögel waren zu hören, das Grün tat den Augen wohl, sofern sie nicht durch Schweißtropfen blind waren. Der Weg wurde immer schmaler und steiler; an einer Stelle, an der wir gerade eben noch alle Platz hatten, machten wir einen Augenblick Pause und entschlossen uns dann zum Abstieg.
Daß es möglicherweise schwieriger ist, hinunterzukommen als herauf, daran hatten wir nicht gedacht. Die Schuhe, in denen der Matsch stand, fanden keinen Halt, wir glitschten so vorsichtig wie möglich bergab. »Rambo hat 'ne Sonne geschossen!« lachte Marion, da saß sie auch schon selbst auf dem Hosenboden. Es war wirklich eine teuflische Strecke, wir sahen aus wie die Ferkel, als wir endlich unten waren. Der Pool war mit lachenden, erschöpften Wanderern gefüllt, das Wasser, köstlich kühl, sprudelte über uns hinweg. Wir reinigten unsere Klamotten, so gut es ging, und setzten die Fahrt in feuchten Kleidern fort. Am Außenspiegel des einen Autos baumelte Jochens kurze Hose im Wind, das andere Auto wurde von einem aus dem Fenster wehenden T-Shirt verziert. Die Rinder am Straßenrand, wohlgenährte, schöne Tiere, glotzten uns blöde hinterher.
Rechts und links der Straße große Kokosnußplantagen, Palmen in Reih und Glied. Kopra ist das Hauptexportprodukt in Vanuatu, noch vor Rindfleisch, Fisch und Kakao. Wir hielten an einem Strand im Westen Efates, sammelten Muscheln, die schön gezeichneten »Stacheln« des Keulenseeigels, farbige Scherben eines Langustenpanzers. Eine Horde Kinder kam uns entgegen, nanu, ein Weißer dazwischen? Es war ein Albino, die empfindliche Haut an vielen Stellen gerötet und voller kleiner Wunden, aber von den schwarzen Kindern völlig akzeptiert. Unser Videofilmer machte sich hier viele Freunde: Er filmte die Kinder erst und ließ sie dann den Film im Sucher der Kamera ansehen, sie drängelten, schubsten und johlten, wenn sie einen Blick auf das frische Kunstwerk werfen konnten.
Allerdings benahm sich die erwachsene »Tarzan«-Crew auch nicht anders, als der Filmer einige Tage später das bisher abgedrehte Material im Sucher der Kamera vorführte – wenn einer in das Gerät blickte und auch nur zu kichern anfing, bettelte es mehrstimmig um ihn herum: »Ich auch, ich auch! Laß mich mal . . .«
Und weiter ging es auf der Küstenstraße, vorbei an kleinen Ständen, die Muscheln zum Kauf feilboten, an sauberen Dörfern und der stillgelegten Mine bei Forari. Als die kurze Dämmerung einsetzte, kamen die Fliegenden Hunde aus ihren Verstecken. Aus der Ferne sahen sie aus wie zu plump geratene Vögel, aus der Nähe erinnerten sie an

Vampirfilme. Einen wirksamen Schutz scheint es nicht zu geben, wir sahen die Säuger in Mengen über den Plantagen kreisen.
Als wir wieder in Vila ankamen, war es schon finster, die Lichter der Stadt spiegelten sich in der Bucht.
Im Hotel Rossi herrschte lebhafter Betrieb, eine Menschenmenge drängelte sich auf der großen Rasenfläche am Wasser und blickte seewärts. Die erste Jacht des »Berkeley Australia Vanuatu Yacht Race« wurde erwartet! Ein historischer Augenblick, denn es handelte sich um die erste Regatta des unabhängigen Vanuatu, darauf hatte der Präsident der Republik in seinem Grußwort an die Teilnehmer extra hingewiesen. Die rotgrünen Positionslampen waren schon zu erkennen, der überhohe Mast glitzerte über dem dunklen Wasser und der Jubel wollte schier kein Ende nehmen: Die Jacht, die am schnellsten durch die Coral Sea segelte, war die »Spirit of Vanuatu«, die Besatzung gehörte dem Port Vila Yacht Club an, der nur 30 aktive Mitglieder zählte! Der Holzsteg, der uns am Vorabend fast zum Verhängnis geworden wäre, war nun hell erleuchtet, die Zoll- und Immigrationsbeamten kamen binnen 5 Minuten an Bord der »Spirit of Vanuatu«. Für einen Regattasieger wird eben auch Sonntagabend gearbeitet ...
Die Musik der Siegesfeier wehte noch lange zur »Tarzan« herüber, Gelächter und fröhliches Rufen mischte sich in die Melodien. Uns hatte keiner einen solchen Bahnhof bereitet, dabei waren wir doch auch nicht langsam – wir sangen dafür selbst noch ein bißchen.
Am Montag konnten wir dann endlich die Behördenformalitäten erledigen, und es blieb noch Zeit für einen Stadtbummel. Wir erkundeten zunächst das kleine Museum, das wirklich gut über Kultur, Kunsthandwerk und Tierwelt informiert. Endlich ein Fliegender Hund ganz dicht! Das Maul weit aufgerissen, die spitzen Zähne bedrohlich entblößt, die Schwingen ausgebreitet, ich war fast sicher, daß die Zoologie sich täuscht und der »Hund« doch kein Pflanzenfresser ist. Die Glasscheibe, hinter der das possierliche Tierchen hockte, war sehr beruhigend. Übrigens war es ausgestopft, aber Vampire haben bestimmt mehrere Leben, wer weiß, wie es mit ihren Verwandten aussieht ...
Riesige, spiralförmige Schweinezähne, das Statussymbol im alten Vanuatu, waren zu bewundern wie auch Holzmasken und Kriegsgerät. Bilder und Texte erzählten von alten Gebräuchen und den berühmten Nambas von der Insel Malekula. Eine Vitrine war voller Muscheln, dabei auch die Arten, die wir gefunden haben. Unter dem Fliegenden Hund ringelten sich ein paar Schlangen, brr!

Gegenüber vom Museum fand sich der Kunsthandwerkladen. Mit unseren frisch im Museum erworbenen Kenntnissen standen wir nun vor Schnitzereien, Muschelschmuck, Flechtkunst und riesigen Masken, muschelbesetzten Masken, kleinen Masken, Holzflöten, Pfeil und Bogen und hatten die Qual der Wahl. Abgesehen von der Portemonnaiebelastung war es auch eine Frage des Gepäcks. Die »Tarzan« verfügte über großzügigen Stauraum, aber wir mußten, wenn auch widerstrebend, an den Rückflug denken. T-Shirts mit Palmen, Vanuatu-Schriftzug und Kannibalen wurden allerorten feilgeboten, leider waren die meisten »made in Hongkong«. Im Nautilus Dive Shop fand sich dann trotz allem noch das Passende, natürlich mit einem Hai drauf. Wir waren ihnen beim Tauchen immer so heroisch begegnet, das mußte einfach irgendwie dokumentiert werden.
Mittags Aufbruch nach Havannah Harbour, ein Naturhafen zwischen Efaté und Moso Island. Vila lag noch im Sonnenschein hinter uns, als

Weiter geht's

man voraus schon wieder Nieselwetter sehen konnte. Aber das mäßige Wetter konnte uns nicht stören, als erst Havannah Harbour vor uns lag, das Wasser glatt wie auf einem Binnensee, vor uns zogen gemächlich Delphine ihre Bahnen.
Wir ankerten vor einem verlockenden Sandstrand von Moso. Noch ein schnelles Bad vor der Dunkelheit, dann ging es ans Essenmachen. Gemüseeintopf! Beim »Schnippeln« half diesmal ausnahmsweise niemand, alle saßen gemütlich im Cockpit bei Bier und Saft, diskutierten den Törn und die Werbung für den Törn, während ich in der überhitzten Kombüse auffordernd mit allen zur Verfügung stehenden Gerätschaften klapperte. Dieser Wink mit dem Zaunpfahl wirkte überhaupt nicht, denn bekanntlich gibt es auf Jachten keine Zaunpfähle. So wütete ich still und ungerecht vor mich hin, denn es war gar nicht soviel Arbeit, und das Ergebnis wurde sehr gelobt. Aber Backschaft hat mich noch nach drei Monaten furchtbar gereizt gemacht, weil ich es nicht gewohnt war, für acht Leute zu kochen und jedesmal gräßliche Ängste auszustehen hatte, ob die Kreationen überhaupt genießbar waren. Sie waren es übrigens nicht immer.
Auch in Havannah Harbour gab's wieder Haie beim Tauchen zu sehen. Die Wasserschildkröten, die trotz ihres Riesenformats sehr flink sind, waren als Unterwassergesellschaft angenehmer. Im flachen Wasser entdeckten wir ein altes Fischernetz, das sich um ein paar Korallenäste geschlungen hatte. Sehr malerisch mit Algen bewachsen bewegte es sich sanft im Wasser und diente nun den Fischen, die es einmal bedroht hatte, als Schutz; zum Beispiel gegen neugierige Schnorchler, die respektlos auf den Strand zuplanschten. Diesen Strand teilten wir nur mit einigen großen Krebsen, die aber schleunigst in ihre Sandlöcher verschwanden, sobald wir uns näherten.
Den Abend verbrachte ich mit mühsamen Versuchen, zu begreifen, warum der Mond hier »falsch rum« zu- und abnimmt. Daß die Sonne im Norden stand, daß andere Sternbilder zu sehen waren als auf der Nordhalbkugel, war durchaus einleuchtend, aber der paradoxe Mond war irgendwie zuviel für mein schwaches Hirn. Die astronomischen Ausführungen eines Crewmitgliedes klangen zwar überzeugend und sehr wissenschaftlich; ich wollte lieber glauben, daß Mademoiselle Luna zu Ehren der Palmen ihr Kleid verkehrt herum angezogen hatte. Die Herren Bäume winkten ihr doch im Abendwind alle so freundlich zu.
Südlich von Moso Island liegt Lelepa Island – an der Westseite sollte Tauchen »A1« sein, hatte man uns auf der Tauchbasis versichert. Wir

ankerten kurz vor Tamas Point; ohne den Schutz der Küste schwankte die »Tarzan« auch vor Anker noch munter hin und her. In der steilen Felsküste sollten schöne Unterwasserhöhlen sein, und ich verfluchte meine Erkältung, die mir das Tauchen verbot. Die Taucher trennten sich, ein Teil ging in die Höhlen, die anderen schnorchelten zum Tamas Point und tauchten dort nach dem Motto »Mal sehen, was da los ist«.

Und sie hatten Glück: Eine ganze Haifamilie schwamm ihnen vor die Kamera, dazu noch Rochen und Makrelen, der Fischaufmarsch war so perfekt, als hätt' hinter den Felsen ein Regieassistent gesessen und das Wasserballett dirigiert. In den Gesichtern der Taucher spiegelte sich Euphorie, als sie zur Jacht zurückkamen.

Mit der einsetzenden Nacht verließen wir das fabelhafte Plätzchen, das zum Ankern leider nicht so geeignet war wie zum Tauchen. Das nächste Reiseziel war Malekula, die Heimat der Großen und Kleinen Nambas. Beide Stämme leben im Landesinneren und wurden deshalb von Missionaren und Kolonialherren, die das unzugängliche Gebiet scheuten, gemieden.

Von den großen Nambas leben nur noch wenige in den ursprünglichen Stammesgebieten im Nordwesten Malekulas. Hier ist der letzte Kannibalismusfall noch kein Menschenalter her, trotzdem braucht sich niemand zu fürchten, solange er eine wohlgefüllte Börse dabei hat, zum Beispiel ist das Fotografieren nicht kostenlos.
Von den Kleinen Nambas im Süden der Insel wird berichtet, daß es in den letzten Jahren mehrere Zusammenstöße mit Touristen gab, die sich nicht an die Gebräuche und Sitten des Stammes hielten oder sich ohne ihre Erlaubnis im Stammesgebiet aufhielten. Ihr Gebiet ist nur mit einem teuren Führer zu erreichen. Sollte hier einem Fremden etwas zustoßen, kann er nicht auf staatliche Unterstützung hoffen. Wir verzichteten auf diesen teuren und mühsamen Ausflug und blieben an der Ostküste Malekulas, vor Rano Island.
Unser Ankerplatz war wieder vor einem Puderzuckerstrand, und nach dem »Anleger« – Segel aufklaren, Dingis ins Wasser, Begrüßungsschluck für den neuen Platz – unterzogen wir die Umgebung einer näheren Untersuchung, im Wasser und an Land.
Unterwegs hatten wir mit der Schleppangel einen Bonito gefangen, der abends auf den improvisierten Grill am Strand kam. Die Männer des Dorfes saßen bei uns und warnten, wir sollten mit dem Schwimmen ein bißchen vorsichtig sein. In der vergangenen Woche war ein Australier beim Baden vom Hai zerrissen worden. Das waren ja nette Nachrichten, zumal wir nachmittags mindestens eine halbe Stunde geschnorchelt hatten, um die Tauchgründe zu erkunden. Offensichtlich war der Hai von seinem Festmahl noch gesättigt. »Vielleicht fressen die ja auch nur Australier, sind eben verwöhnt«, zischelte jemand ziemlich pietätlos.
Noch bevor der Fisch gar war, bot man uns »Laplap« an, ein traditionelles Gericht in Vanuatu. Es ist eine Art Pudding, der aus Bananen und Fleisch oder Fisch gemacht wird, für Europäer ist der Geschmack zunächst etwas eigenwillig. Wir revanchierten uns mit Kartoffeln in Kräuterbutter (»German Laplap«), und dieser Austausch der Eßkultur lockerte die Stimmung erheblich.
Wir hatten schon am Nachmittag einen regen Schiffsverkehr zwischen Malekula und Rano beobachtet. Kanus und kleine Segelschiffe legten an der Ostküste der großen Insel an, auf der man einen ausgedehnten Gebäudekomplex weiß in der Sonne glänzen sah. Wir tippten auf eine Missionsstation und wollten morgens mit dem Dingi dorthin übersetzen.
Der Aufbruch war etwas hektisch, wie immer, wenn erst keiner fertig

war und dann jeder den anderen hetzte. Zwischen Rano und Malekula war doch ein gutes Stück ungeschütztes Wasser, es stand Strömung, und kleine, aber aggressive Wellen spritzten in unser Schlauchboot. Bei unserer überstürzten Abfahrt hatten wir nicht nur das Schöpfgefäß, sondern auch den Kerzenschlüssel und den Benzinkanister vergessen. Wir waren sehr schnell pitschnaß, das war nicht schlimm. Leider zeigte aber das Dingi die Tendenz, allmählich vollzuschlagen, das war ohne Schöpfeimer ziemlich schlimm. Der Motor bekam von den vielen Wellen einen Schluckauf, der so bedrohlich war, daß wir sein endgültiges Verstummen jede Sekunde erwarteten. Marion und ich entdeckten unglücklicherweise beide gleichzeitig das Komische an dieser Situation, im Schlauchboot in Seenot . . . die großen Pazifikbezwinger! Unser unterdrücktes und höchst albernes Gekicher brachte Jochen zu dem merkwürdigen Schluß, daß wir an der Misere schuld sein müßten: »So was ärgert mich! Und zum Lachen gibt es überhaupt keinen Grund!« Da hatte er nun wieder recht, es war wirklich Glück, daß wir heil ankamen.
Der imposante Landungssteg, den wir von Rano aus erspäht hatten,

Kakaofrüchte

Die Kakao-»Fabrik«

erwies sich als zerfallen und völlig untauglich, also lautete das Kommando: Mit Vollgas direkt auf die Küste zu, bremsen, rausspringen! Das klappte auch tatsächlich, trockener wurden wir allerdings bei diesem Manöver nicht.

Wir sahen uns erst mal die Gebäude am Wasser an, es waren Lehrwerkstätten, hier »Trainingscenter« genannt. Wir besichtigten die Tischlerei und das kleine Möbellager dahinter. Die Holzarbeiten waren alle sehr solide ausgeführt und sahen recht europäisch aus. In der Autowerkstatt wurde an einem alten Renault gebastelt. Die jungen Männer, die hier ausgebildet wurden, waren alle schüchtern und zurückhaltend uns gegenüber, ließen sich aber gerne fotografieren. Wir versprachen, die Fotos später an die Werkstatt zu schicken. Dann ging es bergauf zur eigentlichen Missionsstation. Die Kinder, die hier unterrichtet werden, waren überhaupt nicht schüchtern und hatten uns schnell umringt. Die katholische Kirche war das größte Gebäude der Mission, in ihr fanden bestimmt mehrere hundert Gläubige Platz.

Vor der Mission auf dem säuberlich gemähten Rasen sah – inmitten eines üppigen Blumenbeets – eine Marienstatue über die »Tarzan« und Rano hinweg auf den Pazifik.

Wir folgten der Straße bis zum nächsten Dorf. Die Rinder standen am Straßenrand, ohne Zaun oder Leine, Hunde tollten durch das Gras. Frauen saßen vor den Häusern. Sie flochten Matten aus Palmblättern, mit denen die Dächer gedeckt wurden, und boten spontan Früchte an. Plötzlich ein eigentümlicher Geruch aus einem der Gärten, aus dem Qualm über die Straße zog. Eine Art Unterstand, der mit einem Primitivofen aus einem alten Faß beheizt wurde, gab uns zunächst Rätsel auf. Über dem Ofen war ein riesiges Blech befestigt, und darauf schmorten Kakaobohnen. Mittendrin saß ein Mann, der die kostbaren Früchte beständig drehte und bewegte, ein mühsames Geschäft. Beheizt wurde die Rösterei mit Kokosnußschalen.

Der Rückweg zur »Tarzan« war genauso eine Zitterpartie wie der Hinweg, obwohl wir diesmal zwei Touren machten, damit das Dingi nicht wieder so tief lag. Die »Tarzan« hatte inzwischen Besuch von Rano bekommen, ein Kanu lag zwischen unseren Dingis. Vor allem die Kin-

Traditioneller Baustil

Kopra-»Ofen« auf Rano

der waren hartnäckige Gäste, sie kamen zwar nicht unter Deck, aber beobachteten alles genauestens durch die Luken. Das war mitunter, wenn es sich zum Beispiel um das Badezimmer handelte, etwas lästig. Aber wir trieben uns ja auch auf ihrer Insel herum. Unsere Gäste zeigten uns eine Baumart, deren Blätter sie benutzten, um kleine Fische zu vergiften, die sie dann als Köderfische verwenden. Vermutlich waren sie deshalb mit der Angel erfolgreicher als wir.
Dann führten sie uns über die Insel, am Dorf vorbei in den Wald. Eine Viertelstunde lief der Weg durch sattes Grün, nur hier und da von einer kräftig gefärbten Blüte unterbrochen. Er erreichte eine kleine Lichtung, auf der ein Kopra-»Ofen« vor sich hin qualmte. Das Kokosfleisch wird getrocknet, später kann man dann das Öl herauspressen. Wir durften probieren, es schmeckte mehr geräuchert als getrocknet, aber nicht schlecht. Wir waren unhöflich genug, zu fragen, ob sie nicht eine frische Kokosnuß für uns hätten. Unsere beiden Führer lachten und bedeuteten uns, zu warten, bis wir an ihrer Plantage vor-

beikämen. Der Weg brachte uns an die Seeseite der Insel, wir trödelten am Stand entlang, und plötzlich verschwanden die beiden im Gebüsch: »Wait here!«

Wir machten es uns auf einem Baumstamm bequem, und nach einer Viertelstunde tauchten beide wieder auf, ein langes Bambusrohr über den Schultern, von dem zwanzig grüne Kokosnüsse herabbaumelten. Der eine legte sich einen spitzen, starken Ast zurecht, mit der Spitze nach oben. Er schlug eine Kokosnuß darauf, so daß sich die Astspitze zwischen die faserige grüne Schale und die harte Innenschale bohrte. Das sah ganz einfach aus, aber als wir es später selbst probierten, stellte sich heraus, daß dafür doch einige Geschicklichkeit oder wenigstens ein bißchen Training vonnöten ist. Nachdem wir die Erfrischung genossen hatten, gingen wir zurück zum Dorf.

Die meisten Häuser waren in der traditionellen Flechtbauweise entstanden. Es war alles sehr gepflegt, der englische Einfluß deutlich zu erkennen: Zwischen den Häusern erstreckten sich Rasenflächen, mit der Maschine perfekt geschnitten wie auf einem britischen Tennisplatz.

Der eine »Ni-Vanuatu« – so nennen sich die Eingeborenen zur Unterscheidung von Staatsbürgern anderer Herkunft – war ein studierter Lehrer, er hatte uns auch bei unserem Streifzug über die Insel begleitet. Er erzählte uns, daß genau an der Bucht, vor der die »Tarzan« lag, ein Hotel entstehen sollte. Die Insulaner waren sich nicht einig über das Projekt. Einerseits brächte das Geld in das Dorf, aber andererseits . . .

Die Idylle einer offenbar gut funktionierenden Dorfgemeinschaft (soweit wir das bei unserem kurzen Besuch überhaupt beurteilen konnten) wäre unwiderruflich dahin. Das Projekt stimmte uns nachdenklich, denn wenn wir ehrlich mit uns selbst waren, gestanden wir uns ein, daß wir auf unserer Reise ein bißchen die »heile Welt« der Vergangenheit suchten, so Nostalgie mit einer Prise Exotik. Andererseits sahen wir ein, daß der Lebensstandard, den der technische Fortschritt ermöglichte, hier nicht nur verlockend, sondern überaus erstrebenswert erschien. Daß der Neubau eines Touristenhotels ihr Leben nicht nur positiv verändern würde, wußten sie. Sie waren da nicht minder kritisch, als man es bei uns inzwischen gegenüber Großvorhaben solcher Art geworden ist. Aber die Entscheidung war für sie von ungleich existentiellerer Bedeutung, als sie es in einem Industrieland gewesen wäre. Sie waren nicht zu beneiden.

Abends tollten wir an dem Strand herum, an dem dieses Hotel viel-

Kinder aus der Missionsschule

leicht eines Tages stehen würde. Bis zu einer Tiefe von anderthalb Metern hatte das Wasser hier Sandgrund, ohne Korallen und Steine. Das genossen wir ausgiebig, obwohl der Lehrer uns noch einmal bat, wegen des Haies vorsichtig zu sein. Wir versprachen, nicht weiter hinauszuschwimmen. Drei Meter vom Strand entfernt konnte ja wohl nichts passieren.
Aber Pechvogeln passiert immer und überall etwas. Ich hatte mich einen Schritt zu weit vorgewagt und spürte plötzlich statt weichem Sand ein heftiges Pieksen unter meinem Fuß. Bei näherem Betrachten ließen sich etwa 15–20 haarfeine Seeigelstacheln in Ferse und Sohle erkennen. Marion kommandierte mich auf die »Tarzan« zurück und zückte ihr Operationsbesteck, bestehend aus Nähnadel, Pinzette und Kerze. Es herrschte zwar Einigkeit darüber, daß diese Seeigelart nicht giftig sei, aber mir wurde mit einem vereiterten Klumpfuß gigantischen Ausmaßes gedroht, wenn ich mich der Nähnadel nicht willig ausliefern wollte.

Was nun kam, war eine Tortur für alle Beteiligten. Ich lag in der Messe, das Bein hochgereckt, in einer Hand ein Schnapsglas, in der anderen eine Zigarette. Diese Anästhesie hatte ich mir kurzentschlossen selbst verordnet. Bobby hielt meinen Fuß fest – obwohl der mit den Stacheln des Seeungeheuers sowieso nicht mehr zum Davonlaufen taugte – und testete zwischendurch als guter OP-Assistent das Betäubungsmittel. Marion bohrte mit Nähnadel und Pinzette in meinem Fuß herum und litt unter solidarischem Phantomschmerz. Als die Stacheln brachen, statt herauszukommen, tropfte sie heißes Wachs in die Wunden, ein angeblich todsicheres Mittel. Nach einer halben Stunde gab sie auf – Operation mißlungen, Patientin besoffen.
Der Entschluß, nach Santo, der zweitgrößten Stadt Vanuatus, zu fahren, stieß auf keinen großen Widerstand. Wir wollten sowieso hin, dank des possierlichen Seeigels geschah das nun einen Tag früher. Es handelte sich um eine Tagesreise, die ich sehr angenehm mit einem Buch in der Messe verbrachte, denn auftreten konnte ich nicht. Sobald mich jemand zweifelnd betrachtete, hinkte ich mit wehleidiger Miene ein paar Meter durch den Gang. Das verfehlte nur einmal seine Wirkung: Am Echolot kann man auch auf einem Bein stehen, fand der Skipper.
Ein Stoßtrupp wurde vorgeschickt, die Lage zu erkunden, und kam für meinen Geschmack viel zu schnell zurück, mit der Nachricht, es gäbe ein Hospital, dessen Ambulanz immer geöffnet sei. Ich wurde in ein Taxi verfrachtet und sprach auf der Fahrt ins Krankenhaus kein Wort mit meinen Begleitern. Die Aussicht, dieselbe Prozedur noch mal über mich ergehen zu lassen, wenn auch mit Skalpell statt Nähnadel, ließ mir das Herz rapide in die Hose rutschen.
Das Krankenhaus bestand aus mehreren einfachen, eingeschossigen Bauten. Die Außentüren führten alle direkt in Krankenzimmer, wir irrten über das Gelände und fanden die Ambulanz nicht. Ein junger Ni-Vanuatu in Jeans und T-Shirt schlenderte auf uns zu und fragte, ob er uns behilflich sein könne. Aha, ein Hiwi, dachten wir, entweder Krankenpfleger oder Putzmann. Als er mich dann untersuchte, waren wir doch etwas beschämt. Nur, weil er keinen weißen Kittel trug, wie wir das von unseren Halbgöttern gewohnt waren ...
Er hielt es für sinnlos, die Stacheln herauszuoperieren, weil er damit den Fuß nur schlimmer aussehen lassen würde. Mein Erleichterungsseufzer kam zu früh, denn den einen sehr tiefen Stachel in der Ferse wollte er trotzdem herausholen. Danach müßte ich eigentlich wieder laufen können, meinte er. Also ab in den OP. Da gerade keine Schwe-

ster zur Hand war, durfte Marion assistieren und mir das Händchen halten. Diesmal war die Betäubung nicht schmack-, sondern schmerzhaft, weil die Vene Verstecken mit dem Arzt spielte. Schließlich hatte er sie, jagte eine Injektion in meinen geplagten Fuß und befahl mir, ihm Bescheid zu geben, sobald ich mich »dizzy« fühlte. Zwischendurch machte er ein bißchen Smalltalk. Wo's denn passiert wäre? Ach, Rano, na, da hätte ich ja Glück gehabt, daß es nur ein Seeigel und nicht der Hai gewesen wäre. Ich starrte auf das Spinnennetz an der Decke, um nicht zu sehen, wie er das Skalpell zückte, und fand das mit dem Glück irgendwie übertrieben.

Er mußte ziemlich tief schneiden, und das spürte ich trotz Betäubung deutlich. Marion, die ihm mit Desinfektionsmittel zur Seite stand, fand ihn so charmant, daß sie vermutlich meinen anderen Fuß auch noch skrupellos dem Seeigel geopfert hätte, um das Hospital ein zweites Mal zu besuchen. Gott sei Dank hatte sie keines der Stacheltiere zur Hand. Ich verließ das Krankenhaus mit einem imposanten weißen Verband und einem noch weißeren Gesicht. Obwohl ich mich überhaupt nicht heldenhaft benommen hatte, fühlte ich mich wie Herkules und berichtete den anderen haarklein die Details der Opera-

tion. Leider platzte mir das Abendessen in die wundersamen Geschichten, und das allgemeine Interesse wendete sich bedauerlicherweise vom Seeigel weg und dem Thunfisch, den wir unterwegs gefangen hatten, zu. Die Filets, nur mit Salz, Pfeffer und Knoblauch gebraten, waren allerdings eine Delikatesse. Außerdem war der Fisch so groß, daß wir uns alle satt essen konnten und trotzdem noch fünf stattliche Filetscheiben übrig blieben.

In der Bucht von Santo liegt das Wrack der »President Coolidge«, ein amerikanischer Luxusliner, der im Zweiten Weltkrieg als Versorgungsschiff diente. 1942 ist die »President Coolidge« gesunken, als sie ohne Lotsen in den Hafen von Luganville, dem heutigen Santo, einlaufen wollte. Ein amerikanisches Minenfeld war der Tod des stolzen Schiffes. Der Bug liegt auf 22 Meter Tiefe, das Heck ruht 75 Meter unter dem Meeresspiegel. Es gibt arrangierte Tauchtouren zur »President Coolidge«, aber wir wollten unser Glück allein versuchen. Das Wrack liegt relativ nah an der Küste, mit Hilfe von Landmarken war seine ungefähre Position zu erschließen. Nur die erfahrenen Taucher ließen sich zunächst auf dieses Abenteuer ein, die »Tarzan« drehte bei, das Dingi wurde mit Geräten und vier Tauchern vollgeladen. Wir ließen die »Tarzan« eine Viertelstunde beigedreht treiben, kreuzten dann die Strecke mühsam wieder auf, nach einer knappen Stunde trafen sich Jacht und Beiboot wieder. Die Taucher waren begeistert, hatten ein korallenüberzogenes Seitengewehr und ein Schnapsfläschen als Andenken gehoben, und schnell wurde beschlossen, den Ausflug zu wiederholen.

Diesmal wollte ich auch mit. Ich mußte ziemlich lange betteln, jedenfalls bei Marion, die als Tauchlehrerin die Verantwortung hatte. Vorher hatten mir drei von den Männern, alle einzeln, angeboten, mich heil hinunter und wieder herauf zu bringen. Einerseits war ich gerührt über die kameradschaftlichen Angebote, andererseits machten sie mir klar, daß ich als Tauchanfänger bei so einem Abenteuer doch eine ziemliche Belastung war. Ich verbrachte eine unruhige Nacht, mit Horrorträumen von Wracks, Haien und Seeungeheuern, und schaffte es nicht, beim Frühstück etwas zu mir zu nehmen.

Wir waren zu sechst und fuhren diesmal mit der »Tarzan« möglichst direkt am Abtauchpunkt vorbei, drei Taucher sprangen von Bord. Wir anderen drei nahmen das Dingi und verankerten es an einer flachen Stelle. Jetzt war ich so aufgeregt, daß ich allein nicht mal die Preßluftflasche anlegen konnte. Nach endloser Fummelei mit fliegenden Händen ließ ich mich rückwärts ins Wasser fallen. Die Stelle, wo es hinunterging, war über Wasser mit einer Stange markiert. Dort sammelten wir uns zum »Abstieg«. Ich hatte zum erstenmal statt der Stahlflasche eine weitaus leichtere Aluflasche und zappelte an der Oberfläche wie ein angeschossener Fisch, ohne auch nur einen Meter nach unten zu kommen. Marion nahm mich kurzentschlossen an die Hand und zog mich mit. Ein wunderbarer Anfang.

Zunächst ging es rund acht Meter frei hinunter bis zu einem behäbigen Korallenklotz, und an dieser Stelle konnte ich das Unbehagen verstehen, das die Taucher bei der ersten Expedition verspürt hatten: An der Koralle war eine Trosse befestigt, sie führte schräg nach unten ins ungewisse Blaue, ihr Ende entzog sich den bangen Blicken. Ich zog mich am Seil nach unten, immer dem Vordermann hinterher – solange der noch zu sehen war, konnte es nicht gefährlich sein. Dann ließ er los und gab den Blick auf eine Plattform frei. Die »President Coolidge« lag vor uns auf der Seite, auf der scharfen Kante ihres Bugs saß schon der erste Taucher und ließ die Beine baumeln. Die anderen schwebten um ein riesiges Loch im Stahl, die Ankerklüse, jetzt nicht mehr kreisrund, sondern mit Korallenbewuchs ausgeschlagen. Zwischen den Korallen standen zwei Juwelbarsche, von Bobbys Kamerascheinwerfer ins rechte Licht gerückt.

Marion und ich tauchten ein Stück am Wrack entlang, große Fledermausfische begleiteten uns. Sie waren überhaupt nicht scheu, als Marion einem die Hand hinstreckte, kam er sofort noch näher – offenbar kannten sie Taucher nur als plumpe, aber harmlose Wesen, die immer einen Leckerbissen mit sich führten. Marion drohte dem Vorwitzigen mit dem Finger, da drehte er beleidigt ab.

Sie leuchtete mit der Tauchlampe in eine Decksöffnung, aber Schätze boten sich unserem neugierigen Blick nicht dar. Der Raum war klein, das Schott schon weggerottet, zu sehen war nichts. Also zurück zur Kommandobrücke – oder dem, was davon noch übrig war.

Dort, wo einst bestimmt strahlend weiße Aufbauten sich majestätisch über den Rumpf erhoben hatten, wo der Kapitän mit dem Fernglas sinnend den Horizont absuchte und »Drei Strich Backbord!« murmelte, war nur noch ein trauriges Gitter aus massiven Metallträgern, die Öffnungen groß genug, um einen Taucher durchzulassen. Ich blieb einen Augenblick hängen – äußerlich mit dem Flaschenventil, weil ich nicht richtig gezielt hatte, und innerlich, weil wir nun das Allerheiligste eines Schiffes, nicht gerade ehrerbietig, durch die Wand »betraten«.

Wir waren sehr weit Steuerbord eingestiegen, so daß ein Großteil der

Brücke unter uns lag. Die Steuerbordwand der Aufbauten war weggefault bis auf die widerstandsfähigeren Metallstützen. Gedämpftes Licht umgab uns, aber dort, wo der Kapitän vermutlich gestanden hatte, als er die »President Coolidge« auf das Minenfeld setzte, gähnte uns ein unheimliches Dunkel an. Wir schoben uns lautlos durch die nächste Wand, von der ebenfalls lediglich ein Gitter übrig war. Vor uns lag jetzt der Steuerbordgang, die ehemalige Außenwand bestand nur noch aus Stützpfeilern, die über uns das Licht in gleichmäßige Abschnitte teilten.

Von dort oben hingen alle zehn Meter Fallreeps herab, mit bizarren Fächern bewachsen. Sie schaukelten sanft im Gegenlicht, nutzlos bis zur Absurdität. Da bewegte sich doch was? Der Schreck legte sich schnell, denn es war nicht der Geist des Kapitäns samt Moses, sondern Jochen mit Rambo. Beide schlängelten sich knapp über dem Boden, auf der Suche nach neuen Schätzen. Die Stimmung in diesem Schiffsleichnam hatte mich eingefangen, ich hatte die anderen völlig vergessen.

Marion zupfte mich am Arm und zeigte an die Seite. Da lagen große, unansehnliche graue Scherben. Ich sah sie fragend an: Na und? Mit der Flosse wedelte sie die Muttschicht weg, es glänzte und schimmerte bunt. Die Scherben eines fein gearbeiteten großen Mosaiks wurden sichtbar. Bevor das Schiff im Kriegsdienst verloren wurde, war es ja immerhin ein Luxusliner gewesen. Das Kunstwerk stammte vermutlich aus dem Erste-Klasse-Salon. Ansonsten war eine ganze Menge Schrott auf dem Boden des Ganges verteilt. Jochen griff sich einen Stahlhelm, stülpte ihn sich über den Kopf und richtete sich auf. Er legte die rechte Hand an den Helm, salutierte und schlug die Schwimmflossen zusammen. Wir mußten lachen und nahmen dabei unfreiwillig einen großen Schluck Pazifik.

Das martialische Kriegsgerät interessierte mich nicht, ich nahm einen Naßrasierer als Andenken mit, den Marion im Gang zwischen Eßbesteck, Flaschen, Geschirr und Stahlhelmen gefunden hatte. Jochen sah auf meinen Finimeter und bedeutete uns, schleunigst nach oben zu gehen, weil nicht mehr viel Druck auf meiner Flasche war. Ich hatte, nervös wie ich war, die ganze Zeit Luft gelutscht wie ein Alkoholiker Schnaps. Rambo und Jochen tauchten gleich nach uns auf, denn Rambo hatte es sich in den Kopf gesetzt, eine richtige Flinte mit nach oben zu bringen. Das korallenbesetzte Mordinstrument war sehr schwer, er mußte damit zunächst über den Boden tappen. Das offene Luk im Wrack hatte er übersehen, das Gewicht seines Souvenirs zog

ihn lukeinwärts nach unten. Er paddelte wieder hoch und mußte die Beute noch 25 Meter bis zur Oberfläche bringen.
Unterwegs wurde ihm die Luft knapp, er erwischte seinen Tauchpartner gerade noch an der Flosse und konnte ihm seine Notlage signalisieren. Das schwere Gerät einfach fallen zu lassen, diese Idee kam ihm nicht. Die Flinte mußte mit, und wurde auch sicher ans Tageslicht befördert. Das Dingi wurde beladen und lag mit sechs Tauchflaschen, Bleigurte, der Flinte und den Kameras und nicht zuletzt den sechs Helden mal wieder bedrohlich tief. Die »Tarzan« war aber bereits in der Nähe und nahm schnell Kurs auf das Beiboot, so daß kein unfreiwilliger zweiter Tauchgang stattfand.
Die Halbinsel Palekula, die die »President Coolidge« knapp vor ihrem Untergang noch passiert hatte, umrahmt eine Bucht, die einen »Nautical Club« beherbergen sollte. Genaues konnten wir uns darunter nicht vorstellen, aber die vage Hoffnung auf Duschen und eine Möglichkeit, Wäsche zu waschen, ließ uns nach der ersten Wrack-Expedition in Richtung »Nautical Club« segeln.
Schon kurz hinter der Spitze von Palekula sahen wir eine relativ große Kaianlage, an der zwei Taiwan-Dschunken lagen. Das war nun ganz bestimmt nicht der »Nautical Club«, aber wir entschieden uns sehr schnell, anzulegen. Es sah alles sehr professionell aus, und die Chance, Landstrom und ähnlichen Luxus zu ergattern, war groß. Die Anlagen gehörten der South Pacific Fishing Company, die einen großen Teil des Exports aus Vanuatu bestreitet. Die Company ist in japanischer Hand, die Fischer sind fast alle Taiwanesen.
Wir ließen den Buganker fallen und drehten das Heck zur Pier, auf der die Besatzung der beiden taiwanesischen Fischkutter schon wartete und unsere Leinen annahm. Die Fischer sprachen alle kein Englisch, aber die Verständigung klappte über Zeichensprache, kurze Zeit später war das Kabel ausgerollt, und wir hatten Strom satt. Ein Stückchen weiter lag noch ein Segelschiff, im ganzen ziemlich schrottig, aber dafür riesengroß und hochbordig. Am Bug schielte vom dunklen Rumpf ein aufgemaltes Auge zur »Tarzan« hinüber.
Wir hatten uns bei der Crew des Riesenkahns vorgestellt, sie boten uns sehr freundlich einen Platz in ihrem Mietwagen an, falls jemand von uns am nächsten Tag in die Stadt wollte. Das einzige Merkwürdige war, daß der Skipper des fremden Seglers sich sehr formell vorstellte: »I am Captain XY!« Besonders unseren Skipper hatte das irgendwie beeindruckt, ich sah, wie sich in seinem Kopf die Worte zur Sprechprobe formierten, »Ich bin Kapitän Schoenicke«, »Guten Tag,

Flöße und Taiwankutter – Anleger der Fischfabrik

Kapitän Jochen mein Name«, oder wäre »Willkommen, ich bin DER Kapitän« noch wirkungsvoller? Das kann aber auch Einbildung gewesen sein, er hatte häufiger einen sinnenden Blick, reagierte dann auf keinerlei Anrede und wußte geschickt zu verbergen, ob er nun über ein philosophisches Problem nachdachte oder überlegte, was es wohl zum Abendessen gab. Mir warf er dafür einen »schmachtenden Blick« vor, der immer dann in meine Augen trat, wenn ein männliches Wesen über zehn und unter siebzig Jahren sich auf weniger als zwanzig Meter näherte. Selbst auf einem großen Schiff wie der »Tarzan« fällt man sich gelegentlich mehr auf die Nerven, als es der allgemeinen Stimmung zuträglich ist.
Dieser Abend war einer der friedlichen, wir saßen gemütlich bei Spaghetti in Sahnesoße draußen, die Fischer, die hier im Hafen wohl eigentlich Freizeit hatten, standen am Heck ihres Kutters und warfen Angeln aus, jede mit mehreren Haken bestückt. Auf dem anderen Segler rief ein Gong die Crew zusammen – Abendessen, dachten wir,

aber sie hockten sich im Schneidersitz an Deck und lauschten hingebungsvoll: Denn einer von ihnen stand jeweils, wild gestikulierend, und schien irgend etwas zu erzählen.
Diese Prozedur zog sich bis weit in die Nacht hinein und gab auf der »Tarzan« Anlaß zu wilden Spekulationen, so: alle vom Guru gebissen, Theatertruppe auf Segeltournee, reiche Amerikaner auf einem Selbsterfahrungstörn. Wir erfuhren später von einer mitreisenden Münchnerin, die übrigens tatsächlich Schauspielerin war, daß sich der Kahn auf einer Forschungsexpedition befand, finanziert von einem amerikanischen Institut und dem jugoslawischen Fernsehen, das die Reise verfilmte. Sie hatten viel Pech gehabt, waren irgendwo bei Samoa auf ein Riff gelaufen, hatten sehr lange ohne Funkverbindung im Pazifik getrieben und hinkten bereits ein halbes Jahr hinter dem eigentlichen Zeitplan her. Ihr Kompressor war kaputt – wir füllten ihnen die Tauchflaschen –, und auch sonst war viel zu reparieren, sie ließen ihr Schiff bei der Fishing Company auf Slip nehmen. Das geheimnisvolle Ritual, das wir am Abend beobachtet hatten, war so eine Art Round Table. Einmal wöchentlich traf sich die Crew, und jeder durfte nach Herzenslust erzählen, was ihm gerade einfiel, ob es sich dabei um Analysen der Bordsituation oder irgendwelche Anekdoten handelte, war egal. Das klang ganz spannend, aber wir übernahmen diese Einrichtung leider nicht.
An Land fielen Jochen Arbeiter in dicken Jacken und Handschuhen auf, sie brachten ihn zu ihrem Arbeitsplatz, einem gigantischen Kühlhaus, in dem die Tunas nicht mehr nach Köpfen, sondern nach Stapeln zählten. Der Fisch wird tiefgefroren exportiert, aber die Fishing Company hatte außer Löschanlagen und Kühlhäusern noch einiges zu bieten. Da gab es ein Kino, chinesisch beschriftet, und am Strand informierte ein rotlackierter Torbogen die Neugierigen, daß sie sich hier auf dem Gebiet des Seemannsclubs bewegten. Im gepflegten Garten überraschte ein zartgeschwungener, kleiner Pavillon, der China vorgaukelte, strich man die Palmen aus dem Bild. Der eigentliche Club war eine kleine Baracke mit großzügig überdachter Terrasse, auf der Tische und Stühle ein verlassenes Dasein fristeten. Die Essensausgabe war geschlossen, keine Menschenseele weit und breit. Rote Lampions schaukelten im Seewind, an den Wänden kündeten Plakate vom einzig wahren China, Taiwan, gemalt wie bei uns die Wahlplakate der Weimarer Republik, hier ein wohlgerundeter, lächelnder Chinese, Taiwan, dort ein kleines verhungertes Männchen, eine Witzblattfigur, Rotchina. Ich war sicher, daß der Schrei »Mao!« das Lösungswort

an diesem verhexten Plätzchen sein müßte, die Gebäude würden auf der Stelle zu Staub zerfallen. Möglicherweise wäre aber auch ein feuerspeiender Drache herabgesaust, ich ließ es also. Daß Fischhallen und Anleger, vom Seemannsklub aus nicht zu sehen, tatsächlich noch vorhanden waren, erstaunte mich. Ich kam aus einem fremden Land, einem Zauberwald, der nur 500 Meter von der nüchternen Geschäftsmäßigkeit der Fischfabrik entfernt sein verwunschenes Leben verbarg. Wahrscheinlich wirkte der Zauber nur auf Chinesen, die richtigen, versteht sich, nicht die roten.
Nicht der Zauber war es, der uns für die nächste Nacht den Ankerplatz wechseln ließ, sondern die Dieselmaschinen der Fischkutter, die die ganze Nacht über gleichmäßigen Lärm verbreiteten. Nachdem die Einkäufe erledigt waren, nicht völlig zu unserer Zufriedenheit, denn für einen lumpigen Weißkohl mußte man über sechs Mark hinlegen, so daß wir unseren Frischgemüsevorrat auf das Notwendigste beschränkten, verließen wir Klein-Taiwan und ankerten ein Stückchen weiter in der Bucht. Rambo bekam tanzende Augen vor Vergnügen;

Pavillon im chinesischen Seemannsclub

von der »Tarzan« aus konnte man einen Sandstrand erblicken, der emsigen Muschelsammlern einiges Pläsier versprach.
Also kopfüber in das Wasser und hingeschwommen. Der Strand war nur ein schmaler Streifen, umgestürzte Bäume versperrten die »Promenade«, wir schlenderten, mal durch Wasser, mal durch Sand, in die Bucht hinein. Marion fand tatsächlich eine ganz frische Tigerkralle, die Farben intensiv, noch nicht vom Meerwasser gebleicht und ohne Kalkschicht. Wir entdeckten zart gezeichnete Sanddollar und schöne Schnecken, die aber meistens von den kleinen »Hausbesetzern«, den Einsiedlerkrebsen, okkupiert waren.
Marion, die den besten Sammlerblick hatte, erspähte die Überreste einer Metalltasse, in die »US-Army« eingeprägt war. Vor Palekula liegt der »Million-Dollar-Point«, daher mußte diese Antiquität stammen. Als die Amerikaner nach dem Zweiten Weltkrieg abzogen, hatten sie versucht, den Franzosen ihr Kriegsmaterial zu verkaufen. Die Franzosen lehnten den Handel ab, sie hofften, alles umsonst zu bekommen. Daraufhin kippten die Amerikaner einfach den ganzen Kram in das Meer. Wir wollten dort nicht tauchen, weil ein Haufen ziemlich verrotteter Cola-Dosen unsere Phantasie nicht gerade anregte, aber nach diesem Fund hatten wir doch wieder Lust dazu. Leider blieb keine Zeit mehr.
Es war unser letzter Abend in Vanuatu, und Jochen wollte ihn mit einer kleinen theoretischen Segellektion würzen, Ankermanöver unter Segeln und ähnlichen Feinheiten. Aber wie immer, wenn schon mal jemand da ist, der Fragen beantworten kann und will, ging es vom Hundertsten ins Tausendste. Wie leicht geht so ein Schiff unter? Diese Frage lag mir gerade auf der »Tarzan« nicht besonders am Herzen, dieses Schiff schien allen Widrigkeiten zu trotzen. Aber als Jochen begann, von herrenlosen Containern zu erzählen, die sich inzwischen zu Tausenden auf den Ozeanen tummeln, wurde mir doch etwas anders. Dagegen war man machtlos; wenn gar noch nachts so ein Ungetüm den Kurs kreuzt, hat man keine Chance, es rechtzeitig zu sehen und auszuweichen. Die Fragen »Feuer an Bord«, »Mastbruch« und ähnliche schöne Dinge folgten. Es ist wohl nur normal, daß sich eine Crew vor einer längeren Seestrecke mit möglichen Gefahren psychisch auseinandersetzt, schön ist es allerdings nicht. Wir rechneten mit etwa zehn Tagen Reise nach Papua-Neuguinea, da mußte man nicht unbedingt vorher brennende Container mit gebrochenen Masten am spiegelglatten Horizont entlang segeln lassen.

Auf Extra-Tour:

Pentecost: Pentecost ist eine langgestreckte Insel im Nordosten Malekulas mit knapp 10 000 Einwohnern. Sie ist berühmt für ein seltsames Ritual zur Zeit der Yam-Ernte (Ende April bis Anfang Juni). Das »Land-Tauchen« soll eine gute Ernte sichern. Die Männer erklimmen einen über 20 Meter hohen Turm, an dem oben Lianen befestigt sind. Die freien Enden der Lianen binden sie sich um die Knöchel und stürzen sich dann kopfüber vom Turm hinab. Kurz bevor sie den Boden erreichen, bremsen die Lianen ihren Fall und halten sie schließlich ein paar Zentimeter über der Erde. Die verschiedenen Mythen, die sich um die Entstehung dieses Rituals drehen, erzählen immer von einer Frau, die sich von einem Baum stürzte, um ihren Ehemann zu erpressen oder zu überlisten, und deren Todessprung durch den kleinen Trick mit den Lianen nur vorgetäuscht war. Heute ist es dagegen den Frauen verboten, am »Land-Tauchen« teilzunehmen. Das Ritual ist vollkommen touristisch erschlossen und findet nur einmal im Jahr statt. Von Vila aus bezahlt man für solche »Land-diving-arrangements« für einen oder zwei Tage einschließlich Flug und Transfer zwischen 25 000 und 28 000 Vatu.

Tanna: Tanna liegt im südlichen Distrikt, ist nur 561 Quadratkilometer groß, hat aber 16 000 Einwohner. Hier treffen Sie viele Touristen, die hauptsächlich wegen des tätigen Vulkans Yasur kommen. Der Yasur liegt an der östlichen Ecke der Insel über der Sulphur Bay. Er ist nur 180 Meter hoch und leicht zu besteigen. Der Blick in den Krater soll beeindruckend sein, außerdem hat man eine sehr schöne Aussicht auf die umliegenden Inseln. In der Sulphur Bay leben viele Anhänger des »John-Frum-Cargo-Cults«. Die Einwohner Tannas sind berühmt für ihre Feste und traditionellen Tänze. Auch die eigentlich polynesische Kava-Zeremonie hat ihre Anhänger, allerdings soll die Tanna-Variante des Getränks einen ziemlich hohen Alkoholgehalt haben.

Malekula: Malekula ist die größte Insel im Zentral-Distrikt. Im schwer zugänglichen Landesinnern leben die Großen und Kleinen Nambas, die bis vor kurzem ihre ursprünglichen Kulturen bewahren konnten. Namba heißt der Penisköcher, den die Männer beider Stämme tragen. Die Großen Nambas können Sie leichter besuchen, aber im ursprünglichen Stammesgebiet im Nordwesten Malekulas leben nur noch wenige Angehörige des Stammes. Eine Straße führt dicht am Amok-Plateau vorbei. Wollen Sie die Männer in ihrer traditionellen Kleidung fotografieren, müssen Sie zunächst bezahlen. Um in das Gebiet der Kleinen Nambas zu gelangen, brauchen Sie einen Führer, der nicht billig ist. Außerdem ist der Aufenthalt im Stammesgebiet der Kleinen Nambas nicht ungefährlich. Wer aus Ahnungslosigkeit ein Tabu verletzt, kann mit schwersten Konsequenzen rechnen. Die Kleinen Nambas sind nicht eben besucherfreundlich.

Efaté: Die Hauptinsel hat eine sehr schöne, von den Amerikanern angelegte Rundstraße. Die Inselrundfahrt lohnt sich sehr, an vielen Stellen hat man einen guten Blick auf die umliegenden kleinen Inseln. Nordwestlich von Vila liegt an der Rundstraße der Berg Klem mit seinen kleinen Wasserfällen und natürlichen Pools, in denen man herrlich baden kann. Wen die Unwegsamkeit des Geländes nicht abhält, sollte ruhig den Berg erklimmen. Der einzige Weg zu den höhergelegenen Wasserfällen ist allerdings nach verläßlichen Angaben der Fluß selbst. Wer ganz sicher gehen will, kann sich im benachbarten Dorf einen Führer nehmen.

Espíritu Santo: Espíritu Santo ist die größte Insel Vanuatus und das wirtschaftliche Zentrum mit Konservenfabriken und der South Pacific Fishing Company. Die Fischfabrik residiert am Ende der Halbinsel Palekula, dort war früher die amerikanische Marinebasis.
Im Landesinneren sollen noch heute viele Stämme fern der Zivilisation wie früher leben. Die Gebiete dieser Stämme sind aber nur unter großen Schwierigkeiten zu erreichen. Die einzige Straße, die es gibt, beginnt westlich von Santo und führt an der Küste entlang über Santo bis zum Nordosten der Insel. Die Dörfer an der West- und Nordküste sind nur mit dem Boot zu erreichen.

Papua-Neuguinea

Mit über 820 000 Quadratkilometern ist Neuguinea die zweitgrößte Insel der Welt. Der westliche Teil, Irian Jaya, gehörte früher zu Holland und heute zu Indonesien. Papua-Neuguinea umfaßt den östlichen Teil Neuguineas und unzählige Inseln: Die Admiralitätsinseln, Neu-Hannover, Neu-Irland und Neu-Britannien in der Bismarck-See im Norden und Nordosten, Bougainville in den nördlichen Salomonen, die Trobriands, den Louisiaden-Archipel und die d'Entrecasteaux-Inseln in der Provinz Milne-Bay im Osten. Papua-Neuguinea erstreckt sich vom zwölften südlichen Breitengrad bis fast zum Äquator, von 141° östlicher Länge bis 159°.
Die landschaftliche Vielfalt ist unglaublich. Sie reicht von flachen Palmeninseln in den Korallenriffen bis zu den riesigen Bergketten der Highlands mit ihren Viertausendern und weiten Tälern. Dichter Regenwald im Landesinneren kontrastiert mit den Mangrovensümpfen der Küste, eine Vulkankette zieht sich von der Nordküste über Neu-Britannien bis Bougainville.
Eine überwältigende Vogelwelt hat im dichten Dschungel ihre Heimat, über 650 Arten leben hier fast ohne natürliche Feinde. Der Paradiesvogel, das Nationalemblem und Flaggentier, war durch erbarmungslose Jagd lange vom Aussterben bedroht. Die Federn des Tieres, von dessen über 40 Arten 33 in Papua-Neuguinea vorkommen, ließen sich in Europa teuer verkaufen. Inzwischen ist die Jagd mit Gewehren verboten, nur mit herkömmlichen Waffen dürfen die Vögel noch erlegt werden.
Groß ist die Zahl der Insektenarten, viele überdimensionale und exotisch gefärbte Schmetterlinge erfreuen das Auge. Weniger erfreulich sind die malariaübertragenden Moskitos, die vor allem an der Küste und an den Flüssen zu fürchten sind. Zu den Reptilien, die in Neuguinea vertreten sind, zählen Echsen aller Größen, Seeschildkröten, Salzwasserkrokodile, Süßwasserkrokodile und 70 Schlangenarten, von denen die meisten leider giftig sind.
Das Klima ist tropisch, das bedeutet feucht und heiß. Regelrechte Regen- und Trockenzeiten gibt es nicht, im allgemeinen regnet es zur Zeit des Nordwestmonsuns (Dezember bis März) mehr als zur Zeit des Südostpassats (Mai bis Oktober). In einigen Gebieten der Ostkü-

ste bringt dagegen der Passat den Regen. Die Region um Port Moresby ist die trockenste Neuguineas mit 1195 mm Niederschlag pro Jahr, während beispielsweise an der Küste des Golfs von Papua über 5000 mm gemessen wurden.

Papua-Neuguinea galt wegen seiner Unzugänglichkeit lange als letzter weißer Fleck auf der Landkarte. In der Tat lebten die einzelnen Clans so abgeschlossen, daß sich 750 verschiedene Sprachen entwikkelten, in einem für diese Vielfalt doch relativ kleinen Gebiet. Auch die Entwicklung der Kultur und der Kunst verlief in den einzelnen Landesteilen völlig unterschiedlich.

Verschiedene europäische Nationen hatten in Neuguinea koloniale Interessen. Die Niederländer erhoben 1828 offiziell Anspruch auf den Westteil der Insel, das heutige Irian Jaya. Deutsche Farmer ließen sich zu Beginn der achtziger Jahre des vergangenen Jahrhunderts auf den Duke-of-York-Inseln im Bismarck-Archipel nieder. Die Australier fürchteten ein deutsches »Protektorat« in Neuguinea vor allen Dingen aus Gründen ihrer eigenen Sicherheit, der damalige Premier von Queensland schickte einen seiner Beamten 1883 nach Port Moresby, um die britische Flagge zu hissen und Südostneuguinea im Namen der Queen Victoria zu annektieren. Man hoffte, daß die britische Regierung, vor vollendete Tatsachen gestellt, den Annexionsakt nachträglich gutheißen würde. Auf Drängen Australiens informierte England schließlich im September 1884 die Regierung des Deutschen Reiches, daß demnächst mit einem britischen Protektorat in Neuguinea zu rechnen sei. Flugs hißten die Deutschen, von einigen Kriegsschiffen unterstützt, am 3. November 1884 die deutsche Flagge an der Nordküste und im Bismarck-Archipel. Damit war das Gebiet deutsches Protektorat, verwaltet wurde es zunächst von der Neu-Guinea-Gesellschaft. Am 6. November erklärten die Briten den Südostteil und die östlichen Inseln zum britischen Protektorat. Später übernahm die deutsche Regierung die Verwaltung des deutschen Protektoratgebiets und löste die erfolglose Neu-Guinea-Kompagnie ab. 1899 erweiterten die Deutschen ihr Verwaltungsgebiet auf die Marianen, Karolinen und Marshall-Inseln. Im ersten Weltkrieg wurden die Deutschen in Neuguinea von den Australiern angegriffen und ergaben sich nach dreitägigem Kampf am 14. September 1914. Die nächsten Jahre blieb das ehemalige deutsche Protektorat unter australischer Militärverwaltung. Britisch-Neuguinea ging schon 1906 als »Papua-Territorium« in australische Verwaltung über.

1942 landeten die Japaner in Rabaul, sie überwältigten zunächst die

kleine australische Garnison und machten Rabaul zur Militärbasis. Sie landeten in Neuguinea und versuchten, über das Hinterland von Kokoda aus Port Moresby einzunehmen. Amerikanische und australische Streitkräfte zwangen die Japaner zum langsamen Rückzug, 1944 kontrollierten die Alliierten das Gebiet. Die letzten Japaner ergaben sich allerdings erst 1945. Im Landesinneren Neuguineas findet man noch heute viele Spuren des Krieges, Stahlhelme, Flugzeugwracks und Einschußlöcher in den Bäumen.
Auch nach dem Krieg blieben die beiden Territorien Papua und Neuguinea australisches Treuhandgebiet. 1964 begann mit der ersten Wahl einer Nationalversammlung der Weg in die Unabhängigkeit. Die Nationalversammlung hatte die Aufgabe, Papua und Neuguinea auf die Selbstverwaltung vorzubereiten. 1973 begann die Selbstverwaltung, 1975 erreichte Papua-Neuguinea die volle Unabhängigkeit.
Viele Wirtschaftszweige stehen immer noch unter ausländischer Kontrolle. Die Förderung von Kupfer, Gold und Silber machen einen beträchtlichen Teil der Wirtschaft aus. Wichtig ist außerdem die Landwirtschaft mit dem Anbau von Kaffee, Kakao, Tee und Kokosnüssen und die Holzwirtschaft.

Papua-Neuguinea in Stichworten

Währung: 1 Kina = 100 Toea. Ursprünglich entsprach 1 Kina einem australischen Dollar, inzwischen wurde der Kina aber aufgewertet. 1984 entsprach 1 US-Dollar etwa 0,80 K, aber der Kurs ist nicht sehr stabil. Papua-Neuguinea ist das teuerste Land im Südpazifik und sicher auch eines der teuersten Länder der Erde.

Anreise: Die Air Niugini hat das Monopol, außerdem fliegen nur noch Quantas und Cathay Pacific Papua-Neuguinea an. Die Flugpreise sind entsprechend hoch, Sondertarife gibt es nicht, nur Studenten unter 26 bekommen Preisnachlässe. Air Niugini fliegt von Sydney, Brisbane, Cairns (Australien), Jayapura, Honiara, Manila, Singapur, Kagoshima (Japan), Hongkong und Honolulu. Quantas fliegt von Sydney und Brisbane.
Eine Schiffspassage ist auch nicht leicht zu bekommen; regelmäßig verkehren nur Frachtschiffe (von Australien, Hongkong, Auckland, USA und Pazifikstaaten), die selten Passagiere mitnehmen. Wenn Sie in Australien oder den benachbarten Südseestaaten Salomonen, Va-

nuatu und Neukaledonien eine Jacht mit Kurs Papua-Neuguinea finden, ist das ganz sicher die billigste Möglichkeit, hinzureisen.

Verkehrsmittel: Die Länge des Straßennetzes in Papua-Neuguinea wurde 1980 auf etwa 17 000 Kilometer geschätzt. Auf den Straßen kommt man also nicht allzuweit. Um die Hauptstadt Port Moresby gibt es einige Straßen (an der Küste entlang und ein Stück in das Landesinnere), von Lae führt eine Straße in die Hochlandprovinzen (Highlands Highway) und verzweigt sich dort zu Verbindungen zwischen den wichtigsten Orten. Vom Highlands Highway zweigt eine Straße nach Madang (Nordküste) ab und führt hinter Madang noch etwa 200 Kilometer an der Küste entlang. Auch bei Wewak (Nordküste) gibt es ein Stück Küstenstraße und Verbindungen zum Hinterland. Leihwagen gibt es in allen Städten, billiger kommt man per »Taxi« durch das Land. Diese Sammeltaxis sind umgebaute Lastwagen mit Sitzbänken auf der Ladefläche, sie befördern auch Gepäck und Fracht. Diese Fuhrunternehmen dürfen nur von Einheimischen betrieben werden. Fahrtziel und Preis vor dem Einsteigen beim Fahrer erfragen!
Entsprechend den Schwierigkeiten beim Straßenbau in den unzugänglichen Gebieten ist das Flugzeug auch innerhalb des Landes ein wichtiges Verkehrsmittel. Außer Air Niugini bietet Talair Inlandsflüge an, die ebenfalls alles andere als billig sind. Von Port Moresby gibt es Flugverbindungen zu allen wichtigen Städten. Wer an die Nordküste will, muß mindestens bis Lae fliegen, denn von der Hauptstadt gibt es keine Straßenverbindung zur Ost- und Nordküste. Außer den öffentlichen Flugplätzen gibt es eine Unmenge Privatflugplätze, die von der Regierung, den Provinzregierungen, Missionen und anderen Organisationen betrieben werden.

Unterkunft: Hotels, dic Sie sowieso nur in den Städten finden, sind teuer, kleine »Guesthouses« oder »Lodges« manchmal billiger. Die beste Unterkunft ist immer noch ein robustes Zelt. In einsameren Gegenden finden Sie möglicherweise auch in Missionen freundliche Aufnahme. Als sicheres Plätzchen zum Zelten gilt das Gelände um die jeweilige Polizeistation.

Vorsichtsmaßnahmen: In Papua-Neuguinea kommen Diebstähle – angeblich – häufiger vor als in anderen Südseeländern. Das schon erwähnte Zelten bei der Polizeistation schützt Sie vor Übergriffen. An-

Maske aus Neuguinea

sonsten gilt es, das Gepäck immer gut im Auge zu behalten. Auch Einbrüche in Jachten kommen vor.
Im Landesinneren soll es noch heute Fehden zwischen einzelnen Clans geben. Die Polizei hält sich aus diesen dauerhaften Kleinkriegen heraus, und es ist besser, um solche Gebiete einen großen Bogen zu machen, auch wenn Außenstehende meist nicht in den Kampf einbezogen werden. Frauen sollten grundsätzlich nicht allein gehen, schon gar nicht nach Einbruch der Dunkelheit. Selbst in einer westlich orientierten Großstadt wie Port Moresby kann eine weiße Frau zur Hauptgeschäftszeit keine zehn Meter gehen, ohne angesprochen (um nicht zu sagen: belästigt) zu werden. Das von Weißen kolportierte Gerücht, männliche Niuginis seien ausgesprochen feige, mag seinen Funken Wahrheit in häufiger vorkommenden Gruppenvergewaltigungen haben.

Verpflegung: In Städten und größeren Orten finden Sie Snackbars nach australischem Muster, die Sandwiches, Fish and Chips und ähnliche Gerichte anbieten. In Port Moresby finden sich auch »richtige« Restaurants, in denen man zum Teil sehr gut und sehr teuer ißt. Wenn Sie sich selbst verpflegen, kaufen Sie in den Städten auf den Märkten ein. Hier gibt es Gemüse, Obst und Fisch sehr günstig. Konserven sind, da meist importiert, relativ teuer. Billig sind nur bestimmte Fischkonserven, von denen sich die Einheimischen in den Städten ernähren. Die Armut erklärt sich zum Teil aus den hohen Zuzugsraten in den Städten, zum anderen Teil daraus, daß ein großer Teil des Einkommens in die Spirituosenläden wandert. Deshalb wird der Alkoholausschank und -verkauf sehr streng reglementiert. »Drinking hours« (Trinkstunden) in Hotels, Restaurants und Clubs: Montag bis Donnerstag 11 Uhr bis 14 Uhr und 16 Uhr bis 20 Uhr, Freitag (Zahltag) 12 Uhr bis 13 Uhr und 18.30 Uhr bis 21.30 Uhr, Sonnabend 10 Uhr bis 14 Uhr und 16 Uhr bis 20 Uhr, Sonntag 11 Uhr bis 13 Uhr und 17 Uhr bis 19 Uhr. Läden, die eine Lizenz haben (Bottle stores), müssen spätestens um 18 Uhr und mindestens eine Stunde vor Ende der »drinking hours« schließen, haben also Freitagnachmittag überhaupt nicht geöffnet. Alkohol in der Öffentlichkeit zu trinken, ist außerhalb der lizenzierten Restaurants, Hotels und Clubs verboten.

Kunsthandwerk: Besonders berühmt sind die Arbeiten vom Sepik-Fluß und den Trobriand-Inseln. Kunstgegenstände waren in Papua-Neuguinea ursprünglich auch Kultgegenstände, sie dienten bei bestimmten Zeremonien als magische Symbole. Einen guten Überblick über die ursprüngliche Kunst in den verschiedenen Gebieten gibt das Museum (National Art Gallery) in Port Moresby im Stadtteil Waigani.

Heute scheint Kunsthandwerk eine Unterabteilung der Touristikindustrie zu sein, was Sie aber nicht abhalten sollte, Souvenirs mitzunehmen. Es gibt wunderschöne Holzschnitzereien und imposante, reichgeschmückte Masken, vielleicht die schönsten der Südsee. Billig sind die Arbeiten allerdings nicht zu haben. In Port Moresby und anderen größeren Orten gibt es spezielle »Handicraft«-Läden, wenn Sie in die Sepik-Provinzen fahren, können Sie die Arbeiten vielleicht auch direkt vom Hersteller kaufen, das ist oft billiger. Es ist nicht erlaubt, Kunstgegenstände aus Papua-Neuguinea auszuführen, die vor 1960 hergestellt worden sind.

Feste: Wenn Sie Gelegenheit haben, ein »Singsing« mitzuerleben, sollten Sie das unbedingt tun. Es gibt große, offizielle Feste der einzelnen Provinzen zum Beispiel zum Unabhängigkeitstag im September. Berühmt ist auch die Landwirtschaftsschau in Port Moresby (Juni) mit vielen Darbietungen traditioneller Musik und Tänze. Kleinere »Singsings«, die weniger von Touristen heimgesucht werden, gibt es manchmal zu speziellen lokalen Anlässen.

Abgelegene Inseln, abgesunkene Riffe und abgetriebene Taucher

Der Start in Vanuatu war schön, wir segelten durch die Santo-Bucht zurück, das Wasser war platt wie ein Brett, und das Tageslicht gönnte uns noch einen letzten Blick auf Espíritu Santo. Wir hatten geplant, den Indispensable Reefs zwischen Vanuatu und Papua einen kleinen Besuch abzustatten. Sie gehören zu den Salomonen, es gibt dort kein Land, keinen Baum, so war es jedenfalls nach der Seehandbuchbeschreibung zu erwarten. Mit Hilfe unseres Satelliten-Navigators, zärtlich »Satti« genannt, hofften wir, hinzufinden und einen oder zwei Tage zu tauchen. Schließlich hießen sie die Unverzichtbaren, irgendwoher mußte der Name kommen, und wenn über Wasser nichts zu sehen war, dann bestimmt unter Wasser.
Nach zwei Tagen hatten Wind und Wetter so aufgedreht, daß wir den Kurs änderten. Es wäre zu schwierig geworden, die Riffe überhaupt zu finden, Tauchen ginge vermutlich gar nicht.
Die Taucher waren enttäuscht, nicht nur wegen der entgangenen Riffe, auch, weil sie jetzt ohne Unterlaß auf See bleiben mußten. Dafür flog die »Tarzan« mal wieder.
Zwischendurch beglückten uns Regenfronten, mit Vorliebe während der Nachtwachen. Wir segelten vor dem Wind, backbord die ausgebaumte Genua, steuerbord das Großsegel. Der Skipper hatte Weisung gegeben, ihn zu wecken, wenn der Windmesser erheblich mehr als 20 Knoten anzeigte – dann war es nämlich Zeit, die Genua zu bergen, sie hatte schon einmal einen kleinen Riß mitbekommen. Die erste Regenfront, die ziemlich bedrohlich aussah, war durchgezogen, ohne daß der Wind auch nur einen Deut zunahm. Die zweite kündigte sich kurz vor dem Ende unserer Wache an. Ich war nicht erpicht darauf, noch einmal naß zu werden: »Ich geh' schon mal runter, die anderen wecken . . .«, murmelte ich Rambo zu und seilte mich aus der Gefahrenzone ab. Erst ins Vorschiff, die nächste Wache wecken. Dann zu-

rück zum Kartentisch, den letzten Ort eintragen. Ein Blick durch den Niedergang nach oben verriet mir, daß der Regen schon eingesetzt hatte, der Wind nahm innerhalb von 30 Sekunden rapide zu. Während ich mich noch der Hoffnung hingab, die andere Wache würde gleich angezogen sein und beim Genua-Bergen helfen, hörte ich einen ohrenbetäubenden Knall, gleich darauf Rambos Stimme: »Susanne!«

»Was ist passiert?«, ich war schon oben. »Ich weiß nicht«, war Rambos hilflose Antwort, »da . . .«, er zeigte nach vorne. Ich folgte seinem Blick und hatte erwartet, die Genua in Fetzen hängen zu sehen. Aber ich sah überhaupt keine Genua mehr! Das gibt's doch nicht, wo ist denn . . . nein, Moment, hier ist doch irgendwas faul, das Großsegel, wieso ist das Großsegel backbord und keine Genua mehr . . .

»Ich brauch' mehr Leute!« Jochen stand inzwischen neben mir, »Los, los, worauf wartet ihr denn noch, die Genua weg, aber schnell!« Marion stürmte nach vorne in den Klüverbaum, ich hinterher, zum Bergen brauchten wir aber noch mindestens zwei Leute. Der Regen peitschte die See glatt, Marion schrie, weil sie jede Sekunde auf das häßliche »Ratsch« wartete, das Zeichen, daß man sich von einem Segel für eine Weile verabschieden darf. Jetzt kamen die anderen endlich, es hatte bestimmt nur ein paar Sekunden gedauert, die aber quälenden Ewigkeiten glichen: »Schot los!«

Endlich lag das Ungetüm an Deck, kein Fädchen war kaputt. Der Wind hatte, als Rambo allein draußen war, nicht nur zugenommen, sondern auch sehr schnell gedreht. Er fuhr mit solcher Wucht von der falschen Seite in das Großsegel, daß die Bullentalje riß und der Großbaum nach Backbord schlug, »Patenthalse« nennt man so was. Die Bullentalje ist eigentlich zum Verhindern solch gefährlicher Manöver gedacht, aber bei diesen Windgeschwindigkeiten war das wohl ein bißchen viel verlangt. Als ich den Niedergang hochgestürzt war, konnte man die Genua natürlich nicht mehr sehen – das unfreiwillig gehalste Großsegel war ja davor. Das Wasser tropfte allen aus Haaren und Kleidern, Klamotten ausziehen, Handtuch her und dann ins trokkene Bett, wie schön. Ich verschwendete noch einen halben, mitleidsvollen Gedanken an die Wache, die jetzt über mir im Regen saß, dann verkündete ein seliges Schnarchen – die anderen fanden es eher unselig – meinen tiefen Schlummer.

◁ Bobby, der beste Backschafter an Bord, in der Kombüse

Über Schlaflosigkeit wurde häufig geklagt, man wälzte sich in der Koje herum und wußte, noch fünf Stunden, dann bist du dran, also schlaf jetzt! Aber der Kollege Schlaf war der einzige auf dem Schiff, der die Befehlsverweigerung kultivierte. Listig schlich er sich an, wenn sein Opfer, Pinne in der Hand, auf Wache im Cockpit saß, trampelte auf den Augenlidern herum, neckte die Wahrnehmung, man sah den Kompaß dreifach und erschreckte sich vor Geisterschiffen auf Kollisionskurs. Er überfiel einen in der kuscheligen Navigationsecke, wenn man darauf wartete, daß »Satti« eine halbe Stunde nach dem Satellitendurchgang einen Ort auswarf, wenn man die grüne Anzeige mit Uhrzeit und Sternchen anstarrte, auf der nun gleich das »FIX OK« kommen mußte, kurz, er machte das, was er wollte und bequemte sich immer nur zu Höflichkeitsbesuchen von geringer Dauer.
Langeweile war dagegen ein häufigerer Gast, ich las, was das Zeug hielt, schließlich hatten wir in der Messe eine Wand voller Bücher unterschiedlichster Provenienz, sowohl was den Inhalt angeht, wie auch den Weg, auf den sie zur »Tarzan« gekommen waren. Ich las Krimis, Gedichte, Reisebeschreibungen, Comics, nur die ebenfalls reichlich vorhandenen Segelbücher ließ ich aus. Das war was für den Winterabend am Kamin, nicht für die Reise. Die anderen, die vom Lesen seekrank wurden oder keine Lust dazu hatten, begannen sich lustig zu machen und gute Ratschläge zu erteilen: »Man sollte nur noch Bücher lesen, dann braucht man überhaupt nicht mehr selbst zu leben.«
Ich winkte arrogant ab, das »Leben«, von dem geredet wurde, bestand schließlich im Moment nur aus zuwenig Schlaf, reichlichem Essen und Wacheschieben, ein Programm, das genug Raum für einige Lesestunden am Tag bot. War das Buch gut, verschwand ich von der »Tarzan« in das England König Artus', zu den Schmugglern an der deutschen Nordseeküste oder in die Wüste Australiens. Vielleicht war es dieser Eskapismus, der Anstoß erregte.
Die Monotonie wurde eines Tages von Besuch unterbrochen, ein junger Tölpel umkreiste das Schiff und landete nach mehreren vergeblichen Versuchen auf der Reling. Er putzte sich mit geschlossenen Augen und nahm endgültig Quartier auf dem Rettungskragen, der am Heckkorb befestigt war. Wir tauften ihn Jane, weil jeder Tarzan eine Jane verdient. Jane richtete den Seevogelblick auf den Ozean, demzufolge hing ihr Hinterteil über der Achterpiek, die schon bald mit ihren Spuren verziert war. Jane verbrachte dort den Nachmittag, den Abend und die Nacht, denn der Vorschlag, sie in einen leckeren Braten zu

Jane

verwandeln, stieß auf wenig Gegenliebe. Sie machte auch morgens noch keine Anstalten, auf Fischfang zu gehen, den fliegenden Fisch, der nachts auf unserem Deck verschieden war, wollte sie nicht, was nun?

Die tierliebe Marion machte eine Büchse Thunfisch auf, befreite den Inhalt von Öl, wässerte ihn sorgsam, damit die Gewürze aus dem Fisch zogen, und überredete dann Bobby, den Fisch zu verfüttern. Entweder konnte Jane Bobby nicht leiden oder Thunfisch aus der Dose war einfach unter ihrer Würde, jedenfalls verschwand sie beim ersten Fütterungsversuch auf Nimmerwiedersehen, na, sie war eben ein Tölpel.

Dafür bekamen wir Gesellschaft von Johann Sebastian Blackbird, ein

»J. S. Blackbird« sucht Schutz an Deck

weitaus kleinerer Kollege von Jane, dessen Art wir nicht kannten. Nach seiner Farbe hatten wir ihm den Nachnamen verpaßt, Johann hieß er, weil er mit dem gestrengen Blick eines würdigen Butlers auf uns herabsah, wie der Sebastian dazwischenrutschte, ist im nachhinein schwer zu sagen, ein Singvogel war er nicht. Er suchte Schutz unter dem umgestülpten Beiboot, als es wieder zu regnen begann. Dort verbrachte er auch die Nacht; am nächsten Morgen fanden wir ihn tot, mit weit aufgerissenen Augen und abgespreizten Flügeln auf das Deck geduckt. Er erhielt ein würdiges Seemannsgrab.
Nachdem Rasmus fünf Tage lang aus vollen Backen geblasen hatte, überlegte er es sich nun anders und fing an, zu bremsen. Er wollte sich unsere Gesellschaft noch ein bißchen erhalten, die Segel schlugen zwei Tage lang monoton in der sanften Brise, die Crew war genervt und wollte endlich ankommen. Man vertrieb sich die Zeit mit Rotwein und Skatspiel, gelegentlich wurde das Flappen von Großse-

gel und Genua, das Klirren der Gläser von Welle zu Welle vom Brummen des Diesels übertönt, der uns die Geschwindigkeit gab, die der Wind uns nicht gönnte. Schließlich tauchten in der Morgenröte die ersten Inseln des Louisiaden-Archipels auf – das hob die Stimmung beträchtlich, bedeutete aber noch nicht, daß wir angekommen wären. Wir mußten sie steuerbord liegen lassen und weiter bis zum Jomard Entrance, es war ein Flautentag, das Bordleben plätscherte ebenso dahin wie die mittelhohen Wellen. Die Crew spielte Schach, trank Bier oder hing einfach nur so herum. Dafür setzte abends Aktivität ein, denn der Leuchtturm von Jomard Entrance wies bereits den Weg. Es schien unsere Spezialität zu sein, knifflige Ecken in der Dunkelheit zu erreichen, jedenfalls bedeutete das »Alle Mann an Deck«. Zwei an der Karte, der Rest verteilte sich auf Schoten, Ruder, Peilkompaß und Ausguck. Die Brandung bollerte unmißverständlich ans Riff, das dem Leuchtturm vorgelagert war, zu sehen war es nicht. Solche unheimlichen Stunden übersteht man nur durch blindes Vertrauen in den Skipper und die Navigateuse.
Unser eigentliches Ziel war Samarai, eine winzige Insel, der erste Punkt, wo man einklarieren konnte. Samarai war aber noch eine knappe Tagesreise entfernt, dafür waren wir mitten in den Louisiaden mit vermutlich fantastischem Tauchgrund, den man sich nach sieben Tagen segeln und den ausgefallenen Indispensable Reefs verdient hatte, da war sich die Crew einig. Nur wußte keiner, wie streng dieses Gebiet kontrolliert wurde und wie genau es die Papuas mit der Einreise nahmen. Außerdem konnten die Inseln nicht im Dunkeln angelaufen werden, und es war gerade erst zehn Uhr abends. Obwohl nun auch noch ein bißchen Segelwind aufkam, entschlossen wir uns, zu bleiben. Die Segel wurden dichtgezurrt, das Ruder festgebunden, auf der Karte ein Sektor eingetragen, der nicht verlassen werden durfte. Die »Tarzan« trieb, das Wacheschieben bestand dementsprechend nur aus viertelstündigen Kontrollpeilungen und gelegentlichen Wenden. Im Schutz der Riffe herrschte kein Seegang, es war eine friedliche Nacht. Bei Morgengrauen nahmen wir Kurs auf Bramble Haven, das Riff, das die westliche Seite von Jomard Entrance markiert. Duperré Island an der Nordseite von Bramble Haven war unser Ziel. Als die Insel, flach wie ein Brett, schon ziemlich dicht vor uns lag, wurden alle geweckt.
Für das Bilderbuch-Atoll vor uns hatte ich keinen Blick, ich versuchte, an meiner Stammposition die halbgeschlossenen Augen auf das Echolot zu konzentrieren und gleichzeitig Frühstück zu machen. Auf

Annäherungsversuch: »Jane« bleibt spröde

dem Echolot war zunächst überhaupt nichts zu sehen, also stolperte ich wieder zurück zu Kaffeewasser und Rührei, dann wieder Echolot, nichts, Frühstücksbrettchen, und Messer: »Wie tief?«, kam es von oben, »Keine Anzeige!«, brüllte ich zurück, »aber wo ist die Milch?«

Das interessierte natürlich mal wieder keinen, ich hatte ja Backschaft und konnte mich an die eigene Nase fassen, nur kam dadurch die Milch auch nicht zum Vorschein: »Wie tief?«

»Nix«, brummelte ich zurück, aber plötzlich war die Anzeige doch da, und der flimmernde Rotstreifen wanderte schneller über die Anzeige, als ich aussingen konnte: »40 – 30 – 20 . . .« Der Anker fiel. Ich schleppte meine müden Knochen den Niedergang hinauf, der Platz am Echolot gewährte einem keine Sicht auf die Umgebung. Jochen spöttelte irgendwas über meinen Schlafzimmerblick, ich zischte ziemlich gereizt zurück, daß immerhin das Frühstück schon fertig wäre. Morgens sprach man mich besser nicht an, leider verabscheuten eini-

ge Segler die wertvolle Rasse der Morgenmuffel und hielten sich nicht an diese Regel.
Marion und Bobby waren schon über Bord gesprungen, um die Umgebung zu checken, damit die »Tarzan« sich nicht beim Schwojen auf einen Korallenklotz setzte. So eine vorborgene Gefahr entdeckten die beiden nicht, dafür kam gleich ein neugieriger Hai Richtung Wasseroberfläche, um diese merkwürdigen Gestalten etwas näher zu betrachten. Sie taten, was in solchen Fällen empfohlen wird, nahmen durch den Schnorchel noch einen kräftigen Atemzug und tauchten genau auf den Hai zu. Das funktionierte tatsächlich, er drehte ab.
Beim Frühstück ratterte der Kompressor über uns, wer tauchen will, muß leiden, jede Unterhaltung war völlig unmöglich. Dann ging es in die Tiefe, direkt von der »Tarzan« aus. Ich wählte den komplizierteren Weg über das Dingi, ließ Flasche und Bleigurt hinunterreichen, legte alles im Dingi an und ließ mich danach rückwärts ins Wasser fallen. Mit voller Montur und Schwimmflossen über die Reling zu krabbeln, das war mir zu riskant. Jochen, der mich häufiger wegen meiner Ungeschicklichkeit aufzog, kannte solche Bedenken nicht, schwang sich elegant über die Reling, blieb mit der Flosse an einer Strippe des Sonnensegels hängen, verlor das Gleichgewicht – »ratsch!« machte das Sonnensegel, das als Klügerer nachgab, »ratschratschratsch!« Für den 150 Zentimeter langen Riß im Sonnenschutz konnten wir noch dankbar sein, wäre das Segel stabiler gewesen, hätte Jochen kopfüber an der Bordwand gehangen, und zwar mit einer plattgedrückten Nase.
Das Riff fiel steil ab, das hatte uns das Echolot ja schon verraten. Es ging weit nach oben an die Wasseroberfläche und wurde von einzelnen Schluchten unterbrochen, durch eine dieser Schluchten mußten wir unseren Ankerplatz angesteuert haben. Die Vielfalt der Korallen und der Pflanzen war überwältigend, nach unten sah man ins blaue Nichts. Vermutlich waren es mehrere hundert Meter bis zum Meeresboden, wir hielten uns auf 25 Meter Tiefe, über uns Schwärme kleiner Fische im Gegenlicht, vor uns das imposante Riff. Marion zeigte auf eine kleine Höhle und machte dann unser Privatzeichen für »Muräne«, sie imitierte mit der Hand das Zubeißen, aber als wir neugierig hinübersahen, hatte sich der Fisch schon zurückgezogen. Ein Napoleonfisch begegnete uns in einer gewaltigen Landschaft. Selbst bei der Auftauchpause auf drei Metern, hinter dem Riff, gab es noch genug zu sehen. Ich war euphorisch, als ich wieder an Bord kam, allerdings verflog die Begeisterung schnell, als sich herausstellte, daß ich

den Schaden im Sonnensegel flicken durfte, den Jochen angerichtet hatte. Also hockte ich im Schneidersitz in der prallen Sonne auf Deck, Nähzeug in der Hand, Walkman auf den Ohren. Schon während des Nähens brauchte ich keine Sehergabe, um zu prophezeien, daß diese Naht bald wieder ausreißen würde. Kassandra wurde von niemandem geliebt, auch mein Lamentieren wurde geflissentlich überhört.
Nachmittags ging es dann noch einmal auf Tauchstation, diesmal von der Tarzan aus in die andere Richtung, es war meine Premiere als Filmschauspielerin. Bobby legte sich mit der Kamera auf den Boden, auf sein Zeichen mußte ich von der Wasseroberfläche auf ihn zu tauchen. Ich wollte lächeln und winken, um ihn zu ärgern, leider brauchte ich die Hand zum Druckausgleich, und mit einem Lungenautomaten im Mund kann man nicht mal Grimassen schneiden. Das hatte er vermutlich einkalkuliert. Dann gingen wir zu fünft durch die Schlucht ins Riff.
Obwohl kein Wrack weit und breit zu sehen war, konnte man hier unter Wasser Schätze finden. Den Schrubberstiel, den ich bei der letzten Putzaktion vergeblich gesucht hatte, entdeckte ich in Gonzales' Händen – als Haistock! Daß sich ein Hai davon beeindrucken ließ, glaubte ich nicht so richtig, aber es war jedenfalls ein beruhigendes Gefühl, etwas in der Hand zu halten, sei es als Waffe auch noch so untauglich. Der erste Hai kam auch ziemlich schnell, er war über uns, nicht sehr groß, und hielt respektvollen Abstand.
Rambo war unter uns der Taucher mit der größten Abneigung gegen diese Raubfische, was Marion nun zum Anlaß nahm, ihn zu piesakken. Sie schlich sich von hinten an, zwickte ihn, als er sich erschrokken umdrehte, hob sie die Hände an den Mund und deutete mit den Zeigefingern Vampirzähne an. Als sie das zum drittenmal gemacht hatte, war Rambo wirklich nervös.
Und dann kamen sie wirklich, wir waren nur noch 15 Meter tief, zwei graue Riffhaie, vielleicht 1,50 Meter lang, das ließ sich schwer schätzen. Mein Tauchpartner Bobby verließ mich schnöde, er wollte die beiden unbedingt zu Filmstars machen und schwamm auf sie zu, Marion hinterher, um ihm den Rücken zu decken. Ich wußte, daß man sich ruhig verhalten soll und ein Platz im Riff am sichersten ist, also stellte ich mich ins Riff, Rücken zur Wand, und verkrallte meine Hände in den Korallen – das oberste Unterwassergebot »Nichts anfassen!« übertrat ich skrupellos, es waren dann Gott sei Dank weder nesselnde Gewächse noch eine Muränenhöhle, die mir Halt gaben. Rechts von mir stand Rambo, links Gonzales, und der beruhigende,

aber höchst unkameradschaftliche Gedanke: »Dich kriegen sie als Letzte!« schoß mir durch den Kopf.
Herzklopfen hatte ich trotzdem noch, denn die Tiere waren neugierig. Ich zwang mich, ruhig zu atmen, die Luft mußte reichen, weil Aufsteigen so ziemlich das Dümmste war, das man in solcher Situation tun konnte. Die Haie kamen immer wieder, abwechselnd oder zusammen, und gefielen sich besonders darin, um die beiden vorwitzigen Taucher im freien Wasser eine elegante Kurve zu schwimmen und auf uns zuzuhalten. So etwa vier bis zehn Meter vor der Riffwand drehten sie ab. Das Spielchen wiederholten sie einige Male, mir schien es, als kämen sie dabei immer näher, aber das kann auch die Aufregung gewesen sein. Jedenfalls wußte ich nun, daß man alle Tips à la »Was tun, wenn der Hai zum Angriff rüstet« getrost vergessen kann, selbst wenn die Tiere ruhig sind – das waren sie bei uns –, sind sie noch zu schnell, als daß ein Mensch irgendeine Gelegenheit zur Reaktion hätte. Aber sie sahen nicht schlecht aus, die Meeresräuber, wie sie da torpedogleich ihre Bahnen um uns zogen. Nach ein paar Minuten ver-

schwanden sie wieder im undurchdringlichen Blau, ebenso plötzlich, wie sie gekommen waren.
Wir tauchten durch einen Korallentunnel hinter das Riff, ein großer Bisonfisch beäugte uns argwöhnisch. Wir glotzten zurück, sein Nasenbuckel, anders kann man das nicht nennen, gab ihm eine geradezu lächerliche Würde. Wir sahen den Anker der »Tarzan« vor uns liegen, meist war das kein schönes Bild, weil die schwere Ankerkette beim Schwojen quadratmeterweise Korallen zerstörte, diesmal hielt sich das Vernichtungswerk in Grenzen. Während wir beim Tauchen uns immer strikt daran hielten, nichts abzubrechen oder mitzunehmen, schaffte die Ankerkette auf diesem Gebiet in zehn Minuten mehr als acht Taucher an einem Tag, es war schon etwas paradox, aber es ließ sich nicht vermeiden.
Gleich nachdem wir wieder an Bord waren, hieß es »Anker auf!«, wir wollten nun so schnell wie möglich einklarieren. Weil wir das imposante Riff von unten betrachtet hatten, waren wir diesmal vorsichtiger als beim Anlaufen von Duperré Island, Bobby mußte mit Schnorchelausrüstung ins Wasser, erkundete noch einmal die nähere Umgebung und winkte dann die Tarzan wie ein Verkehrspolizist aus ihrem Parkplatz heraus, er hatte offensichtlich den schmalsten Kanal ausgesucht, den er finden konnte. Wir hatten uns noch keine 200 Meter von unserem Ankerplatz entfernt, da warf schon jemand einen wehmütigen Blick zurück auf dieses Traumplätzchen: »Da! Zwei Wale!«
Es waren kleine Wale, wir fuhren ein paar Kreise, um dichter heranzukommen, das gelang uns auch, dann tauchten sie ab und waren in weiter Ferne noch einmal zu sehen.
Kurs Samarai, kein Seegang, wenig Wind, ein Sonnenuntergang, der auf jedem Foto kitschig ausgesehen hätte, vor uns Delphine und springende Tunas – so mußte der Seglerhimmel aussehen. Statt Manna standen allerdings Spaghetti auf dem Speiseplan, aber der Nachtisch, den es zu Ehren von Gonzales' Geburtstag gab, Pudding mit Pfirsich, kam der Himmelsspeise schon ziemlich nahe.
Der Tag war anstrengend gewesen, nach einer durchsegelten Nacht gleich zwei Tauchgänge, mein Wachpartner schnarchte lang ausgestreckt auf der Cockpitbank. Dafür unterhielt mich Marion, die trotz dreier Tauchgänge nicht schlafen konnte. Sie löste mich einen Augenblick am Ruder ab, weil ich an die Karte mußte, und quietschte plötzlich. Sie hatte den schlafenden Rambo berührt, der daraufhin ganz unritterlich nach ihr schlug. Wir probierten es noch ein paarmal – kein Zweifel, Rambo focht im Traum schwere Kämpfe aus. Schließ-

lich gelang es uns, unter Lebensgefahr, ihn zu wecken. »Der Hai ...«, stöhnte er, fix und fertig. Das war es also! Leider war er uns nicht die Spur dankbar, daß wir ihn geweckt hatten, bevor er gefressen wurde. Er war sogar überzeugt, Marion mit ihren Neckereien sei schuld an seinen Alpträumen. Wir verbissen uns das Lachen, bis er außer Hörweite war.
Morgens begrüßten wir den Tag mit frischgebackenen Brötchen, ein Luxus, den das ruhige Wasser zuließ. An unserem Weg zogen Inseln vorbei, eine immer schöner als die andere, nur der Nieselregen beeinträchtigte das Bild etwas. Schließlich Samarai: winzig klein und in 20 Minuten zu umrunden, aber viele Häuser auf engem Raum. Und drei Anleger nebeneinander, wir konnten's uns aussuchen, wie schön.
Wir nahmen die erste, eine Handelspier, Zoll, Agriculture und Immigration kamen an Bord. Die Kokosnüsse, die noch aus Fidschi stammten, durften wir nicht behalten, aus Angst vor Schädlingen. Wir hielten uns an die Weisung des Agriculture-Mannes und warfen sie über Bord, obwohl sie sicherlich innerhalb der nächsten beiden Stunden stranden würden, mit oder ohne Kokosnußkäfer. Die letzten 24 Flaschen Fidschi Bitter wurden kritisch beäugt. Der Zöllner mußte an höherer Stelle nachfragen, ob das Bier erlaubt ist – wir durften es behalten, mußten aber versprechen, nicht in der Öffentlichkeit zu trinken, das ist in Papua strikt verboten.
Samarai, schon 1878 mit einer britischen Missionsstation besetzt, ist ein koloniales Nest im Niedergang. Geographisch günstig an der Chinastraße gelegen, avancierte es zur Hauptstadt der Provinz Milne Bay, seit 1968 ist die Verwaltung nach Alotau verlegt. Mit den breiten Sandstraßen und den zweigeschossigen Holzhäusern erinnerte es uns an ein verschlafenes Westernstädtchen, zumal wir nur zwei Autos zählten und hinter jeder Ecke einen Cowboy hoch zu Roß vermuteten. Große Bäume spendeten Schatten auf den Straßen, eine großzügig angelegte Allee säumte den Weg, an dem der ehemalige Verwaltungssitz liegt. Der große Supermarkt von Burns Philp war leer, ein bißchen Bauschutt ließ sich durch die Glastür erkennen. Geschlossen. Ob für den Umbau oder für immer, war nicht eindeutig zu klären. Uneingeschränkter Herr des Platzes war die Steamship Trading Cie. direkt am Anleger. Lebensmittel, Geschirr, Kleidung, Außenborder und eine Bank beherbergten die Hallen der Dampfschiff-Handelsgesellschaft. Sonst gab es nur die Cantinas der verschiedenen Kirchen, die außer Lebensmitteln und gebratenem Fisch geistliche Literatur und

Heiligenbildchen führten, und den Markt der Einheimischen, auf dem Gemüse, aber vor allem die unvermeidlichen Betelnüsse verkauft wurden. Alle Einwohner Samarais schienen Betel zu kauen, die von außen grünen Nüsse hinterließen eine Rotfärbung der Zähne und des Mundes, die irgendwie an Vampirismus erinnerte. Wer nicht kaute, rauchte die heimischen Zigaretten, aus Zeitungspapier gedreht.

Wir tippelten durch den Ort, auf der Suche nach einem Gasthaus. Eine alte Frau kam uns entgegen, ihr Gesicht mit der traditionellen Tätowierung überzogen. Die dunklen Schmuckstreifen waren von Runzeln durchsetzt, doch es ließ sich mühelos erkennen, daß diese Frau einmal sehr schön gewesen sein mußte. Sie war eine der wenigen, die grußlos an uns vorübergingen. Es war fünf Uhr nachmittags, die Stunde, in der die kleinen Boote zu den Nachbarinseln zurückfuhren und die Leute von Samarai ihre Promenade machten, so waren wir eine Weile nur mit Kopfnicken, »Hello« und »Good evening« beschäftigt.

Schließlich landeten wir beim Kinanale Guest House, dessen Besitzerin uns bedauernd mitteilte, daß sie zur Zeit keine Hausgäste hätte und deshalb auch nicht kochen würde. Sie schickte uns zum Samarai Club, gleich neben dem großen Grasplatz, auf dem ein paar Jungen Fußball spielten. Der Club bestand aus einem winzigen Gästeraum mit Bar und zwei Tischen, an der Wand ein Darts-Spiel und diverse Rettungsringe, offensichtlich Geschenke eingekehrter Schiffsbesatzungen, denn alle waren mit Jahreszahlen beschriftet, einige auch mit Grüßen und Dank an den Samarai Club. Der letzte Besuch eines fremden Schiffes lag nach der Rettungsring-Zeitrechnung mindestens ein Jahr zurück. Im Billardzimmer nebenan vertrieben sich Einheimische die Zeit.

Der Inhaber, natürlich ein Weißer, war nach längeren Verhandlungen bereit, Fish and Chips für uns zu braten. Er sagte gleich, daß es etwas länger dauern würde, weil er den Fisch erst aus der Tiefkühltruhe seiner Wohnung holen müsse. Letzteres war eine grobe Lüge, denn er »hatte« natürlich einen Schwarzen, der lostrabte, um den Fisch zu besorgen. Wir aßen »draußen«, im menschenleeren Freilicht-Kino, in dem uns abwechselnd Südsee- und Diskohits in die Ohren geblasen wurden. Bobby behauptete, im Herrenklo eine Ratte entdeckt zu haben. Das konnte uns nicht schrecken, sahen wir doch schon seit Fidschi regelmäßig Spuren eines erfolgreichen Mäuselebens auf der »Tarzan«, und auch Kakerlaken fanden sich gelegentlich in irgendeinem finsteren Winkel. Diese unangenehmen Tiere trugen den Spitznamen »John

COLTO

Wayne«, vermutlich, weil sie der verbissenen Verfolgungsjagd mit Spraydose und Schuhen (zum Draufschlagen) meist unbeschadet entgingen. Was war dagegen schon eine lumpige Ratte auf dem Klo!

In der prallen Mittagssonne machten wir uns am nächsten Tag zum Inselrundgang auf. Der Weg war lohnend, er bot überall schöne Blikke auf die benachbarten Inseln. Etwas störend drängte sich die Müllkippe ins Bild, an dem Punkt der Insel, wo die wenigsten Häuser standen. Der Müll wurde einfach auf die Klippen geschüttet, immer wenn oben frischer Müll dazukam, rutschten unten einige Kubikmeter ins Meer. Die Häuser hatten große Regenwasserzisternen, Frischwasser für unsere Tanks konnten wir demnach wohl kaum erhalten. Ein paar farbenprächtige Hähne stolzierten auf dem Weg und beäugten uns mißmutig. Im Garten eines der Häuser sahen wir unseren Zöllner vom Vortag wieder. Er saß friedlich mit seiner Familie auf dem Boden und lauste eines seiner Kinder.

An einer Wegkreuzung stand ein ehrwürdiger Gedenkstein vom Anfang dieses Jahrhunderts. Wir entzifferten die Inschrift, sie erzählte von einem »guten« Weißen, der sich bemüht hatte, aus den Papuas Christenmenschen zu machen. Ein gewisses Schaudern ließ sich nicht unterdrücken.

Der Einkauf bei der Steamship Cie. gestaltete sich streckenweise beinahe zum Kaufrausch. Es gab so luxuriöse Dinge wie Eis, geräucherte Muscheln in der Dose, Frankfurter Würstchen und dänischen Schinken. Wir ließen eine ziemliche Menge Geld in dem Supermarkt. Zwei Dinge waren auch für Geld nicht zu haben: funktionierende Feuerzeuge und Zirkel. Die Feuerzeuge ließen sich durch Streichhölzer ersetzen, aber einen neuen Zirkel brauchten wir unbedingt zur Navigation. Während des Seeschlages von Vanuatu aus war erst der reguläre, ein paar Tage später auch noch der Ersatzzirkel zerbrochen. Zirkel sind eigentlich keine Verschleißgegenstände, deshalb führt wohl kein Schiff mehr als zwei davon mit. Wie uns dieser doppelte Bruch passieren konnte, blieb schleierhaft. Helmut, von Beruf Ingenieur, zog sich einen Vormittag lang in die Werkstatt der »Tarzan« zurück, in der man von der Mausefalle bis zum Klapprad alles finden konnte. Danach hatten wir einen neuen Zirkel, aus zwei zurechtgesägten Metallatten. Obwohl Helmut ziemlich schwitzen mußte, hatte ihn der Humor nicht verlassen: Auf einem Bein des Zirkels prangte, deutlich eingeritzt, der Schriftzug »Helmut-Design«. Dieser Zirkel war nicht kaputtzukriegen.

Wir mußten nun entscheiden, was wir mit unserer knappen Zeit in

Papua anfangen wollten. Zurück zu den Louisiaden wäre ungünstig gewesen – wir hätten die Strecke gegen den Wind segeln und außerdem noch einen Tag eher Richtung Australien abreisen müssen. Wir waren dafür, in der Umgebung von Samarai zu bleiben, aber dann bekamen wir von einem anderen Jachtie Besuch, der uns abriet: Es herrschten gewaltige Ströme zwischen den Inseln, die das Tauchen unmöglich machen sollten. Er empfahl uns, die Küste abzubummeln Richtung Port Moresby, und pries die landschaftliche Schönheit und die guten Tauchmöglichkeiten des Küstenstreifens. Er war Australier und segelte seit 15 Jahren in den Gewässern Neuguineas, malte eifrig kleine Kreuzchen in unsere Seekarten und empfahl zum Schluß noch eine Bucht gleich um die Ecke, in der er auch die Nacht verbringen wollte. Sie sei ideal zum Barbecue, meinte er, und solche Grillaktion hatten wir für den Abend geplant. Er brach sofort auf, wir brachten erst noch unsere Wäsche zum Guest House, dessen Inhaberin sich bereit erklärt hatte, die Berge schmutziger Bettwäsche, Küchenhandtücher, Frotteetücher, T-Shirts, Hosen und Röcke ihrer Waschmaschine zuzumuten.

Als wir schließlich in der Bucht, die uns der Aussie gepriesen hatte,

---

Bildunterschriften für folgenden Farbteil:

1 Mit menschenleeren Stränden werden wir verwöhnt

2 Dorfidylle auf Viti Levu (Fidschi)

3 Mächtige Felsen im Hinterland vom Port Moresby

4 Kokospalmen - die Bäume der Südsee

5 Die neugierigen Riffhaie wurden uns nie gefährlich

6 Faszination unter Wasser: Tropische Korallenriffe

7 Abendstimmung im Riff

1 ▷

2 △

3 ▽

4 ▽

5 △ 6 ▽ 7 ▷

ankamen, sah es bedrohlich nach Regen aus. Die Wildromantiker unter uns ließen sich davon nicht beirren, auch das Lamentieren über den unverhältnismäßigen Aufwand, den eine solche Grillaktion mit sich brachte, beeindruckte sie nicht. Sie setzten über an Land, um das Feuer anzufachen, für den Rest waren wir verantwortlich. Der Rest, das bedeutete: Grillroste suchen, Gewürze sammeln, Fleisch bratfertig herrichten; Bretter, Bestecke, Brot, Ketchup, Getränke einpacken, Flaschenöffner nicht vergessen, Taschenlampen suchen; wo, ach, wo war nur das große Messer? Wer hatte das Mückenmittel zuletzt? Müßt ihr unbedingt alle im Weg stehen? Würstchen nicht vergessen! Es wurde regelmäßig die halbe Kombüseneinrichtung an den Strand geschleppt, gab es noch Salat oder Kartoffeln zum Fleisch, purzelten alle Küchengeräte durch den Sand. Wer an einem Barbecuetag Backschaft hatte, brauchte zwar nicht zu kochen, stand dafür aber hinterher vor einem Bataillon fettklebriger, versandeter Gläser, Bestecke und Töpfe.

Es war schon dunkel, als wir alles beieinander hatten und uns zum Strand aufmachten, das Feuerchen wies uns den Weg. Wir fuhren noch bei der australischen Jacht vorbei und luden den Sailor, zum Dank für seine Hilfe, zum Barbecue ein. Er bedauerte, daß er nicht mit könne, aber einer seiner »Leute« – er hatte eine schwarze Crew – hätte einen Malaria-Anfall. Betroffen machten wir uns wieder auf den Weg. Die Gefahr, die von den bluthungrigen Moskitos ausging, war für uns zum erstenmal konkret geworden. Ein heilsamer Schock, der dafür sorgte, daß die Malaria-Prophylaxe auf der »Tarzan« wieder mit etwas mehr Enthusiasmus betrieben wurde.

Kaum hatten wir am Strand ausgepackt, begann es zu regnen, wir stellten uns unter das Blätterdach der Bäume und bemerkten amüsiert, daß die Wildromantiker diesen Ausbruch Petrus' schon etwas zu wild fanden. Zaghaft deuteten sie an, daß es vielleicht besser sei, zum Schiff zurückzukehren. Aber Jochen witterte nun die Chance, seiner Crew das Barbecue ein für allemal gründlich auszutreiben: »Ach was! Das bißchen Regen, hört doch gleich wieder auf! Wir bleiben hier!«

Es hörte tatsächlich wieder auf, wenn auch nur für kurze Zeit. Das Feuer war noch nicht weit genug heruntergebrannt, um die Roste auszubreiten, und der nächste Guß war heftiger und länger.

Rambo blieb trotz des Regens beim Feuer stehen und sorgte dafür, daß es nicht ausging. Gonzales und Helmut desertierten mit dem Ruderboot, sobald der Regen etwas schwächer geworden war. Die wüsten Beleidigungen, die ihnen auf ihrem Weg durch die Bucht folgten, nahmen sie nicht zur Kenntnis. Kaum waren sie am Schiff angelangt, hörte es auf zu regnen, wir trockneten uns am Feuer und legten die ersten Würstchen auf, dann die Steaks. Marion, die als Vegetarierin von dem Abend außer durchgeregnetem, lappigem, mangelhaft geröstetem Toastbrot nichts hatte, bewies erstaunlichen Sportsgeist, indem sie mit uns ausharrte.

Wir hatten beschlossen, daß für die Regenflüchtlinge außer zwei Würstchen nichts übrigbleiben sollte, und dafür mußten wir uns ganz schön ins Zeug legen. Als wir, immer noch etwas feucht, zur »Tarzan« zurückkehrten, lagen die Helden in tiefem Schlaf. Etwas Nähgarn aus der Werkstatt, schwupp, hingen die ungegrillten Würstchen an den Vorschiffluken. Sie baumelten genau vor den Kojen der Barbecue-Abtrünnigen, die diese beziehungsreiche Gabe auch zu deuten wußten.

Der neue Tag traf die »Tarzan«-Crew ausgesprochen lahm an, wir trödelten beim Frühstück, bekamen vormittags Besuch von Nancy und Jake, die auch mit einer Jacht hier lagen. Nancy stammte aus Texas, Jake aus Australien, beide waren ausgesprochen liebenswürdig, so daß wir uns entschlossen, einige von den am Vortag erstandenen Luxusgütern zu opfern: Marion mixte Pinacolada, der Vormittag wurde sehr fröhlich, man tauschte Erlebnisse und Storys aus. Die beiden warnten uns vor der Torresstraße, dort müsse man nachts ankern, es herrschten unglaubliche Strömungen. Schnell lagen Seekarten und der Strömungsatlas auf dem Tisch. Sie schilderten das Ganze als Horror-Kanal, wie es dem Mythos entsprach. Als Jochen eher beiläufig erwähnte, daß er vorhabe, auch in der Torresstraße Tag und Nacht durchzufahren, sagten sie ungefähr, wir müßten ja wissen, was wir tun: »Good luck!«

Sie gaben noch einige Tips zu schönen Plätzen an der Küste, verabschiedeten sich, wir setzten Segel nach Samarai zurück, denn innerhalb Neuguineas muß man für jeden neuen Hafen wieder aus- und einklarieren. Der Zoll mußte uns also nach Port Moresby ausklarieren, außerdem glaubte Jochen, an der Pier einen Dieselschlauch gesehen zu haben, und wollte noch mal tanken. Wir waren ziemlich spät dran, dementsprechend breitete sich die übliche Tarzanhektik aus. Das Schiff sollte nur mit dem Heck an die Pier, das erstemal fiel der Buganker zu früh, der Strom drückte uns längsseits auf die Pier. Noch mal das Ganze!

Diesmal klappte es, die Tarzan hing zwischen den beiden Anlegern wie geplant, nur der Schlauch war natürlich kein Dieselschlauch. Man mußte von der Tankstelle Dieselfässer holen lassen, deren Inhalt mit einer Handpumpe in die Tanks umgefüllt wurde. Dafür lag die »Tarzan« aber falsch, wir mußten längsseits gehen. Zurück das Ganze! Der Anker hing »irgendwo« fest, Bobby sprang ins Wasser und forschte nach der Ursache. Wir hatten eine drei Finger breite Stahltrosse geangelt, die wohl auf dem Grund gelegen hatte. Mit dem Anker hatten wir sie bis auf zwei Meter Tiefe hochgehievt, nun war »unheimlich Zing« drauf. Wir sicherten sie mit einer Leine auf dieser Höhe, gaben dann vorsichtig dem Anker ein bißchen mehr Kette – die Leine hielt, der Anker kam frei. Das dauerte natürlich alles ein bißchen, schließlich lagen wir tatsächlich am Anleger der Trading Cie. längsseits, aber wie! Das Wasser war alles andere als ruhig, die »Tarzan« zerrte wütend an ihren Leinen und stieß gegen die dicken Holzbohlen. Wir hatten vorsorglich mit allen alten Autoreifen abgefendert, die sich in der Achterpiek fanden. Jochen war auf der Jagd nach seinem Portemonnaie, um den Diesel überhaupt bezahlen zu können, was ihn nicht am Kommandieren hinderte: »Leinen verstärken! Was ist bloß mit Euch los heute? Schlaft ihr noch, oder was?« Die schnellsten waren wir an diesem Tag wirklich nicht, das mußte wohl an der Pinacolada gelegen haben. Bei Jochen bewirkte das Gesöff dagegen den festen Glauben an die Pflicht, drei Dinge auf einmal tun zu müssen, weil von seiner lahmen Crew ohnehin nichts zu erwarten war. Schließlich hatte er das Portemonnaie gefunden, und wollte nun an Land hasten, um den Zoll noch zu erwischen. Die »Tarzan« schwankte bedrohlich, er kletterte im falschen Augenblick über die Reling, gerade als das Schiff wieder vom Anleger wegschaukelte. Der Skipper tat den großen Schritt ins Leere, hielt sich aber instinktiv mit einer Hand an dem Segelgrundsatz fest, daß der Käpt'n nie ins Wasser fällt, die andere packte einen kleinen Jungen, der mit seinen Gefährten auf der Pier stand und die »Tarzan« bestaunte. Während Jochen sein Gleichgewicht wiederhatte, war der Junge zwischen das Schiff und die Pier gefallen. Er besaß Geistesgegenwart genug, sofort zwischen den Holzbohlen durch unter den Anleger zu schwimmen, sonst wäre er von dem schweren Schiffsrumpf übel zugerichtet worden. Seine Kameraden wollten sich ausschütten vor Lachen, da blieb er unter dem Anleger sitzen und versteckte sich, obwohl er keinen Grund hatte, sich zu schämen. Wir kramten in unseren Vorräten nach Entschädigungen, wurden aber Kekse und Bonbons nicht los, weil Jochens Opfer stur unter der Brücke sitzen blieb.

Aber auch der bestürzte Jochen wurde gehänselt. »Ich dachte immer, die Zeiten sind vorbei, in denen Papuakinder als Fender Karriere machen konnten!« – das war noch eine der harmloseren Bemerkungen.
Für den Zoll war es nun auch zu spät geworden, wir gingen zu dritt zum Guest House, um die Wäsche abzuholen. Als wir mit den riesigen Säcken zurückkamen, war die »Tarzan« nicht mehr da. Der unheilvolle Liegeplatz war als zu unsicher empfunden worden, das Schiff lag jetzt etwas weiter draußen vor Anker. Daß eine Landung mit dem Dingi auch kein Vergnügen war, daß Berge sauber gewaschener Wäsche dabei dem Hafenwasser mehr als einmal bedrohlich nahe kamen, daran hatte mal wieder niemand gedacht. Und saubere Wäsche war schließlich nicht nur Luxus, sondern auch dringend nötig, die letzte Waschmaschine war uns auf Fidschi begegnet.
Abends gab es noch einmal Fish and Chips im Samarai Club, der erheblich besser besucht war als vor einigen Tagen. Es war Freitag – Kinotag! Was für ein Film laufen sollte, konnte uns keiner sagen, darum ging es anscheinend auch nicht. Mit Kindern und Hunden kamen die Niuginis in den Saal, schwatzten und lachten durcheinander, zahlten ihren Obolus an den Kassierer, der sich nur mühsam den Weg durch die Menge bahnen konnte. Dann ging es los, ein englischer Napoleonschinken flimmerte über die große, etwas verbeulte Leinwand. Bobby und ich gingen schon früh, die anderen berichteten später, daß das Publikum an unpassenden Stellen in Gelächter ausbrach und am Schluß niemand genau wußte, ob der Film nun zu Ende war oder nur gerissen. Schließlich hätte der Vorführer »Ende!« in den Saal gebrüllt, worauf alle zufrieden nach Hause gingen.
Auf der »Tarzan« hatte sich inzwischen ein weiteres Mißgeschick ereignet, das letzte an diesem unheilvollen Tag. Brigitte hatte sich freundlicherweise bereit erklärt, die Backschaft zu vertreten und das »Coq au vin« für den nächsten Tag vorzubereiten, weil die Anforderungen des Rezepts die Kochkünste der anderen Segler bei weitem überstiegen. Über dem Petroleumherd war ein großes Bord mit Gewürzdosen, etwa 50 an der Zahl, deren Inhalt nur in den seltensten Fällen mit der Bezeichnung auf dem ursprünglichen Etikett übereinstimmte. Die meisten Döschen aus diesem Bataillon hatten überhaupt kein Etikett, sondern nur einen Tesastreifen, auf dem verblichene Filzstift-Hieroglyphen den Inhalt verschlüsselten. Jedenfalls war das von Brigitte als Paprika identifizierte Pülverchen etwas anderes gewesen, und statt fein-französischem Hähnchen in Weinsoße wurde am nächsten Abend ordinäres Curryhuhn aufgetischt.

Da lagen wir schon vor Baibesika an der Festlandsküste, eine halbe Tagesreise von Samarai entfernt. Als wir in die Bucht einliefen, bestaunten wir durch das Fernglas eine Frau am Strand, die mit einem Grasrock bekleidet war. Bisher schien es immer so, als würden diese traditionellen Kleidungsstücke nur für den Verkauf an Touristen hergestellt. Es war noch hell genug, um die Umgebung zu erkunden, unter Wasser sah es im wahrsten Sinne des Wortes trüb aus, obwohl die Schnorchler auch hier so ziemlich als erstes einen Hai sahen. Nach Einbruch der Dunkelheit machten sich Marion und Bobby zu einem Nachttauchgang auf, wir anderen fielen über den Wein her, der für die Soße des verkappten Curryhuhns gedacht war, und empfingen die Taucher laut singend. Nach dem Essen breitete sich der Spieltrieb aus, erst Schach, dann Skat, wir waren ein sehr deutsches Schiff.
Das Tauchen direkt an der Küste konnte man offensichtlich vergessen, obwohl die Nachttaucher immerhin Süßlippen gesehen hatten. Generell war die Sicht schlecht, abgestorbene und versandete Korallen fanden sich häufig. Aber in der Seekarte lockten ein paar Krakel, die die Bezeichnung »Sunken Barrier Reef« trugen und etwa 5 Seemeilen vor der Küste lagen. Am nächsten Tag war nicht viel Wind, wir nahmen Kurs auf das Barrier Reef, das wir mit Hilfe von Echolot und Peilkompaß auch gut fanden. Es regnete ein paar Tropfen, der Himmel war grau, das Wasser bleigrau und nicht sehr einladend. Auf dem Flach – das Riff war an seiner höchsten Stelle vielleicht neun Meter unter der Oberfläche – bildeten sich Wellen, während die See sonst ziemlich ruhig war. Das alles genügte, mich von dem Unterwasserausflug abzuhalten. Mitten auf dem Meer einfach über Bord zu springen, lag meiner ängstlichen Natur nicht. Die entschlossenen Taucher ließen sich nicht von ihrem Vorhaben abbringen. Zuerst wurde das Dingi samt Anker von der »Tarzan« losgeworfen, es lag sicher auf dem Flach. Die »Tarzan« drehte eine Ehrenrunde und setzte dann die Taucher in der Nähe des Dingis ab. Nach einer guten Dreiviertelstunde sollten Taucher und Dingi wieder aufgepickt werden, die »Tarzan« trieb solange in Sichtweite des orangenen Gummiboots.
Begeisterung bei den Tauchern: Erst eine öde Sand- und Seegraswüste, aber dann lag ein einzelner Korallenblock vor ihnen. Auf diesen wenigen Quadratmetern spielte sich das geballte Leben ab, eine Seeschlange verfolgte sie neugierig, das »Offshore-Diving« war ein großer Erfolg.
Morgens hatten die Einheimischen aus dem Dorf, vor dem wir ankerten, neugierig die Jacht besucht. Es kamen vor allem die Kinder, die

Erwachsenen zeigten mehr Scheu vor den Weißen. Einige Frauen und ein alter Mann brachten uns Früchte und Gemüse, das wir nicht kannten. An den langen Stengeln trabten Ameisen geschäftig auf und ab, das brachte uns etwas in Verlegenheit. Wir konnten schließlich das Gastgeschenk nicht einfach über Bord werfen, andererseits war eine Ameiseninvasion auf dem Schiff noch lästiger als die gelegentlich auftauchenden »John Waynes« aus der Kakerlakenfamilie. Wir bekamen fast immer, wenn wir in der Nähe eines Dorfes ankerten, Besuch von den Dorfbewohnern und hatten uns deshalb angewöhnt, sie nicht unter Deck zu bitten, von wenigen Ausnahmen abgesehen. Auch auf einer großen Jacht ist der Lebensraum für den einzelnen nicht allzu reichlich bemessen. Wenn sich außer acht Seglern noch fünf bis zwanzig Besucher durch die Kabinen drängen, ist das schwer auszuhalten. Nun waren auf unserem Deck etwa zehn Kinder und einige Erwachsene versammelt, ließen sich stolz mit dem Skipper zusammen fotografieren, als es anfing zu regnen. Jochen bat sie in den Kartenraum, ein Kompromiß, denn der Kartenraum auf der »Tarzan« wäre etwa einem Hausflur vergleichbar. Sie drängelten sich auf den paar Quadratmetern, peinlichst bemüht, keinen Schritt zu weit zu gehen. Die Kinder betrachteten die Seekarte und lachten über Scherze, die wir nicht verstanden. Die Erwachsenen versuchten, auf der seltsamen Karte ihr Dorf wiederzufinden.
Abends machten wir den Gegenbesuch im Dorf. Die Häuser, meist auf Stelzen gebaut, hatten nur einen einzigen Raum, der nicht besonders groß war. Auf dem Boden brannte ein offenes Feuer, ohne Abzug oder Ofen, die Einrichtung bestand aus Matten, die auf dem rohen Fußboden lagen. Koffer sah man auch häufig, ob darin die Habe verstaut war oder ob sie nur als Statussymbole galten, wurde uns nicht klar. Über Statussymbole sollten wir später noch etwas lernen.
Die Einheimischen folgten uns in schüchternem Abstand. Als wir den Kopraofen betrachteten, faßte sich einer der älteren Männer ein Herz und bot uns ein Stück zum probieren an: Geräucherte, gesalzene Kokosnuß, das Fruchtfleisch bekommt bei dieser Behandlung die Konsistenz von Leder. Neben den Einbäumen am Strand lagen zwei Motorboote, ein drittes war im Bau. Die »Werft« war ein einfacher

◁ Auslegereinbaum

Unterstand am Strand, unter dem das Holzgerippe, zum Teil schon beplankt, vor Regen geschützt war. Ebenfalls unter dem Dach wurde ein fabrikneuer Motor aufbewahrt, noch originalverpackt, der das Schiff eines Tages antreiben sollte. Sie erklärten, schon seit zwei Jahren daran zu bauen, demnach konnte es noch eine gute Weile dauern, bis es am Ufer zwischen den anderen schaukelte. Marion und ich bummelten am Strand entlang bis zum Ende der Bucht. Wir stockten mitten im Schritt, denn vor uns, hinter einem Stein versteckt, zeigten deutliche Spuren, daß jemand den Strand als Klo benutzte. Natürlich, wir hatten in den Häusern auch keinerlei Toiletten entdeckt. Aber in diesem Dorf lebten mindestens fünfzig Menschen, wie organisierten die das wohl? Gefragt haben wir nicht. Der Mann, der uns mit Kopra versorgt und die Fragen zum Bootsbau beantwortet hatte, versuchte nun, mit uns ins Geschäft zu kommen. Unsere Zigaretten waren begehrt, er wollte uns dafür Muscheln geben. Da wir alle Muscheln sammelten, gingen wir auf den Handel ein. Das war schon etwas absurd, wenn man bedenkt, daß vor fünfzig Jahren australische Goldsucher im Hochland von Neuguinea die Papuas für ihre Schufterei in den Minen mit Muscheln bezahlten. Die Muscheln hatten damals dieselbe Funktion wie die Glasperlen in Afrika: Die Weißen bekamen sie billig, für die Schwarzen waren sie eine Kostbarkeit.

Der Mann begleitete uns zur »Tarzan«, um die Zigaretten abzuholen. Jochen wollte im Einbaum mitfahren, wogegen sich der Einbaum entschieden verwahrte und schon wenige Meter vom Ufer entfernt Anstalten machte, zu kentern. Als es dunkelte, kamen die Kinder an Bord, saßen mucksmäuschenstill auf Deck und linsten durch die Luken in den Schiffsbauch. Sie betrachteten uns anscheinend als Quelle unerschöpflicher Genüsse, beobachteten interessiert Brigitte und mich – wir versuchten gerade mit Feuereifer und viel Geschrei, uns gegenseitig im Malefiz zu schlagen. Jochen fand, daß wir vor den Kindern ordentliche Weiße abzugeben hätten, erteilte Kußverbot und die Order, das Bataillon leerer Bierflaschen vom Tisch abzuräumen. Schließlich wüßten wir ja nicht, wie die Kinder erzogen worden seien.

Den Kindern gaben wir jedenfalls Orangensaft und kein Bier, so verderbt waren wir denn doch noch nicht. Als wir sie fragten, ob sie Lust hätten, etwas zu singen, stimmten sie nicht, wie die kleinen Fidschianer, Volkslieder an, sondern Kirchenlieder in englischer Sprache, die sie offensichtlich in der Schule gelernt hatten. Vielleicht hatten sie ja das Gefühl, daß wir es bitter nötig hätten ...

Am nächsten Tag brachen wir wieder zum Offshore-Diving auf. Die Sonne strahlte, das Wasser schien ruhig, diesmal wollte ich auch mit. Wir fuhren eine gute Stunde hinaus, diesmal an ein anderes Flach, ein Stück weiter westlich. Während der Fahrt briste der Wind auf, aber der Seegang war noch nicht gefährlich, so daß wir es trotzdem wagen wollten. Wieder wurde das Dingi losgeworfen, diesmal sprangen fünf Taucher nacheinander ins Wasser, ein Stück vom Dingi entfernt. Dort wollten wir uns treffen und dann gemeinsam nach unten gehen. Also hinein ins Vergnügen! Im Wasser sah ich keinen von den anderen, die Wellen verbargen sie. Aber ich sah immerhin das Dingi, das als signalrotgelber Fleck auf den Wellen schaukelte. Also drauflos schnorcheln, Wasser schwappte mir in den Schnorchel, ich verschluckte mich, zappelte, nahm den Lungenautomaten, immer noch keiner von den anderen zu sehen. Durch die Maske sah ich den Boden: Mädchen, wenn du jetzt da unten wärst, würdest du dich vollkommen wohl fühlen, da wirst du doch wohl hier oben keine Panik kriegen ... Nur die Ruhe jetzt, und auf das Dingi los, alles andere wäre tödlich! Ich kämpfte

wieder gegen das Wasser, aber das Dingi kam nicht näher, das begriff ich irgendwie nicht. Schon waren Bobby und Marion bei mir, jeder hielt eine Hand fest, das half mir, die Angst im Hals hinunterzuschlucken. Irgend jemand brüllte: »Wir haben Strömung!«
Ach so, dachte ich, deshalb treibt das Dingi ab. Das war natürlich Quatsch, wir hatten es ja samt Anker losgelassen, das Dingi lag bombenfest, nur wir schaukelten wie ein Haufen Treibholz durch den Pazifik. Inzwischen waren auch Jochen und Rambo bei uns angekommen. »Zum Dingi schaffen wir es nie! Wir müssen zur ›Tarzan‹ zurück«, entschied Jochen.
Die »Tarzan« hatte sich inzwischen aber auch schon ein gutes Stück entfernt, wir hatten schließlich mit den anderen ausgemacht, daß sie uns in einer Stunde wieder abholen sollten. Wir schrien und gestikulierten wie die Verrückten, tatsächlich wendete die Jacht und fuhr wieder auf uns zu. Später erfuhren wir zu unserem großen Unbehagen, daß sie weder Geschrei noch Winken wahrgenommen hatten – sie waren nur zurückgekommen, weil sie gesehen hatten, daß wir noch immer nicht abgetaucht waren, und deshalb dachten sie, es sei vielleicht irgend etwas nicht in Ordnung. Gesegnet sei ihr Scharfblick!
Marion hatte inzwischen ihre Weste aufgeblasen, daran konnte ich mich festhalten, es gab mir psychologischen Halt, bis der schwarze Riese auf uns zugebrummt kam. Aber auch jetzt war guter Rat teuer: Mit der schweren Ausrüstung die hohe Bordwand zu erklimmen, wäre eine lausig schwere Übung gewesen, dafür schaukelte das Schiff auch zu doll: »Wir müssen zum Dingi!« Die drei auf dem Segelschiff hatten die gute Idee, eine Leine auszubringen. Sie belegten eine der schwereren Trossen auf der Heckklampe und warfen das andere Ende ins Wasser. Da die »Tarzan« jetzt genauso in der Strömung trieb wie wir, konnten wir die Leine leicht erreichen. Dann ging die Post ab. Das Schiff segelte nur mit dem Besan, es war auch nicht viel Wind, aber wenn man die »Geschwindigkeit« am eigenen Leib spürt, verändert sich der Begriff. Wir wurden erstmal alle kräftig untergetaucht, das Seil spannte sich und die Arme wurden lang. Wir hatten alle instinktiv mit der rechten Hand angefaßt, deshalb hingen wir ziemlich dicht zusammen auf einer Seite dieser phantastischen Haiangel. Der eine Schultergurt meines Preßluftgerätes löste sich, die Flasche hing plötzlich auf halb acht, und durch ihr Gewicht kam ich ins Schlingern.

Ich versuchte, den Gurt mit einer Hand wieder zu befestigen, aussichtslos. Dann mußte ich eben weiter um das Seil torkeln, mit einer Hand wehrte ich Jochens Flossen ab, die unbemerkt von ihrem Träger versuchten, mir die Maske aus dem Gesicht zu schlagen. Rambo, als letzter am Seil, hatte es am schwersten. Jochen hatte ihm irgendwann vorher die Harpune in die Hand gedrückt, er konnte sich also nur mit einer Hand am Seil festhalten. Zweimal glitt ihm die Harpune aus der Hand, zweimal fing er sie gerade noch mit einem schnellen Griff nach hinten wieder ein. Dann sah er nach unten, auf dem Meeresboden schlängelte sich unter unserem Fünferpack ein Hai ...
Gott sei Dank teilte er das niemandem mit, denn die Fahrt bis zum Dingi schien Ewigkeiten zu dauern. Als ich zur »Tarzan« hochsah, packte mich die Wut: Unser Trip an der Haiangel war nun wirklich kein Lusttauchgang, unsere Lage nicht gerade angenehm. Brigitte saß am Ruder, Helmut paßte auf uns auf, daß keiner unbemerkt verlorenging, und Gonzales – ja, der stand mit seiner Videokamera an Deck, ganz cool, und filmte, als sei dieses Spektakel ihm zu Ehren inszeniert worden. Meine Wut war natürlich ungerecht, denn helfen konnte er uns ja nicht. Aber die Vorstellung, daß er mit dem Film »Fünf Taucher, zehn Minuten bevor sie ertranken« Lorbeer gewinnen könnte, war mir zuwider. Jochen war nun auch wütend. Der Besan war herumgeschlagen, und diese Patenthalse widerstrebte all seinen Seglerinstinkten. Er hing ganz vorne an der Angel und fing an zu brüllen und zu fluchen, nur vom leichten Wellengang unterbrochen: »Ihr seid uunfäääähig – Blubb – ihr Idioten! Fahren die 'ne Pablubbtenthalse! Brigitte, gluckgluck, du segelst seit blubbzehn Jahren! Wie kann man nur so blöd sein! Wartet – pfüht – wartet, bis ich an Bord komme!!!«
Das hätte er nun lieber nicht brüllen sollen, denn falls sich jemand getroffen gefühlt hätte, mußte er bloß die Trosse losmachen, und Jochen wäre nie wieder an Bord gekommen ...
Aber die »Tarzan« ist nicht die »Bounty«, und der einzige Erfolg der Schimpferei war, daß außer Jochen auch Marion Wasser schlucken mußte, weil sie sich halb totlachte über diesen Ausbruch. Dann kam endlich das Dingi in Sichtweite. Von Bord der »Tarzan« aus war nicht festzustellen, in welche Richtung der Strom setzte, die Jacht ließ uns in etwa fünf bis zehn Meter Entfernung vom Dingi los. Vertrauensvoll hielten wir darauf zu, aber wir strampelten schon wieder auf der Stelle.
Marion, an deren Weste ich mich immer noch festhielt, wurde durch diesen vollaufgeblasenen Gummikragen erheblich behindert, weil er

Erschöpfung nach dem Tauchgang

dem Wasser enorme Widerstandsfläche bot und ihre Bemühungen, das Dingi zu erreichen, ungeheuer bremste. Einen Moment lang schien sie am Ende ihrer Kräfte, ich kämpfte allein, aber dann rappelte sie sich zusammen – wir beide erreichten das Gummiboot als letzte.

Jochen schwang sich zuerst in das Boot, wir anderen hingen noch draußen. Bobby war immer noch von dem Gedanken gepeinigt, ich könne mich im letzten Augenblick entschließen, zu ersaufen, und wollte mir den Bleigurt abnehmen. Mit beiden Händen fummelte er an dem Gurt herum – das konnte natürlich nur so lange gutgehen, bis der Bleigurt tatsächlich offen war. Erleichtert spürte ich den Verlust des Gewichts, erschreckt sah ich in derselben Sekunde Bobby abtreiben. Er hatte nicht bedacht, daß er sich nur an meinem Bleigurt festgehalten hatte.

Marion sah es auch und hatte genug Geistesgegenwart, eines ihrer langen Beine auszustrecken, Bobby erwischte gerade noch ihre Flos-

se und zog sich wieder ans Dingi heran. Er blieb bis zum Schluß im Wasser, als alle anderen schon glücklich im Dingi verstaut waren. An der Ankerleine tauchte er hinunter und löste den Anker, nun trieb das Dingi.

Die »Tarzan« fuhr wieder auf das Dingi zu und drehte bei. Ein leichtes Gummiboot und eine 30 Tonnen schwere Jacht treiben im allgemeinen unterschiedlich schnell, aber im Vergleich zu den vorausgegangenen Kämpfen merkte man nichts davon. Es schwamm sich mühelos von einem Boot zum anderen. Vier Taucher erklommen so nacheinander die Jacht, dann wurde noch einmal das Dingi direkt angesteuert, festgemacht und ausgeladen. Schließlich war auch der letzte Abenteurer wieder auf sicheren Planken. Die Unverbesserlichen wollten eigentlich noch zu einem Strömungstauchgang aufbrechen, aber die allgemeine Erschöpfung machte diesen Plan zunichte. In meinem Hinterkopf krähte ein vorlautes Stimmchen: »Du wolltest doch unbedingt Abenteuerurlaub machen, oder nicht?«

Der aufregende Tag schloß friedlich in einer wunderschönen Bucht. Grüne Berge umgaben diesen Naturhafen, zwei Inselchen markierten die Hafeneinfahrt. Im diesigen Licht des Nachmittags zogen die weißen Segel der Auslegereinbäume vorbei. Grandiose Stille.

Einige der um den Tauchgang betrogenen Taucher machten sich in der Bucht noch einmal auf, aber es gab nichts zu sehen. Dunkelheit senkte sich über das Land, auf dem Meer glitzerten hier und da noch Lichtreflexe, aber statt die Poesie des Abends zu würdigen, machten wir uns im Hochgefühl der geleisteten Großtaten mit einem Wolfshunger über das Abendessen her. »Hast dich gut geschlagen, Alte«, meinte Bobby beiläufig zu Marion, die sofort begriff, daß das ein großes Kompliment war. Von nun an gab es Zeichen zwischen Tauchern und Schiff, so daß es bei der nächsten Krisensituation nicht mehr dem »Zufall« überlassen blieb, ob die rettende Jacht umkehrte oder nicht. Der »Zufall« war keiner, darauf wies der Kapitän ausdrücklich hin: Entscheidend war die gute, weitsichtige Crew, wären »Mehlaugen« an Bord gewesen, hätten die Haie ein schmackhaftes Menü gehabt.

Von Momoni Island, einer der kleinen Inseln am Rande der Bucht, drangen merkwürdige Töne über das Wasser zu uns. Wir waren sicher, daß es sich um Ochsenfrösche oder verzauberte Prinzen handeln mußte, obwohl die einen in Nordamerika und die anderen im deutschen Märchen zu Hause sind. Wir wollten das am nächsten Tag genauer untersuchen. Gonzales versöhnte uns mit seiner Filmerei, als er jedem der verhinderten Taucher einen Blick auf die bildlich festgehaltene Haiangel-Episode gönnte. Es war wirklich köstlich, denn er hatte den Augenblick erwischt, als die »Tarzan« »anfuhr« und fünf brav am Seil aufgereihte Gestalten mit einem »Schwupp« unter der Wasseroberfläche verschwanden.

Im Morgenlicht sah unser Hafen – er hat, jedenfalls nach der Seekarte, keinen Namen: 150° 1,5′ Ost, 10° 36′ Süd – noch überwältigender aus, die Sonne brannte mit aller Kraft und legte einen Mantel aus Lichtglast über das Wasser, die Berge trotzten, großen Wächtern gleich, im Halbkreis um die weite Bucht. Delphine, diese Geschwindigkeitsmeister, zogen langsam, als wären sie noch verschlafen, ihre Bahnen. Sie kamen so nahe an das Schiff, daß man ihr gleichmäßiges Schnaufen vernehmen konnte. Es war ein überaus friedlicher Morgen. Die halbe Crew setzte mit dem Dingi nach Momoni über, um den quakenden Märchenprinzen des Vorabends auf die Spur zu kommen. Die Ruhe wurde jäh gestört, weil die Meinung vorherrschte, dieser Morgen wäre eine phantastische Möglichkeit, die »Tarzan« von außen zu filmen – unter Segeln, verstand sich von selbst.

Allen, die nicht schnell genug waren, sich zum Fotokommando in das Dingi abzuseilen, stand eine arbeitsreiche Dreiviertelstunde bevor. Ich hatte es mit meinem Platz am Ruder noch ganz gut getroffen, aber Marion und Rambo hetzten von einer Schot zur anderen. Nicht nur die zahlreichen Wenden und Halsen, mit denen wir vor dem Schlauchboot auf und ab paradierten, beanspruchten ihre Muskelkraft. Durch die Abdeckung der Küste änderte sich der Wind ständig, dauernd mußte hier und da ein bißchen gezupft oder losgelassen werden. Jochen stand und gab die nötigen Kommandos und informierte uns zwischendurch, daß sich der Skip bei Manövern am besten nur damit befaßt, den Überblick zu behalten. Dafür sprach allerdings einiges, aber heimlich wünschte ich doch, daß er mich am Ruder ablöste – beim ersten »Treffen« mit dem Dingi mußten die Insassen um ihr Leben fürchten, so haarscharf nahm ich das Beiboot aufs Korn, natürlich unter Jochens Regie. Statt nun brav alle Kommandos stumm auszuführen, tat ich zwar, was er sagte, aber zeterte dauernd dazwischen: »Jochen, meinst du nicht, daß das zu dicht ist? Jochen! Das ist doch viel zu dicht! Soll ich jetzt aufschießen? Wenn ich jetzt nicht aufschieße, mangeln wir sie über! Jochen!!!«

Auf diesem Ohr war der gute Skipper taub, und das war auch richtig so. Während ich erstaunt erste Anzeichen weiblicher Hysterie an mir entdeckte, kommandierte er so, daß uns der Lorbeer für die Meistertat, unser eigenes Beiboot zu versenken, erspart blieb. Schwierigkei-

ten gab es trotzdem, denn auf unseren ersten perfekt dichten Anleger am Dingi war das Fototeam nicht vorbereitet, die Vorleine ein einziges Knäul, das beim verspäteten Wurfversuch schlapp teils ins Wasser, teils nach Bumerangart ins Beiboot zurückfiel.
Bei den folgenden Aufschießern meinte Herr Wind, daß hier offenbar ein lustiges Spiel ohne seine Beteiligung stattfinden sollte. Das konnte er nicht zulassen! Leider versäumte er es, nach den Spielregeln zu fragen (Nr. 1: Alles hört auf Skips Kommando), und drehte neckisch immer im entscheidenden Augenblick um mindestens 45 Grad, blähte die Segel auf, die eigentlich genau im Wind schlackern sollten, und gab Gas, wo wir 10 Sekunden vorher gebremst hatten. Wir mußten immer wieder abdrehen, beim vierten oder fünften Versuch, als wir einer Insel am Eingang der Bucht schon bedrohlich nahe waren, klappte es endlich. Die folgende Stunde, in der wir schon wieder auf dem Meer draußen waren, verging mit einer entnervenden Diskussion darüber, ob die Dingi-Crew (unfähig, eine Leine zu werfen) schuld an der langwierigen Prozedur war oder die auf der »Tarzan« verbliebenen Segler (zu blöd, um einen Aufschießer zu fahren). Wir verbrachten überhaupt bei Mißgeschicken jeglicher Art viel Zeit mit der fragwürdigen Suche nach dem Schuldigen. Da diese Spurensicherung immer in Form eines Freistildisputs stattfand, die garantierte, daß jedem Teilnehmer über kurz oder lang sämtliche Sünden seines Lebens vorgeworfen wurden, soweit sie den anderen bekannt waren, und auch die Beleidigungen in solchen Stunden ziemlich tief flogen, ergab sich daraus eigentlich nur ein Vergnügen für die klugen Leute, die sich aus der Sache heraushielten. Verbargen sie ihre Heiterkeit nicht gut genug, waren sie willkommene Zielscheiben neuer Anschuldigungen. War das zu Wasser gelassene Papuakind aus Samarai immer eine gute Erinnerungshilfe für den armen Jochen, wenn er wagte, uns wegen irgendeiner Ungeschicklichkeit zu kritisieren, flogen Marion und mir kurz darauf die Scherben der zwischen Neuseeland und Tonga zerbrochenen Thermoskanne an den Kopf und stopften uns wirkungsvoll den Mund.
Inzwischen war Turea in Sicht gekommen, eine Insel, die mit ihrem abgezirkelten Felsrand und drei windschiefen Palmen obenauf von fern wie ein überdimensionales, altmodisches Telefon wirkte. Auf der Seekarte sah es rundherum nach gutem Tauchgrund aus. Das Wasser war aber auch in Lee der Insel zu kabbelig, um zu ankern: Es bestand die Gefahr, daß die Ankerkette aus der Führung sprang und das Vorschiff kurz und klein schlug. Also wieder Dingi-Aktion, diesmal nur

mit Marion und Bobby, weil wir beschlossen hatten, daß zuviel Wind war, um mit nur drei oder vier Leuten die »Tarzan« zu manövrieren. Mich konnten nach der Erfahrung vom Vortag sowieso keine zehn Pferde mehr zum »Offshore-Diving« bringen.
Das Dingi wurde wieder samt Anker abgesetzt, dann die beiden Taucher. Nachdem sie »Keine Strömung – alles O. K.« signalisiert hatten, fuhr die »Tarzan« auf das offene Meer hinaus. Es pfiff tatsächlich ganz schön.
Als wir nach einer Stunde zurückkamen, kletterten die beiden gerade ins Dingi. Das Aufpicken wurde zum zweitenmal an diesem Tag zum Problem – das Wasser war kabbelig, an der Luvseite die Bordwand zu hoch, um Flaschen und Taucher aus dem Dingi zu übernehmen, an der Leeseite schlugen den beiden die Schoten und Segel um die Ohren. Sie ließen die Bleigurte im Dingi (»können wir nachher einsammeln!«), um so schnell wie möglich aus der Gefahrenzone herauszukommen. Als ich gerade die Vorleine vom Dingi an der Heckklampe belegte, tauchte das Beiboot zweimal mit der Nase in die Wellen und begann, vollzuschlagen. »Losmachen!« schrie Jochen, aber durch das Gewicht, das das Wasser in das Beiboot brachte, war die Vorleine schon gerissen. Nun hieß es wieder Manöver fahren – sobald das Dingi den Zug von der »Tarzan« los war, schlug es nicht weiter voll, aber es begann im Wind zu treiben. Diesmal war das Manöver nicht so schwierig, es saß ja keiner mehr im Schlauchboot, der gefährdet werden konnte. Trotzdem mußte Bobby erst wieder ins Dingi zurück, um den Ausreißer zu fangen. Danach mußten eine neue Vorleine angebracht, das Wasser ausgegossen und die Bleigurte gerettet werden.
Die nächste Insel hieß Ulawaboi, von uns später plump-phantasielos »Trauminsel« genannt, doch das Klischee paßte wirklich. In der Seekarte – die für dieses Gebiet ohnehin peinlich ungenau war und einige Gebiete auch ehrlich als »unexplored« auswies – war Ulawaboi nicht eine, sondern zwei Inseln. Tatsächlich waren die beiden dicken Enden nur durch einen relativ schmalen Streifen aus Puderzuckersand und Felsen verbunden, wahrscheinlich würden es irgendwann zwei Inseln sein, so gierig, wie die See daran leckte. Wir ankerten in Lee der Insel, die allerdings keinen Schutz gegen das Kabbelwasser bot. Die »Tarzan« schwankte bedrohlich hin und her, Seekrankheit verheißend. Mit dem Dingi konnte man unmöglich landen, selbst auf der wetterabgewandten Seite stand Brandung. Also vertrauten wir auf die eigene Muskelkraft als Fährmann. Mit Maske, Schnorchel und Neoprenfrack (falls uns die Brandung unsanft ans Ufer spucken soll-

te) machten wir uns auf den Weg zur kleinen, unbewohnten »Trauminsel«.
Unter uns wiegte sich das Seegras im Takt der Brandung, sonst war wenig zu sehen – außer bei Brigitte, die eine Schildkröte entdeckte. Es sollen schon Menschen vom Anblick des schwankenden Seegewächses seekrank geworden sein, aber ich fand dieses Bild schön und ließ mich gern im Seegang treiben, er brachte uns auch sanft an Land. Das eine Ende von Ulawaboi war ein karges Felskap, in das die See viele Schluchten und kleine Höhlen gefressen hatte. Das Wasser gurgelte in die vielen kleinen Kanäle, zog sich wieder zurück, sprudelte, wirbelte, leckte an den Felsen. Einige einsame Palmen sahen dem Spiel zu.
Auf der anderen Seite, hinter dem Sandstreifen, war ein richtiger kleiner Urwald mit Kokospalmen, Lianen und knorrigen Bäumen. Ein von uns aufgestörter Fliegender Hund taumelte dicht an uns vorbei, jetzt hatte ich endlich ein lebendiges Exemplar dieser Gattung von nahem gesehen! Durchquerte man den Urwald, gelangte man zur anderen Spitze der Insel, auch hier Felsen und feiner Sand. Unser besonderes Vergnügen war ein »Planschbecken«: Durch einen engen Durchlaß zwischen zwei Felsen schoß das Wasser in einer Fontäne an den Strand und hatte im Sand eine kreisrunde Vertiefung ausgewaschen. Darin stand man etwa bis zum Bauchnabel im Wasser und konnte die Wellen genießen, die sich schäumend und spritzend durch die schmale Gasse den Weg bahnten. Leider war es schon ziemlich spät, und für die Nacht mußten wir uns einen ruhigeren Ankerplatz suchen. Wir fuhren in die Kaukaubay, mehr ein Fjord als eine Bucht und gleich hinter der »Trauminsel«, die wir am nächsten Tag noch einmal besuchen wollten. Marion und Bobby erzählten von dem Tauchgang hinter Purea, sie hatten einen Ammenhai gesehen! Es war der erste Hochseehai, der auf dieser Reise den Tauchern begegnete, allerdings einer von der ungefährlichen Sorte. Dafür war er ziemlich groß und furchtbar verschlafen – er bemerkte die Taucher erst sehr spät, erschrak entsetzlich vor diesen vermummten, Luftblasen sprudelnden Wesen und verschwand sofort. Diese anschauliche Erzählung veranlaßte Jochen zu der resignierten Bemerkung: »Immer, wenn beim Tauchen mal was Interessantes passiert, bin ich nicht dabei! Das war in Neuseeland mit den Delphinen genauso.« Wir bedauerten alle, nicht dabeigewesen zu sein, außer Brigitte, die sicher war, daß sich auch der zahmste Hai in ihrer Gegenwart in eine reißende Bestie verwandeln würde.

Ein weißhaariger Herr in einem Auslegereinbaum kam in die Bucht gepaddelt, er hielt an der »Tarzan« und begrüßte uns. Er gehörte zu dem Dorf, das wir in einiger Entfernung am Ufer liegen sahen, ein anheimelndes Feuer war dort entzündet worden und winkte noch den halben Abend zu uns herüber. Er versprach, am frühen Morgen mit Früchten zum Handeln wiederzukommen, löste sein Wort allerdings nicht ein.
Wir brachen aber auch ziemlich früh auf, weil wir noch einmal auf die »Trauminsel« wollten. Wieder ankerte die »Tarzan« im Kabbelwasser, aber wir rüsteten uns diesmal besser aus. Gonzales hatte aus langjähriger Kanuerfahrung daran gedacht, ein wasserfestes Heringsfaß mit auf die Reise zu nehmen, das stopften wir nun mit Keksen, kleinen Orangensaftkartons, Zigaretten und ähnlich lebensnotwendigen Dingen voll. Wir schnorchelten an Land und verbrachten ein paar unbeschwerte Stunden auf der Insel. Marion hatte die Einheimischen gut beobachtet und öffnete mit Hilfe eines Aststumpfes zwei Kokosnüsse. Es dauerte zwar erheblich länger als bei unseren Freunden von Rano, aber Kokosnuß ist schließlich Kokosnuß. Wir tobten auf der Insel herum wie Kinder, der Abschied fiel uns schwer.
Zwischen Delami Island und Bona Bona war der nächste Stopp. Wir ankerten dicht bei Delami, weil zwischen beiden Inseln Korallen ihre Arme bis an die Wasseroberfläche streckten. Die Sicht unter Wasser war extrem schlecht, allerdings nicht so trüb, daß man im Flachen nicht die langen, grazilen Fühler unter den Korallen sich hervortasten sah – Langusten! Die wären nun zum Abendessen ideal gewesen, zumal Delami damit anscheinend reichlich gesegnet war. Aber sie waren zu geschickt, wir erwischten nicht eine einzige. Also wurde deutsch gegessen: warme Blutwurst mit Kartoffelpüree. Wurstkonserven und Dosenbrot hatten wir aus Deutschland mitbringen lassen, beides stand unter strenger Kontrolle, weil kein Nachschub zu erwarten war. Besonders das Brot wurde eifersüchtig bewacht – schon in Vanuatu hatte uns ein Insulaner anvertraut, Brot gebe es nur in der Stadt, für die Europäer. Die Brotdosen wurden abgezählt und unter Verschluß gehalten für die Seereisen, wo es dank Wind und Wellen oft nicht so einfach war, zum Frühstück Rührei oder Porridge zu servieren oder selbst Brot zu backen. Da man aber weder Porridge noch Rührei mit Käse oder Marmelade bestreichen konnte, stieß diese Frühstücksdiät gelegentlich auf heftigen Widerstand. Auch der Ersatz »Cabin Bread«, eine Art Cräcker, die mich irgendwie immer an Schiffszwieback aus den Reiseberichten vergangener Jahrhunderte erinnerten, besonders

als irgendwann die Maden das trockene Zeug zu ihrer Heimstatt erkoren, fand in der hungrigen Crew wenig Gegenliebe.
Also war jeder Backtag ein Festtag, egal ob Marion nun Brötchen, Rosinenkuchen oder Fladenbrot produzierte. Dann lebten wir streng nach der Philosophie »Wenn's alle ist, ist's eben alle«, die wir auch gern auf Dosenbrot und andere Köstlichkeiten erstreckt hätten. Vor Delami war so ein Festtag – Fladenbrot zum Frühstück. Wir aßen im Cockpit im Sonnenschein, plötzlich hörte man ziemlich nahe ein gewaltiges Prusten: Wale. Eine Gruppe kleiner Wale zog durch die flachen Gewässer zwischen den Inseln, majestätisch und ruhig. Entweder jagten die Einheimischen hier keine Wale, oder die Tiere konnten nicht begreifen, daß Landnähe auch Menschen bedeutete. Jedenfalls fühlten sie sich offensichtlich absolut sicher – die einzigen, die sich um die gravitätischen Meeressäuger kümmerten, waren wir. Die Männer sprangen sofort mit Kameras und Schnorchelausrüstung in das Gummiboot, weil sie hofften, die Wale ganz nah zu erwischen. Sie fuhren nach Westen, wo wir die Fontänen und die bräunlichen Rükken zuletzt ausgemacht hatten. Die Wale tauchten geraume Zeit spä-

Die kleinsten Bewohner des Dorfes

ter wieder näher bei der Jacht auf, aber da war das Beiboot schon außer Rufweite. Wir sahen ihnen noch eine Weile zu, dicht an der Küste von Delami nahmen sie ihren Weg Richtung Meer. Dann verschwanden sie hinter der Felsnase Delamis, wir konnten uns beruhigt wieder dem Fladenbrot zuwenden.
Jochen, Gonzales und Helmut hatten einen Tag vorher Bona Bona einen Besuch abgestattet, direkt am Strand lag ein kleines Dorf. Ein kleiner Junge hatte sich sehr mit Helmut angefreundet, nahm ihn bei der Hand und führte ihn durch das ganze Dorf. Die »Tarzan«-Leute waren besonders von den frei umherlaufenden Schweinen angetan, und Gonzales fuhr mit Jochen zur Jacht zurück, um seine Videokamera zu holen und das Borstenvieh auf den Film zu bannen. Helmut, der solange allein im Dorf blieb, wurde prompt von den Bewohnern gefragt, ob er nun im Dorf übernachten wolle, nachdem seine Freunde doch zum Schiff zurückgefahren waren. Helmut klärte das Mißverständnis auf, aber die Übernachtungsidee setzte sich in weißen und braunen Köpfen fest.
Am nächsten Abend setzte dann das Dingi mit fünf abenteuerlustigen Seglern und fünf Bettzeuggarnituren über. Als Gastgeschenk hatten wir auf Wunsch des Dorfes Pflaster mitgebracht, außerdem Reis, Corned-beef-Dosen, Bonbons und Limonade für die Kinder. Matten wurden am Strand ausgebreitet, »das Dorf« saß auf der einen Seite, »das Schiff« auf der anderen. Eine Gaslampe erhellte die Szenerie, nicht ohne fleißig zu fauchen. Schweigen.
Unsere Gastgeber waren schüchtern, wir waren es auch. Sie sprachen nicht allzuviel englisch, wir beherrschten weder Pidgin noch Motu, die beiden Sprachen, in denen sich die Papuas verständigen – in Neuguinea gibt es über 700 verschiedene Sprachen, eigenständige Sprachen, nicht etwa Dialekte. Ob Pidgin, das korrumpierte Englisch, auch als eigenständige Sprache zählen soll, darüber streiten die Gelehrten.
Die Niuginis leben mit dem Kuriosum, daß ihre zahlreichen Stämme und Dörfer sich nur in der Sprache der Kolonialherren untereinander verständigen können. Auf Bona Bona herrschte an diesem Abend totales Schweigen.
Die Stimmung lockerte sich etwas, als wir unsere Fotoapparate zückten. Das war nun wieder erstaunlich. Auf das Fotografiertwerden erstreckte sich die allgemeine Befangenheit nicht, sie lachten freundlich. Dann packten wir unser mitgebrachtes Abendessen aus: Knäckebrot, Thunfisch, Marmelade. Mit den Broten gewannen wir

die Herzen der Kinder. Bis auf das kleinste, das selig an seiner Mutter Brust hing, fielen alle begeistert über unsere Marmeladenbrote her. Uns bot man dafür Süßkartoffeln an, die wir natürlich ebenso freundlich annahmen. Zwischendurch flitzten die Hunde durch unser Lager, sie wurden von den Kindern mit Fußtritten davongejagt. Als wir sie am nächsten Morgen bei Licht betrachteten, sahen wir eine relativ gut genährte, gepflegte schwarze Hündin unter ihnen. Die anderen armen Teufel sahen so aus, als hätten sie außer Fußtritten nicht allzuviel von den Dorfbewohnern zu erwarten. Sie waren mager und struppig, einer lahmte auf einer Vorderpfote und humpelte langsam und mitleiderregend durch die Gegend. Alle waren sehr scheu, und ließen sich, offenbar aus schlechter Erfahrung, nicht berühren. Auch die Schweine schlichen sich gelegentlich in den Lichtkreis der Gaslampe, sie hatten ein dickes Borstenfell und sahen aus, wie sich der an rosige Marzipanferkel gewöhnte Europäer Wildschweine vorstellt. Ein rehfarbenes Ferkelchen, kaum größer als eine Hand, war unser besonderer Liebling. Es wurde genauso davongejagt wie die Hunde und quietschte bei seinem unfreiwilligen Abschied zum Steinerweichen.

Ehrenplatz am Strand

Die Menschen, die in diesem Dorf lebten, gehörten alle zu einer Familie, wenigstens nannten sie es so. Sie kauten Betelnüsse, sagten aber auch zu unseren Zigaretten nicht nein. Bei einer der alten Frauen entdeckten wir wieder die Gesichtstätowierung, die einen ganz eigenen Reiz hat, zumal wenn sie von unzähligen Fältchen durchzogen ist. Die jungen Frauen machen diese Mode nicht mehr mit.

Nach zwei Stunden schliefen die Kinder auf den Matten ein, und in einer Hütte begann geschäftiges Hin- und Herlaufen. Die Dorfbewohner wollten tatsächlich für uns eine Hütte leerräumen, wir bedeuteten ihnen, daß wir am Strand schlafen wollten. Sie trugen noch mehr Matten nach draußen, und dann kam der Clou:

Zwei Jungen schleppten ein Bett an den Strand! Ein metallenes Bettgestell mit Schnörkeln am Kopfende und blitzsauberer Matratze. Ein »richtiges« Bett zu besitzen, ist in den Dörfern Neuguineas eine Prestigefrage. Wer eines hat, stellt es in seinem Haus auf, um es anzusehen. Nur benutzt wird es nie. Die Familie schläft vor dem Bett auf

Matten, die den Fußboden bedecken. Kommt allerdings wichtiger Besuch, und das waren wir offensichtlich, muß er das Bett würdigen und darin schlafen. Weil wir nicht in die Hütte ziehen wollten, um keine Ungelegenheiten zu bereiten, mußte das Bett an den Strand gestellt werden. Da prangte es, säuberlich mit dem Fußende zum Meer ausgerichtet, zwischen Matten, Hunden und Schweinen im Sand.
Gonzales, der auf der »Tarzan« bei gutem Wetter das harte Deck seiner weichen Koje vorzog, nutzte die Chance und legte sich hinein. Er verschränkte die Arme hinter dem Kopf und blickte auf das Wasser: Seht her, so schläft ein König! Unser Gekicher störte ihn nicht, schließlich lagen wir ihm zu Füßen und hatten dauernd Sand in den Decken – das konnte ihm nicht passieren. Es dauerte noch ein Weilchen, bis wir einschliefen, statt des üblichen leisen Gluckerns umgaben uns unheimliche Geräusche aus dem nahen Urwald. Leider dauerte es nur kurze Zeit, bis wir wieder aufwachten, die mißgeleiteten Hähne des Dorfes krähten lange vor dem Hellwerden. Es waren mehrere, die sich gegenseitig zu immer lauterem Gekrächze anstifteten, einer von ihnen litt unter einem besonders nervtötenden Krähfehler, seine Stimme überschlug sich dauernd. Woher diese barbarischen Töne stammten, war nicht festzustellen, das war vermutlich auch besser, weil den ahnungslosen Ruhestörern von mehreren verhinderten Schläfern ein umgedrehter Hals angedroht wurde. Wer ernsthaft die Ansicht vertritt, es sei besser, eine Meinungsverschiedenheit mit Tönen statt mit Händen auszutragen, dem sei es empfohlen, eine Nacht unter Papuas streitenden, nachtblinden Hähnen zu verbringen.
In der kurzen Dämmerung kamen sie aus einem dichtbelaubten Baum zur Erde geflattert und hielten nun, wo sie den neuen Tag ankündigen sollten, trotzig den Schnabel. Aber farbenprächtig, schwarz-grün-blau schillernd, sahen sie aus. Nachdem sie sich heiser gekräht hatten, mußten sie nun ihre Konkurrenzfähigkeit auf andere Art beweisen und setzten den Hennen erfolgreich nach. Die gackerten empört: Unverschämtheit! Schon vor dem Frühstück!
Die Hunde liefen zwischen den Häusern umher, und auch die Schweine kamen aus ihren Nachtverstecken und versuchten, die von uns übriggelassenen Kokosnüsse zu knacken. Einige mischten sich unauffällig, wie sie glaubten, unter das Federvieh, das um einen Topf mit Hühnerfutter versammelt war. Gonzales erzählte, daß er auch schon nachts Besuch von den Schweinen gehabt hätte: Sie hatten sich voller Wonne über dieses ihnen bis dahin unbekannte Vergnügen an den Bettpfosten gescheuert.

Fütterung aus der Mördermuschel

Wir sahen uns noch ein bißchen im Dorf um, am Vorabend war es schon zu dunkel gewesen. Die Häuser waren auf Stelzen erbaut.
Vorn am Ufer stand eine windschiefe Grashütte, der ein loses Stück Wellblech als Tür diente. Ein Holztisch und ein paar Campingstühle im Freien schienen der Allgemeinheit zu gehören, obwohl es mit den Stühlen eine ähnliche Bewandtnis hatte wie mit dem Bett: Wir sahen niemanden darauf sitzen. Dazwischen hingen in einem hohen Baum zwei alte Fischernetze als Schaukeln für die Kinder. Einbäume lagen am Strand, schmal ausgehöhlte Stämme, der Ausleger, der wie eine Schlittenkufe aussieht, ist durch drei oder vier Querhölzer mit dem Stamm verbunden, alle »Nahtstellen« peinlich genau mit Gras umwikkelt. Der erste Einbaum wurde zu Wasser gelassen, eine Frau und mehrere Kinder, die offenbar auf diesem Weg zur Schule gebracht wurden, stachen in See. Auch für uns wurde es Zeit zum Abschied. Wir packten unser klamm gewordenes Bettzeug zusammen und dankten für die Gastfreundschaft. Da bedeuteten sie uns, noch einen

Augenblick zu warten: Zwei Männer mit einem Berg Kokosnüssen kamen angehastet, ein Abschiedsgeschenk für uns. Das Dingi lag noch tiefer als auf der Hinfahrt, der Tag begann mit einem nassen Hosenboden.
Noch einmal wurde zum Offshore-Diving gestartet. Der Kurs zum abgesunkenen Riff wurde abgesetzt, der Logstand notiert. Zwei oder drei Landmarken, die zum Peilen tauglich schienen, wurden ausgesucht und mit dem Peilkompaß laufend kontrolliert. Nach einer knappen Stunde hieß es: »Noch eine Viertelmeile – dann müßten wir da sein!«
Das Echolot wurde eingeschaltet und zeigte kurz darauf Tiefen zwischen 15 und 30 Metern an. Wir fuhren noch ein bißchen auf dem Flach hin und her, um eine günstige Stelle zu erwischen. Diesmal ging der erste Taucher zusammen mit der Beibootleine über Bord, wir hatten dazugelernt: Sollte hier starke Strömung herrschen, war keine »Haiangel« mehr nötig, um die Taucher sicher zum Dingi zu bringen. Solange sie das Dingi an der Leine führten, bestand keine Gefahr. Aber diesmal klappte wider Erwarten auch alles: keine Strömung und auch sonst keine Probleme. Nur das Umladen der Tauchgeräte vom

Beiboot in die Jacht war schwierig, weil die »Tarzan« wieder schwankte, als gelte es, den Schunkelwettbewerb im Blauen Bock zu gewinnen. Als Rambo aus dem Beiboot an der Bordwand hochklettern wollte, hatte die Dame endgültig genug von diesen Spielchen, bockte kurz und ließ den Enterer in den Pazifik zurückplumpsen. Die Ermahnung, doch endlich mit den Kindereien aufzuhören, ging an die Taucher und nicht an das Schiff. Ich bin sicher, aus den Wanten ein höhnisches Gekicher vernommen zu haben.

Aber Sinn für Humor hatten wir nicht, weil es abzusehen war, daß wir die Bucht, die wir als Nachtlager auserkoren hatten, erst im Dunkeln erreichen würden. Das aber war viel zu gefährlich. Nachdem noch eine Weile hin und her überlegt wurde – wenn wir schnell genug wären, würde es vielleicht noch mit dem letzten Licht gehen – und die Seekarte genauer betrachtet wurde, entschieden wir uns für zwei Inseln, die wir leicht noch im Hellen »schaffen« konnten. In Lee der einen Insel mußte man wohl sicher liegen können.

Leider stellte sich heraus, daß bei diesen Inseln überhaupt nichts sicher war, am wenigsten die Seekarte. Plötzlich waren wir im Flachen, wo eigentlich eine Durchfahrt sein sollte, die Inseln sahen anders aus als auf der Karte, so daß wir schon beinahe zweifelten, ob wir uns nicht ganz gehörig vertan hätten. Weit und breit war aber auch keine andere Inselgruppe zu sehen, die entfernte Ähnlichkeiten mit der Zeichnung der Seekarte aufwies. Soweit ich mich erinnere, stand in der Seekarte neben den Inselgewässern allerdings mal wieder ein dikkes »unexplored«.

Wir ankerten in respektvollem Abstand zur größeren Insel, weil wir nichts mehr riskieren wollten. Hier bot die Abdeckung nur noch wenig Schutz, die »Tarzan« tanzte Samba auf den Wellen wie vor unserer »Trauminsel«. Ein Blick unter Wasser zeigte schöne Korallen und auch relativ gute Sicht, Worte wie »Nachttauchgang« oder »morgen früh« nahmen ihren Weg durch das Schiff. Mit der Schleppangel hatten wir unterwegs einen Kingfish gefangen, dem wurde nun der Garaus gemacht: Fischfilet, Reis und »Pamps«, süßsaures Kürbismus, beschäftigten für eine Weile die Crew. Jochen und Bobby, beide mit einem leichten Ginschwips im Hirn, redeten auf Rambo ein, er solle doch einen Nachttauchgang machen. Rambo antwortete sehr logisch, es wolle ja niemand mit. »Dann gehssu al-allein, anner Ankerdings, -kette, lang. Wenner Hai kommt, wirfssu einf-fach die Lampe w-weg, dann wissen wir Be-bescheid un legen uns ins Bett! Hi-hi-hi . . .«

Rambo wagte den Einwand, daß ihm niemand als Tauchpartner den

Tauchgang im Logbuch quittieren könne, wie es vorgeschrieben sei. »Mach nix! Unnerschreibssu dir selbs, Mann! ›War ganz allalleine unnen!‹ Dann brauchsu dein Logbuch niieee wieder, hi-hi . . .« »Wir würn ja sooo gern mit, aber wirsin b-besoffen. Un besoffen d-darf man nich tauchen, hi-hi! Weissu, dassu uns dazu – dings – verführn wills, das nich nett, du! Wo wir uns sooiche Mühe geben, hi-hi.« Endlich verschwand die Gesellschaft im Bett oder schlief einfach am Tisch ein. Am nächsten Morgen goß es in Strömen, an Tauchen dachte überhaupt niemand mehr. Es war Zeit, dem ungastlichen Wetter davonzufahren, da waren wir uns einig. Zunächst mußte aber die Bilge unter der Achterkabine gelenzt werden, keine vergnügliche Aufgabe. Wir machten uns zu viert dran, die vorderen Kämpfer der Eimerkette standen im Dunstkreis des brackigen Bilgewassers, die beiden anderen draußen im Regen. Woher das Wasser immer kam, war eine andere Frage. Es war nie viel, so daß es genügte, alle paar Tage zu lenzen, aber der Zufluß blieb ein Geheimnis.
Der Großteil der Crew klagte über eine schlecht verbrachte Nacht, es

hätte schlimmer geschaukelt als auf See, aber aus den Betten mußten sich die Herrschaften nun doch bemühen: Segel setzen, Kurs Port Moresby. Nach einer Weile gab sich auch der entnervende Regen. Wir segelten die Nacht durch, am nächsten Morgen lag die Hauptstadt vor uns. Der Wind nahm unaufhörlich zu, es war schwierig zu erkennen, wo die Durchfahrt im vorgelagerten Riff nun eigentlich genau war.

An Bord war zwei Tage vorher eine schwere Versorgungskrise ausgebrochen, der Zigarettenvorrat war zu Ende. Da in den Dörfern, die wir besucht hatten, die Tabakwährung galt und Gemüse und Kokosnüsse mit Zigaretten bezahlt wurden, waren die Raucher nicht allein schuld an ihrem Elend. Es war noch reichlich Tabak da, aber das Zigarettenpapier war in dem feuchten Klima unbrauchbar geworden, die einzelnen Blättchen klebten an den gummierten Stellen zusammen. In den vergangenen Tagen hatten wir nicht Zigaretten gedreht, sondern gebastelt, anders konnte man das nicht nennen, und wir waren es herzlich leid.

An diesem Morgen zog nun Rambo ein Päckchen »Marlboro« aus der Tasche, er hatte es in seinem Anorak vergessen. Marion und ich bekamen den gierigen Blick der Süchtigen, aber Marion bremste wegen der uns umgebenden Hektik: »Wir werden bestimmt gleich nach vorne gejagt!«

Seit Jochen mal einen Mitsegler hatte, der ihm mit der Zigarette ein Loch in ein Segel gebrannt hatte, war Rauchen in Segelnähe streng verboten, das war verständlich. Unverständlich blieb uns, daß er immer genau den Moment erwischte, in dem man friedlich im Cockpit saß und gerade den ersten Zug genommen hatte, um seinen Baß ertönen zu lassen: »Los, Zigarette aus, nach vorne!«

Ich sagte nun: »Ach was, Marion, ist doch gar nichts los! Nur schwierige Navigation.«

»Na gut«, sagte sie, »aber ich wette mit dir, daß es wieder passiert!«

Rambo, Marion und ich hatten die Zigaretten gerade angezündet, da ertönte eine wohlbekannte Stimme: »Rambo, Marion, Susanne, ihr könnt dann nach vorne gehen und den Baum 'runterholen!«

Wir begannen zu lachen, und Marion zischte in verfrühtem Triumph: »Siehst du!«, da sah uns der Skipper einen Augenblick an und fügte würdevoll hinzu: »Wenn ihr aufgeraucht habt, meine ich.« Die Wette hatte ich gewonnen.

Die Einfahrt durch das Riff fand sich dann doch, und der Seegang ließ etwas nach. Die nahe Großstadt mobilisierte die Phantasien der Seg-

ler, noch in den kräftigen Wellen vor dem Riff tauschten wir unsere Gelüste nach Riesenportionen Eis, Sahnebaisers und Kaßler mit Sauerkraut aus, obwohl es unwahrscheinlich war, daß solche Leckereien auf uns warteten.
Hinter dem Riff wurden wir dann abgelenkt: Surfer flitzten pfeilschnell hin und her. Unser Windmesser zeigte 8–9 Beaufort an! Die Surfer flogen durch die weite Bucht. Dann wurde das Wasser enger, steuerbord sahen wir Häuser im Wasser, sie standen auf Pfählen. In der kleinen Bucht vor dem Jachtclub bot sich keine Abdeckung, der Wind pfiff unvermindert heftig. Kleine Hobie Cats mit bunten Segeln tanzten auf einem Kiel durch das Wasser, kenterten, wurden wieder aufgerichtet, und die Jagd begann von neuem. Das Hafenbecken des Jachtclubs sah überfüllt aus, wir ließen davor den Anker fallen. Beim Bergen des Großsegels löste sich unbemerkt der Stift, der die Mastrutscher blockiert – es fiel frei auf uns herunter, und wir purzelten durcheinander. »Macht nichts – trotzdem erstmal auftuchen!« Das »wie« wurde in diesem Kommando nicht berücksichtigt. Das Ergebnis unserer Bemühungen glich eher einer schlecht gestopften Mettwurst als einem aufgetuchten Segel, schweres rotbraunes Tuch krumpelte und wand sich unter den Zeisingen, damit konnte man weiß Gott keine Ehre einlegen.
Von den Windböen völlig unbeeindruckt, nahm ein kleines weißes Ruderboot zielstrebig seinen Weg zu uns. Es war Jake, der sich mit seinem Dingi aus dem sicheren Hafenbecken heraustraute. Großes Hallo! Sie waren von Samarai aus durchgesegelt.
Wir hatten nur ein paar weiße Segel weit draußen vorbeigleiten sehen und vermutet, daß es wohl Nancy und Jake sein müßten. Er sagte uns, was wir schon ahnten: Im Hafen sei kein Platz mehr zu finden. Aber statt unseres Ankorplatzes sollten wir doch lieber die Muring benutzen, die dichter an der Hafenmole lag und besseren Schutz bot. Mit einem »See you later!« legte er sich wieder in die Riemen. Wir zogen den Anker hoch und verholten uns an die Muring. Wir lagen dort nicht einmal eine halbe Stunde, als ein hilfsbereiter Mitmensch uns warnte, daß die Muring unser schweres Schiff kaum halten würde. Na, wir hatten auch selbst schon das Gefühl gehabt, zu rutschen. Jochen hatte inzwischen das Hafenbecken inspiziert und meinte, es sei noch genug Platz für die »Tarzan«. Auf der einen Seite lagen die

Koki-Markt in Port Moresby ▷

Schiffe mit Bug oder Heck zum Steinwall, aber nicht in abgeteilten Boxen, sondern frei. Zur Wasserseite wurde jedes vom Anker gehalten, ein Gewirr von Ankerleinen versperrte denn auch die Lücke, die sich Jochen ausgeguckt hatte. Drei Plätze weiter landeinwärts sah es besser aus. Mit dem Heck zuerst zwängte sich die »Tarzan« zwischen die anderen Boote. Direkt neben uns lag ein winziges Schiffchen, das hin und her tanzte, wohl um sein Miniformat auszugleichen. Es sah ungefähr so aus, als führe ein Zwergpudel vor einem Bernhardiner Imponiergesten auf. Es lag an unserer Leeseite, der Wind drückte uns in seine Richtung.

Wir hatten außer dem normalen Anker auch noch den Heckanker nach vorn geschleppt und in Luv ausgebracht, die Achterleinen waren an Land fest. Wir holten sie über die Winschen und zogen uns so langsam näher an das Ufer – bis es plötzlich einen häßlichen Knall gab. Eine Achterleine war gerissen. Wir ersetzten sie durch eine schwere Trosse, aber es gab an Land nichts, wo man sie sicher hätte befestigen können, außer an dem Zaun des benachbarten Containerterminals. Das war nun wiederum verboten, aber wir ignorierten das Verbot. Das Schiff mußte schließlich sicher liegen, und daß man uns einfach die Leinen loswarf, war ziemlich unwahrscheinlich. Wir beschäftigten uns nahezu zwei Stunden mit Leinen, Ankern und Fendern und konnten die alte Seemannsweisheit, daß das Hafenleben anstrengender sei als der schlimmste Tag auf See, nur bestätigen. Nun hatten wir uns aber einen »Anleger« verdient! Während wir Gin mit Ananassaft genossen, rechnete Rambo uns vor, daß jeder fünf Drinks guthätte: 1. Anleger mit dem Anker, 2. Ableger Anker, 3. Anleger Muring, 4. Ableger Muring, 5. Anleger im Hafen, wobei zu überlegen war, ob der letzte Anleger nicht zwei Drinks wert war, weil es so lange gedauert hatte. Während wir vergnügt dieser Alkoholikermathematik folgten, solange der Gin reichte, bekamen wir Besuch. Der Besitzer des »Zwergpudels« an unserer Steuerbordseite kam. Er hatte unser Manöver wohl beobachtet; Jochen versicherte ihm gleich, daß alles in Ordnung wäre, und beendete seinen Satz mit einem dröhnenden Lachen, das die Crew als ziemlich höhnisch empfand, aber den Zwergpudelbesitzer offensichtlich beruhigte. Dann gaben wir uns dem Genuß der heißen Duschen hin, die der »Royal Papua Yacht Club« in seinem Kellergeschoß beherbergte.

◁ Händler auf dem Koki-Markt bieten Betelnüsse an

Wandern (trekking): Die überwältigenden, von keiner Straße berührten Wälder und Gebirge Neuguineas zu Fuß zu erkunden, ist sicher ein großes Erlebnis, aber es setzt einige Übung, gute Kondition und eine angemessene Ausrüstung voraus. Flüsse sind zu durchqueren, Steilstrecken zu bewältigen und in sehr einsamen Gegenden können Sie überraschend in die Situation kommen, ihre friedlichen Absichten beweisen zu müssen.
Im Hochland ist es erheblich kühler als an der Küste, mindestens ein dicker Pullover sollte im Gepäck sein. Wenn Sie häufiger benutzte Wege nehmen, können Sie eventuell ohne Zelt auskommen und in den Dörfern übernachten, mit Zelt sind Sie in Ihren Reiseetappen unabhängig. Das Gepäck sollte nicht allzu groß sein, es wird sonst in den komplizierteren Abschnitten (Flußdurchquerungen, Steilstücke) hinderlich. Am besten ist ein kleiner Rucksack oder eine robuste kleine Umhängetasche. Bergstiefel sind nur dann nützlich, wenn Sie sicher sind, daß es auf Ihrer Route nicht feucht wird. Für Wanderungen durch das Sumpfland empfehlen erfahrene »Trekker« Plastiksandalen, wegen der Blutegel müssen Sie dann allerdings Ihre Füße und Beine gut im Auge behalten. Mit Grundnahrungsmitteln (Süßkartoffeln, Tarowurzeln) können Sie sich in den Dörfern versorgen, dort gibt es auch Wasser. Berücksichtigen Sie die Versorgung mit Wasser und Lebensmitteln bei der Routenplanung, und wandern Sie nie allein!
Einer der berühmtesten Wege ist der Kokoda Trail, auf dem die japanischen Soldaten im Zweiten Weltkrieg zum Angriff auf Port Moresby marschierten. Kriegssouvenirs wie Einschüsse und Patronenhülsen erinnern noch heute daran. Der Kokoda Trail ist weniger als 100 Kilometer lang, aber sehr anstrengend zu wandern. Er beginnt bei Owens Corner, etwa 50 Kilometer nordöstlich von Port Moresby, und führt über die Owen Stanley Range nach Kokoda im Landesinneren. Von Kokoda aus geht eine Straße an die Nordküste, nach Popondetta, auf der man mit dem Sammeltaxi weiterreisen kann. Von Kokoda aus gibt es aber auch die Möglichkeit, nach Port Moresby zurückzufliegen.
Landkarten gibt es im Büro des Vermessungsamtes im neuen Regierungsviertel Waigani (Port Moresby).

Port Moresby und Umgebung: Die Hauptstadt zieht sich schier endlos in das Land hinein, deshalb empfiehlt es sich, ein Auto zu mieten. Billiger fährt man allerdings im Stadtgebiet mit dem Bus.

Der Stadtkern liegt hinter dem Paga-Berg, dem Eingang zum natürlichen Hafen. Hier finden Sie viele Kaufhäuser, einige Hotels, die Post und Banken. Zwischen Kolonialstilbauten sind viele hochmoderne Häuser entstanden. Ela Beach liegt an der Südostseite der kleinen Paga-Halbinsel. Hier können Sie schwimmen oder den Surfern zusehen. Am Rande der Beach liegt das neue Ozeanarium, die öffentliche Bücherei ist ebenfalls an der Ela Beach.

Wenn Sie die Küstenstraße (Ela Beach Road) weiterfahren, kommen Sie zum Stadtteil Koki. Besonders der Markt lohnt sehr zum Ansehen, er ist direkt am Wasser. Außer Obst, Gemüse und Betel wird auch Fisch verkauft, und es gibt mehrere Imbißbuden auf dem Markt. Nicht weit vom Markt entfernt sehen Sie die typischen Pfahlbauten im Wasser. Diese Bauart war früher in Papuas Küstendörfern weit verbreitet, allerdings wurde damals natürlich kein Wellblech verwendet.

Pfahlbauten gibt es auch im Stadtteil Hanuabada (»das große Dorf«) zu sehen, der nordwestlich vom Stadtkern am Hafen liegt. Hanuabada existierte lange, bevor die ersten Europäer in Papua erschienen. Während des Pazifik-Krieges wurde es durch Feuer zerstört und mit viel Wellblech wieder aufgebaut, es ist trotzdem noch sehenswert. Hier residierten früher auch die Missionare, während die Händler die Paga-Halbinsel besiedelten. Das neue Regierungs- und Verwaltungszentrum Waigani liegt ein Stück weiter landeinwärts, hinter dem Independence Hill. Außer dem Parlamentsgebäude ist in Waigani das neue Museum eine Attraktion, in dem die National Art Gallery beheimatet ist. Die Nationalbibliothek ist ebenfalls in Waigani.

Wenn Sie das Landesinnere ein bißchen erkunden wollen, nehmen Sie die Straße nach Sogeri. Bei Bomona ist ein Soldatenfriedhof aus dem Zweiten Weltkrieg, der größte in Papua-Neuguinea. Hier liegen über 4000 Männer begraben, zum größten Teil Australier, aber auch Briten und Niugims.

Wenn Sie weiter in Richtung Sogeri fahren, sehen Sie links die Rouna-Wasserfälle. Rechts geht es dann zum Nationalpark Varirata. Wer keine Gelegenheit zum »Trekking« hat, sollte sich für den Nationalpark Zeit nehmen und dort durch den Busch wandern. Karten gibt es im Parkbüro.

Die Sepik-Provinzen: Der Sepik ist der längste Fluß in Papua-Neuguinea. Touristen kommen vor allem wegen des außergewöhnlich schönen Kunsthandwerks hierher. Von der Hauptstadt der Provinz

East Sepik, Wewak, kann man mit dem Flugzeug oder auf der Straße zum Sepikfluß reisen. Auf dem Sepik können Sie sich von den Booten der Einheimischen (meist mit Außenbordmotor) mitnehmen lassen. Sie können sich auch ein Kanu oder Hausboot mieten, billig ist es aber nicht.

Von Wewak aus können Sie entweder nach Angoram fahren, dem Mekka der Krokodiljäger, das relativ weit flußabwärts liegt, oder nach Pagwi, weiter im Landesinneren. Von Pagwi aus können Sie eine Tagestour zu Wasser zum Chambri-See machen, ein Missionsboot verkehrt dort. Wer das Abenteuer liebt, kann auch in Pagwi oder Ambunti mit etwas Glück ein altes Kanu billig erstehen und flußabwärts paddeln.

Neu-Britannien, Neu-Irland, Duke-of-York-Inseln: Wer auf den Spuren seiner kolonialistisch veranlagten Ahnen wandeln will, sollte sich die Inseln ansehen. Die deutschen Pflanzer im deutschen Protektorat hatten ihren Hauptstützpunkt auf der Gazellenhalbinsel, wo die heu-

tige Provinzhauptstadt Rabaul liegt (East New Britain). Das Südseehandbuch des Amerikaners David Stanley bemerkt dazu, der deutsche Einfluß sei immer noch spürbar, denn in Rabaul lasse es sich gemütlich und beschaulich leben. Die Vulkane rund um die Stadt (letzter Ausbruch 1937) sind da weniger gemütlich. Rabaul war im Zweiten Weltkrieg japanischer Stützpunkt, Reste der damaligen Befestigung sind heute noch zu sehen. Nach Rabaul können Sie mit dem Flugzeug kommen, von Lae aus verkehren regelmäßig in größeren Abständen Schiffe.
Ein Schiff, das Sie von Rabaul zu den nahen Duke-of-York-Inseln mitnimmt, dürfte dagegen leicht zu finden sein. In Rabaul und Neu-Irland legen häufiger Kreuzfahrtschiffe an; wenn sie nicht ausgebucht sind, können Sie vielleicht ein Stück mitfahren.

Die Hochlandprovinzen: Im Hochland leben fast 40 Prozent der Bevölkerung Papua-Neuguineas, es ist eines der am dichtesten besiedelten Gebiete im Südpazifik. In einige Provinzen kamen die ersten Weißen erst in den dreißiger Jahren dieses Jahrhunderts: Australische Goldsucher machten sich auf den beschwerlichen Weg in das Landesinnere Neuguineas. Als sie fündig wurden, stellten sie die Einheimischen, die die Weißen zunächst für ihre wiedergeborenen Ahnen hielten, zum Abbau an. Sie zahlten mit Muscheln, die im Hochland eine Kostbarkeit darstellten. Mit den ersten weißen Herren begann hier die Ausbeutung und die Prostitution.
Das Hochland mit seinem gemäßigten Klima bietet sich unternehmungslustigen Wanderern und Bergsteigern als Urlaubsziel an. Die westlichen Provinzen ziehen weniger Touristen an als die östlichen. Sie können entweder nach Goroka (Eastern Highlands) und Mount Hagen (Western Highlands) fliegen oder von Lae aus über den Highlands Highway anreisen.
Milne Bay: Die Provinz Milne Bay umfaßt den Südostzipfel des Landes und ungezählte Inseln. Die landschaftlich sehr schöne Südküste läßt sich nur per Schiff bereisen, aber es ist nicht einfach, in Port Moresby ein Schiff zu finden, das Sie mitnimmt. Die Provinzhauptstadt Alotau liegt an der Milne Bay im äußersten Südosten des Landes. Alotau wird von Port Moresby angeflogen. Von hier aus können Sie

Traditioneller Schmuckkamm ▷

mit dem Flugzeug zu den Trobriand-Inseln und D'Entrecasteaux-Inseln weiterreisen. Per Schiff können Sie die kurze Strecke zu der winzigen Insel und ehemaligen Provinzhauptstadt Samarai zurücklegen. Samarai liegt direkt an der Chinastraße und ist deshalb heute noch für den Schiffsverkehr von Bedeutung. Samarai hat ein besonderes, wenn auch etwas verschlafenes Flair. Die kleinen Boote der Einheimischen fahren zumindest an Markttagen zu zahlreichen benachbarten Inseln, die alle sehenswert sind.
Mit zu den schönsten Inseln der Südsee gehören die Louisiaden, eine reichliche Tagesreise südöstlich von Samarai entfernt. Ein Teil ihrer Schönheit beruht auf ihrer Abgeschiedenheit, wer nicht per Jacht reist, hat fast keine Möglichkeit, den Archipel zu erreichen. Wenn Sie viel Zeit und Geduld haben, finden Sie vielleicht in Samarai ein Schiff oder eine Jacht, die Sie mitnimmt. Wenn Sie eine Möglichkeit haben, hinzukommen, vergessen Sie die Schnorchelausrüstung nicht. Wunderschöne, unberührte Korallenriffe umgeben die Inseln.

Abschied vom Pazifik in der Torresstraße

Der Aufbruch war nicht ganz so, wie er sein sollte. Der kleine Anker hatte sich in einer anderen Strippe verfangen, und ein Taucher, Bobby, mußte »nach unten« und uns aus der Verlegenheit befreien.

Wir fuhren an dem Riff vor Port Moresby entlang. An Steuerbord sahen wir ein Handelsschiff liegen: Es war offensichtlich vor kurzer Zeit auf das Riff gelaufen, denn die Mannschaft verließ es gerade und stieg auf ein anderes Schiff um. Das konnte offenbar doch leichter passieren, als man dachte. Und wir nahmen gerade Kurs auf die berüchtigte Torresstraße . . .

Für einen norddeutschen Küstenmenschen, der Ebbe und Flut alle sechs Stunden erlebt, so regelmäßig, daß man beinahe nach dem Hochwasser die Uhr stellen könnte, ist der Taumel der Gezeiten in diesen Gewässern kaum nachzuvollziehen. Alle sechs Stunden passiert schon mal überhaupt nichts, die Rhythmen sind viel länger. In der Torresstraße begegnen sich die Coral Sea, der letzte Zipfel des Pazifiks, und die Arafura-See, die Verbindung zum Indischen Ozean. Zwischen ungezählten Riffen prallen die unterschiedlichen Gezeiten der beiden Ozeane aufeinander und verwandeln sich in reißende, schwer berechenbare Strömungen. Mit bis zu sieben Knoten Geschwindigkeit sprudelt das Wasser durch die Inseln, segelt man mit gutem Wind gegen den Strom, kann man sich gerade auf der Stelle halten. Unser Fahrplan ergab, daß wir um die Halbmondphase die Torresstraße erreichen mußten, zur Nipptide also, da konnte es nicht so schlimm werden.

Aber erst mußten wir durch den Golf von Papua. Bevor wir in Papua ankamen, hatte hier ein Sturm gewütet und unzählige Zyanidbehälter von einem Frachtschiff in das Meer gespült. In Port Moresby hatten wir der Zeitung entnommen, daß ein Großteil der Behälter in Küstennähe wieder aufgefischt worden war, einige hatten sich aber auch geöffnet. An der Küste sollte es von toten Fischen nur so wimmeln. Wir waren zwar ein ganzes Stück von der Küste entfernt, holten aber im fraglichen Gebiet trotzdem die Schleppangel ein. Das fiel uns nicht weiter schwer, denn wir hatten vorher noch eine Dorade gefangen, ein Prachtexemplar. Aus dem Wasser gezogen, zappelte sie im Cockpit herum, ein Messer hinter dem Kopf sollte das Ende beschleunigen.

Mit dem Stahl im Körper gab sie den Kampf auf, aber nicht ohne uns zu zeigen, daß wir ein außergewöhnliches Lebewesen töteten: Sie wechselte die Farbe, wurde ganz hell, dann goldgrün, dann dunkel zum Abschied. Wir wollten ihre Kunst würdigen und verwandelten sie in goldbraun gebratene Filets und bunten Fischsalat, für den Bobby Spezialist war. Er mischte rohen Fisch mit Kokosfleisch, Bananen, Zwiebeln, Essig und Öl. Bei der Aufzählung dieser ungewöhnlichen Zutaten zogen sich die Magenmuskeln schmerzhaft zusammen, aber der Geschmack der süßsauerscharfen Kombination war phantastisch.
Den Auftakt zur Torresstraße, den Leuchtturm von Bramble Cay, erreichten wir am Spätnachmittag. Er bewacht den Eingang zum Great North East Channel. Zwischen Bramble Cay und dem nächsten Leuchtturm lag eine Entfernung, die über die Reichweiten der Leuchtfeuer hinausging, und inzwischen wurde es dunkel. Aber »Satti«, das teure Instrument, das uns manchmal zum Narren hielt und stundenlang keine einzige Position bekanntgab, hielt diesmal zu uns. Genau zwischen den beiden Leuchtfeuern rechnete er unseren Ort aus. Die Eintragung in die Seekarte ergab, daß wir so ziemlich genau da waren, wo wir auch sein sollten, und keine tückische Strömung versuchte Schicksal zu spielen. Alle anderen Leuchtfeuer hatten Überreichweiten; immer, wenn das jüngst passierte Feuer am Horizont verschwinden wollte, war das nächste schon in Sicht. Jochen und Brigitte hatten die gesamte Navigation übernommen, nachts lösten sie sich ab. Sie hasteten mit Peilkompaß aus dem Niedergang nach oben, peilten das letzte Leuchtfeuer, das nächste Leuchtfeuer, verschwanden wieder an der Seekarte, schoben Dreiecke hin und her und sagten Kursänderungen an. Die regulären Wachen mußten »nur« noch segeln. In der ersten halben Stunde unserer Wache, die nachts um drei begann, war das für zwei Leute ein Fulltime-Job, denn hier merkten wir die Strömung doch, außerdem blies der Wind aus vollen Backen. Wir schossen so rasant um eine angepeilte Ecke wie ein Motorrad, das aus der Kurve schlittert, und mußten ständig den Kurs korrigieren. Das bedeutete auch, die Segel immer neu einzustellen – wenn alle drei wieder stimmten, konnte ich von vorne anfangen, weil der Kurs wieder um 10 Grad geändert worden war. Dieses knifflige Spiel muß etwa bei den Riffen stattgefunden haben, die den unschuldigen Namen »Three Sisters« tragen. Ein Frachter kam uns entgegen, er tastete sich langsam und vorsichtig durch die drei Schwestern und fuhr am Ende einen riesigen Sicherheitsbogen.

Dorade im Cockpit

Auch die »Großen« hatten Respekt vor diesen Gewässern, die Herr Torres im 17. Jahrhundert zum erstenmal durchsegelte. Vorher hatte man angenommen, daß zwischen Australien und Neuguinea eine Landverbindung bestand, in grauer Vorzeit war das wohl auch so. Die geringen Wassertiefen im gesamten Gebiet der Torresstraße deuten darauf hin. Es war in der Tat überall so flach, daß man boquem hätte ankern können und das Tageslicht abwarten. Aber wir hatten auch unseren Ehrgeiz.
Morgens begrüßte uns die australische »Coast Watch«, die streng darauf achtete, daß kein Unbefugter heiligen australischen Boden betrat, ohne sich der dafür erforderlichen Prozedur zu unterziehen. Die Wächter der Küste schnurrten zweimal mit ihrem Flugzeug dicht über unsere Masten hinweg, die »Tarzan« war von nun an in der australischen Küstenbeobachtung erfaßt. Aber wir ließen Thursday Island, den ersten möglichen Einklarierungspunkt, links liegen, wir wollten bis Darwin durchsegeln. Das Wasser war ruhig wie ein Binnensee, die

Navigation in der Torresstraße

Sonne strahlte auf uns herunter, und wir führten uns den in Port Moresby gekauften Wein zu Gemüte. Wir verabschiedeten den Pazifik mit dem ersten Glas und begrüßten den Indischen Ozean mit dem zweiten.

Booby Island, ein karges Inselchen, war die letzte Landmarke der Torresstraße. Erstaunlicherweise standen außer dem Leuchtturm auch einige Häuser auf der Insel, sie schienen sich dicht auf das Land zu ducken, an den Boden zu pressen, so, als erwarteten sie jeden Augenblick den großen Windstoß, der sie Bauklötzen gleich von der Felsplatte hinunter ins Meer schubsen sollte. Die Seekarte vermerkte hier »discoloured water«, ein Begriff, unter dem wir uns nichts vorstellen konnten, bis wir es sahen. Das Wasser erstrahlte in Farben von Hellgrün bis Petrolblaugrün, in voneinander scharf abgegrenzten Flecken. Die Helle ließ sich leicht durch die geringe Wassertiefe erklären, die Flecken blieben merkwürdig. Wir dachten zunächst an eine Spiegelung der Wolken im Wasser, aber die Wolkensilhouetten paßten nie genau zu den dunklen Flecken. Es blieb ein faszinierendes Spiel um uns herum, an dem man sich nicht sattsehen konnte.

Die folgenden Tage boten gleichmäßiges Wetter, demnach wenig zu tun und ausufernde Langeweile. Ich ging meine Wachen gelegentlich allein, weil mein Wachpartner zum Skatspielen abkommandiert war. Der Gewinn des Skatabends war meistens eine Einladung zum Eis oder zum Bier im nächsten Hafen, je nachdem, was sich der Sieger wünschte. Ich regte eine Gewinnbeteiligung für mich an, weil meine einsamen Wachstunden die Skatrunde überhaupt erst ermöglichten, stieß mit diesem Vorschlag aber auf wenig Gegenliebe. Neben dem Spiel vertieften wir noch eine andere Leidenschaft: das Essen.

Es war nicht allzuviel Seegang, so daß sich auch die hartnäckigste Seekrankheit langsam von ihren Opfern zurückzog. Außerdem wußten wir, daß die strengen australischen Bestimmungen die Einfuhr vieler Lebensmittel verbieten, einschließlich Konserven, es sei denn, sie sind in Australien, Neuseeland oder einem anderen »sauberen« Land hergestellt. Also aßen wir, was das Zeug hielt. Das ganze Schiff, einschließlich der harten Männer, war scheinschwanger und verzehrten Leckereien in den abenteuerlichsten Zusammenstellungen. Einzig auf Vanilleeis mit saurem Hering wurde verzichtet, aber auch nur, weil die Zutaten nicht vorhanden waren. Es wurden Kokosmakronen gebacken und trotz ihres leichten Petroleumbeigeschmacks gierig verspeist, Apfelkuchen und »Fruitcake« wechselten mit Salaten aus den erstaunlichsten Zutaten, und immer wurde alles aufgegessen. Schon eine halbe Stunde nach dem Mittagessen begannen in der Kombüse neue Aktivitäten, wer sich zur Zubereitung eines Thunfischsalats aufschwang, hatte zehn »Peitsch« gut.

Die Rechnungseinheit »Peitsch« hatten wir in Neuguinea erfunden, sie setzte sich mühelos durch. Jochen hatte ab und zu im Cockpit ein Schotende in die Hand genommen, damit auf die Planken geschlagen und gerufen: »Hüh, alte Ziege, hüh! Oder muß ich dich erst peitschen?«

Die »alte Ziege« war niemand anders als die treue »Tarzan«; die Androhung der Peitsche erstreckte sich irgendwann auf die Crew. So drohten für ein verpatztes Segelmanöver je nach Schwere des Fehlers zehn bis dreißig »Peitsch«, die natürlich nie ausgeführt wurden, aber

Hammond-Rock, einer der vielen Orientierungspunkte in der Torresstraße ▷

sich auf den Konten summierten. Für Kritik am Skipper setzte es bündelweise »Peitsch«, auf die unglaubliche Tat, dem Skipper den Mund zuzuhalten, stand dagegen nur ein halber »Peitsch«. Das erklärte sich dadurch, daß außer Brigitte keiner Jochen den Mund zuhielt.

Mit noblen Taten ließ sich das Prügelkonto reduzieren, da war zum Beispiel der Thunfischsalat oder das Apfelkuchenbacken. Ich hatte unbeschreibliches Glück, denn ich fand ein rotes Stoffstück in merkwürdiger Beutelform, das Jochen dankbar als seinen Sonnenhut bezeichnete, den er seit drei Tagen vermißte. Schon hatte ich hundert »Peitsch« gut! Flugs überlegte ich, daß ich meinen Bonus auf einfache Weise vergrößern konnte, dazu mußte nur das rote Unding noch einmal gut versteckt werden . . . Schließlich verteilten die Crewmitglieder auch untereinander Prügelandrohungen. Unsere Unterhaltungen bestanden schon vorher nur aus sehr reduzierten Wortkombinationen, aber jetzt hätte uns ein Außenstehender für grenzdebil halten müssen, hätte er uns zugehört. Alle Sachverhalte, auch Wetter, Wind und Reisegeschwindigkeit, wurden nur noch mit »Peitsch«, »Viel Peitsch« oder »Kein Peitsch« kommentiert. Als der Satellitennavigator mal wieder stundenlang keinen Ort auswarf, fand sich im Logbuch die Eintragung »Satti kriegt Peitsch«. Marion konnte sich als einzige häufiger zu einem peitschfreien Kommentar aufraffen, der der Situation völlig angemessen war: »Hurra! Wir verblöden!«

Das taten wir wirklich. Eine Nacht, bevor wir in Darwin ankamen, überraschte uns in den ruhigen Binnengewässern hinter Melville Island ein orangenfarbiges Glühlämpchen am Sicherungskasten mit aufgeregtem Geflacker. Es war offensichtlich eine Signallampe, nur war sie nicht beschriftet, und keiner von uns wußte, was das Lämpchen mitteilen wollte. Wir vermuteten, daß es mal wieder etwas mit der höchst reizbaren Elektrik der »Tarzan« zu tun hatte, da aber kein Schaden spürbar war, herrschte allgemeine Ratlosigkeit: Was tun?

Die Idee, einfach das Birnchen herauszuschrauben und dann »gaar nich mehr um kümmern«, war der simpelste Vorschlag. Ein wendiger Schutzengel hielt uns davon ab, ihn zu befolgen, und drängte, weiter nach den Ursachen zu forschen. Dabei stellte sich schließlich heraus, daß die Lampe Lenzalarm anzeigte: Wasser im Schiff! Kein Leck im Rumpf, aber ein Leck im Sorgenkind Seewasserpumpe. Sie hielt nicht dicht, das Biest! Wasser gluckerte munter in der Bilge. Was tun? Zunächst lenzen, das war klar, aber damit war der Schaden noch nicht behoben. Die Pumpe, die den Motor mit Kühlwasser versorgte, sollte provisorisch mit dem korrosions- und wasserbeständigen Fett, das die glücklichen Schafe Neuseelands produzieren, abgedichtet werden. Der Motor wurde ausgestellt. Wir hatten Flaute und trieben in der Strömung. Eine Stunde hatte Jochen als Limit gesetzt – wenn er dann noch nicht fertig war, wollten wir sicherheitshalber ankern. Zuerst starteten wir die große Pump- und Eimeraktion, bis die Bilgen wieder trocken waren, dann begann die Werkelei im Motorraum: Pumpe aufschrauben, Fett verteilen, Pumpe wieder zuschrauben. Jochen war durch den endlosen Ärger mit der Pumpe ziemlich schnell in ihrer Montage geworden, wir fuhren weiter, bis ein stärkerer Gegenstrom einsetzte, dann ankerten wir doch für den Rest der Nacht.

Im Tageslicht erneuerten wir unsere Bekanntschaft mit der »Coast Watch«, deren Flugzeug mal wieder über die »Tarzan« hinwegbrummte. Aber diesmal sprachen sie uns an, UKW Channel 16: Sie fragten nach diesem merkwürdigen Segel, das wir da in der Mitte gehißt hatten, Jochen wußte sogar, was »Besanstagsegel« auf Englisch heißt und beantwortete alle Fragen korrekt. Trotzdem behielten wir den Verdacht, daß sie uns nur mitteilen wollten, sie seien so niedrig geflogen, um Namen und Heimathafen am Rumpf der Jacht lesen zu können. Über Funk riefen sie nämlich »Tarzan from Hamburg«. Das Flugzeug war so schnell, daß die Küstenwächter während des kurzen Gesprächs immer schlechter zu verstehen waren, bis sie ganz aus der »Quatschkiste« verschwanden.

In Darwin legten wir uns an den zugewiesenen Platz in der Nähe der Quarantäneboje und hißten das Ding, das wir immer als Q-Flagge ausgaben, obwohl es eher ein schmutzigweißes Taschentuch als das gelbe Quarantänezeichen darstellte. Die letzten frischen Zitronen wurden mit Wasser zum etwas unwürdigen letzten »Anleger« verarbeitet, denn das Schiff war in Sachen Alkohol total trocken, wir hatten nicht nur unter den Lebensmitteln aufgeräumt. Dafür wurde eine Runde Musik spendiert, und dann kam auch schon die Mannschaft, die uns einklarieren sollte.

Formulare, Formulare, wie immer, nur mehr. Aber diesmal wurde auch das Schiff peinlich genau untersucht. Kassiert wurde zunächst das letzte Kilo Käse, ein Dutzend Milchflaschen, Zwiebeln und Knoblauch – die letzten frischen Lebensmittel, die wir an Bord hatten. Dann wurden Dosen aussortiert. Mit einer leuchtstarken Taschenlampe wurden alle Schapps überprüft bis in den hintersten Winkel. Wir

Greenpeace-Jachten warten auf den Urantransport ▷

HALT ALP SELLOUT
ON URANIUM
GREENPEACE III

GREENPEACE

waren ja gewarnt und hatten den Tag mit Aufräumen und Putzen verbracht, nur hatten wir leider den Schrank neben dem Herd vergessen, in dem Brot und Backutensilien verstaut waren. Nun räumten die Behördenvertreter ihn bis zum letzten Krümel leer. In einer Ecke stießen sie schließlich auf eine Milchpulvertüte, die deutliche Spuren intensiver Bearbeitung durch unsere Bordmaus zeigte. Wir waren peinlich berührt, schließlich galt der behördliche Aufstand auf unserem Schiff nur dem Zweck, die Einwanderung von Ungeziefer in Australien zu verhindern. Wir hatten fest auf die Tarnungskünste des Mäuschens gesetzt, schließlich hatten wir das Tier nie gesehen. Der gestrenge australische Beamte hob die Tüte an einem Zipfel hoch – ein breites Grinsen zog sich über sein Gesicht: »You have a stranger on your boat!«
Es ging ihnen aber nicht nur um die Lebensmittel, auch um andere tierische und pflanzliche »materials«. Wir mußten alle unsere gesammelten Muscheln vorführen, sie waren »O.K.«. Das Körbchen an der Kombüsenwand, in dem wir unsere Zwiebeln aufbewahrten, machte ihnen dagegen ernsthaften Kummer, weil kein Etikett das Herkunftsland verriet. War es nun sauber oder nicht? Schließlich legten sie es kopfschüttelnd beiseite. Nun war das unterwegs erstandene Kunsthandwerk auf dem Prüfstand: Masken, Schnitzereien, Matten, Taschen, alles wurde einer kritischen Überprüfung unterzogen, weil der Großteil der Crew hier das Schiff verließ, aber mit den gefährlichen Gütern noch quer durch Australien fliegen wollte, bevor er diesem gelobten Land den Rücken kehrte. Mit meiner kleinen Holzmaske mit dem strengen Blick, die ich aus Vanuatu mitgebracht hatte, hatte ich noch Glück. Sie entlockte dem Zoll nur den lakonischen Kommentar: »Sieht aus wie meine Schwiegermutter.«
Die Masken aus Neuguinea wurden dagegen beanstandet, sie waren mit Federn oder Teilen eines Schildkrötenpanzers geschmückt. Die Beamten blieben freundlich, fragten Helmut, der aus Neuguinea einen traditionellen Penisköcher mitgebracht hatte, ob er diesen auch zu tragen gedächte, und stellten die Masken unter Quarantäne. Sie versprachen, alles bruchsicher in ein Paket zu packen und zum Flughafen zu bringen. Nach Darwin? Nein, nach Perth selbstverständlich, wo wir das Land verließen. Der Einfachheit halber lief das alles auf Helmuts Namen, damit der Zoll nicht vier Pakete packen mußte. In Perth mußte Helmut später tatsächlich mit einem Zollbeamten auf das Rollfeld zum Gepäckraum des Jumbos stiefeln, wo sich beide überzeugten, daß der Sprengstoff auch wirklich das Land verließ. Vor

der Prozedur mußte Helmut seinen Paß beim Zoll hinterlegen, vermutlich, damit er nicht samt Paket in letzter Sekunde doch noch auskniff und die gefährlichen Geister Neuguineas über das saubere Australien verteilte. Wollte man bei den Aussies Revolution machen, müßte man nicht mit Bomben, sondern mit Masken drohen.
Die beanstandeten Konserven blieben auf der »Tarzan« unter Zollverschluß, dicke Quarantäneaufkleber in Signalfarben warnten davor, das betreffende Schapp zu öffnen. Die Beamten beteuerten noch mal, daß sie die endlose Reihe der Vorschriften nicht erfunden hatten, dann gingen sie, nicht ohne unseren gesammelten Abfall der vergangenen Tage mitzunehmen. Der stand nämlich zu unserem großen Vergnügen auch unter Quarantäne. Dafür vergaßen sie die Kokosnüsse, die unter den Beibooten verstaut waren. Nicht, daß wir sie einschmuggeln wollten, wir hatten sie schlicht vergessen, waren aber doch ganz froh, daß uns noch etwas Frisches blieb.
Wir verholten uns in die Nähe der großen Wharft, da lagen noch einige Segler und zwei Jachten unter Greenpeace-Flagge. Die Kämpfer des Regenbogens wollten einen Uranfrachter am Auslaufen hindern. Die große Wharft hatte eine riesige Eisentreppe, an der wir mit dem Dingi landen konnten. Da sie zugleich ein Fähranleger war, durfte das Dingi nicht liegenbleiben, die Vorleine reichte aber gerade vom Geländer der Wharft bis zur Wasseroberfläche. Oben an der Treppe hockten ein paar Angler. »Na«, sagte Jochen, »hattest du dir einen anderen Empfang vorgestellt? Einen fähnchenschwingenden Bürgermeister und jubelnde Menschen auf der Pier?«
Mit dem Bürgermeister hatte ich nicht gerechnet, aber daß unsere große Reise hier so sang- und klanglos zu Ende ging, war schon merkwürdig. Darwin präsentierte sich als Provinznest, vor einigen Jahren vom Hurrikan weggeblasen und in Beton wieder aufgebaut. Wir mühten uns redlich, ein Restaurant zu finden, das nicht Pizza oder »Fast Food« anbot, und landeten schließlich bei einem sündhaft teuren, aber ausgezeichneten Chinesen, dem wir ein großes Loch in den Weinvorrat tranken. Später wollten wir in einer Diskothek unsere Ankunft feiern, aber man ließ uns nicht hinein, weil einige der Männer keine Socken in den Sandalen trugen. Australien, Land der großen Freiheit! Der Türsteher zischte uns noch ein »Bloody Sailors« zu, bevor er uns unmißverständlich bedeutete, zu verschwinden.
Das gemietete Auto, mit dem wir am nächsten Tag die Umgebung erkunden wollten, brach schon nach zwei Kilometern zusammen, die Gangschaltung funktionierte nicht mehr. Helmut verschwand kurz

unter dem unwilligen Kleinbus, um den wir uns ratlos gruppiert hatten, schon war der Schaden behoben. Dafür waren wir nicht ganz einig, wo wir hin wollten, und landeten schließlich erst im Zoo und dann auf der Krokodilfarm. Die eindrucksvollen Salzwasserkrokodile hätten wir auch im Hafenbecken von Darwin bewundern können, das erfuhren wir aber erst später. Bisher hatten wir dort nur reiherähnliche, riesige Wasservögel gesehen.

Der Abend hielt noch eine Überraschung bereit. Nach der Heimkehr aus dem Steakhaus standen wir fassungslos auf der Pier, die auf einem Stahlgerüst im Wasser thronte. In eben diesem Gerüst hing unser Dingi fest, an der Stelle, an der es vorher noch geschwommen hatte, bevor die Ebbe einsetzte. Da lag es jetzt aufgebahrt auf den dicken T-Trägern. Zu unserem Glück schwamm das Dingi der Nachbarjacht, deren Crew mit uns zum Essen gegangen war, noch im Wasser. Von diesem Dingi aus konnte unser Beiboot befreit und zu Wasser gelassen werden.

Jochen und Marion passierte dasselbe Malheur am nächsten Abend, nachdem sie uns zum Flughafen gebracht und den Kummer über unsere Abreise wieder zum Chinesen getragen hatten. Aber das erfuhr ich erst Wochen später aus einem Brief von Marion: »Ziemlich angetrunken erreichten wir die Pier, und siehe da, unser Dingi stand drei Meter über der Wasseroberfläche, schön säuberlich auf einer Querverstrebung zwischen zwei Pfosten, wie hingemalt. Was nun? Für größere Balanceakte waren wir beide schon zu besoffen. Zum Glück hatten wir vorher noch sechs Liter Wein gekauft. Und so saßen wir dann wie die Penner unter der Brücke und warteten . . .«

Da schwebten wir schon lange über den Wolken.

Anhang: Bücher

Südsee allgemein

Hans Ritz, Die Sehnsucht nach der Südsee: Bericht über einen europäischen Mythos, Göttingen 1983. Aus dem Inhalt: Südseebilder; Entdecker, Besucher (Tahiti); Meuterer, Aussteiger (Bounty, studentische Geheimbünde in Deutschland); Schriftsteller, Maler; Klischees, Phrasen (besonders zum »Papalagi«). Empfehlenswerte kritische Betrachtung über das europäische Südseebild im 18., 19. und 20. Jahrhundert.

David Stanley, Südsee-Handbuch, Bremen 1982. Ein knapp 600 Seiten starker Reiseführer durch Polynesien, Melanesien, Mikronesien und Anglonesien. Zu den wichtigsten Inseln findet man hier sehr detaillierte Angaben, oft gibt es auch genaue Auskünfte zu abgelegeneren Gebieten. Die Neuauflage des Südsee-Handbuchs (1985) ist überarbeitet worden. Wenn Sie mit dem Buch in der Tasche selbst losfahren, werden Sie dennoch feststellen, daß viele Angaben bereits überholt sind. Vor allen Dingen die Preise klettern schneller, als es das Handbuch berücksichtigen kann, aber auch bei Restaurant- und Hotelempfehlungen, sowie Verkehrsverbindungen können Sie unangenehme Überraschungen erleben. Trotzdem ist das Südsee-Handbuch zu empfehlen, ein umfassenderes und sorgfältiger erstelltes Buch finden Sie nicht.

Die besten Bücher mit Informationen zu den einzelnen Ländern bekommen Sie in den Ländern selbst, meist in englischer Sprache. Wir listen im folgenden nur die auf, die wir benutzt haben oder die uns besonders gut gefallen haben.

Fidschi-Inseln

Fiji and the Fijians, Vol. 1: The islands and their inhabitants, by *Thomas Williams,* Suva, 1982. Reprint der Originalausgabe (London, 1858). Reverend Thomas Williams kam im Alter von 25 Jahren nach Fidschi, um in einer englischen Mission zu arbeiten. Williams beschrieb das Land, die Bewohner, ihre Sprache, Sitten und Gebräuche, ihre Religion, das ursprüngliche politische System und das Wirtschaftswesen im vergangenen Jahrhundert sehr detailliert. Gebräuche und Zeremonien schildert er oft mit Beispielen, kleinen Episoden, die er selbst erlebt hat oder die ihm berichtet worden sind.

Life in Feejee. Five Years Among the Cannibals, by a Lady, Suva 1983, Reprint der Originalausgabe (Boston, 1851). Die Autorin, *Mary Davis Wallis*, war mit dem Kapitän der Bark »Zotoff« verheiratet. Die »Zotoff« war im Bêche-de-mer-Handel unterwegs von Amerika über Neuseeland nach Fidschi. Das Tagebuch von Mrs. Wallis berichtet amüsant und anschaulich über den Besuch verschiedener Inseln und ihre Begegnungen mit den »Kannibalen« und missionierenden Weißen. Sie notierte im Tagebuch auch viele Berichte der Missionare über Konfrontationen mit den Einheimischen und Auseinandersetzungen einzelner Stämme.

Vanuatu

Vanuatu Cruising Guide, von *David Colfelt*. Erschienen bei Yachting Word Yacht Charters (Australien), 1983. Erhältlich im Büro der Yachting World in Port Vila. Neben ausführlichen Beschreibungen von 19 Ankerplätzen in Zentralvanuatu (mit Karten) bietet das Buch auch sehr viel Informationen für Nichtsegler. Es umfaßt einen Überblick über die Landesgeschichte, Sprache und Kultur, die Kolonialgeschichte und viele Tips für den Urlaub an Land.

Papua-Neuguinea

Papua New Guinea Handbook And Travel Guide, Pacific Publications, Sydney/New York 1980. Die Reiseempfehlungen sind sehr knapp geraten, ebenso die Geschichtsdarstellung. Wer sich für die Infrastruktur, die Volkswirtschaft, das politische System und das Steuerwesen interessiert, findet ausführliche Informationen und viele Zahlen. Außer den allgemeinen Kapiteln gibt es zu jeder der 20 Provinzen einen Extraabschnitt mit kleiner Karte. Eine herausnehmbare Karte vom ganzen Land steckt im Schutzumschlag. Bei Pacific Publications erschien auch ein »*Fiji Handbook*«.

Literatur und großformatige Fotobände über einzelne Gebiete Papua-Neuguineas, über den Pazifikkrieg und andere besondere Geschichts-

abschnitte und natürlich über die Kunst gibt es in Port Moresby in großer Auswahl zu kaufen. Publikationen über Kunst aus Papua-Neuguinea sind inzwischen auch bei uns erhältlich.
Sehr empfehlenswert ist ein Film, der im III. Programm der Nordkette unter dem Titel »*Als die weißen Geister kamen*« lief und hoffentlich bald wiederholt wird. Die australischen Goldsucher, die sich 1930 in das Hochland aufmachten, trafen auf Stämme, die noch nie einen Weißen gesehen hatten, und hielten diese Begegnungen mit der Kamera fest. Vor einigen Jahren reiste dann ein Filmteam in die Gebiete und befragte die ehemaligen »Wilden« nach ihren Erinnerungen an die ersten Weißen. Der Film, der so entstand, zeigt Szenen von damals und heute und läßt auch die Goldsucher noch einmal zu Wort kommen.